融合型·新形态教材
复旦学前云平台 fudanxueqian.com

U0756056

普通高等学校学前教育专业系列教材

体育常识与欣赏

主　编　邵松平
副主编　黄长胜　于国锋　丁海霞
编　委（按姓氏笔画排列）
　　　　丁海霞　于国锋　邵松平
　　　　张建辉　徐　伟　黄长胜

复旦大学 出版社

内容提要

本书遵循"面向全体学生实施素质教育"和大力开展阳光体育运动的学校体育教育指导思想,力求体育运动项目基本知识的普及和了解。主张体育教育与健康教育相结合,体育知识普及常态化,充分体现体育的多功能特征,切实提高高校体育课程在培养新世纪人才方面的整体效益。

本书为了满足学生自我发展和适应社会发展的需要,借鉴了国内外高校体育课程建设和教学改革方面的成功经验,更新观念,吸取了现代体育、全面健身、健美理论和实践的新成果;同时对奥林匹克运动项目、竞技体育及社会体育项目进行了精选和重组,围绕终身体育目标,忠实反映体育项目特征和体现体育文化价值的内涵,以增强教材的选择性和时代性。

本书写作风格、表现形式具有创新性,结构新颖、语言通俗、图文并茂,有较强的可读性。

编 审 委 员 会

前　言

随着我国教育改革的不断深入,高等学校面临着如何培养适应新世纪需要的人才的问题。在现代合格人才的培养过程中,完善的课程体系起着极大的促进作用。为了加强体育课程建设,深入进行体育教学改革,逐步形成大学生公共体育教材和体育选修课校本教材课程体系,我们进行了认真探索,并编写了这部教材,供高等学校(高职高专)学生学习使用,愿此书能够成为每位学生学习、了解体育运动知识、体坛动态和进行社会实践的良师益友。

本书遵循"面向全体学生实施素质教育"和大力开展阳光体育运动的学校体育教育指导思想,力求体育运动项目基本知识的普及和了解。主张体育教育与健康教育相结合,体育知识普及常态化,充分体现体育的多功能特征,切实提高高校体育课程在培养新世纪人才方面的整体效益。

本书试图建立以增进体育知识、更新观念,提高健康素质,培养学生积极、主动地参与体育运动的兴趣和了解体育常识的习惯的教材新体系,使学生在潜移默化的教育过程中学会学习、学会锻炼、学会生活、学会传授,从而成为身心协调发展、有较强职业竞争力的合格人才。

本书为了满足学生自我发展和适应社会发展的需要,我们借鉴了国内外高校(高职高专)体育课程建设和教学改革方面的成功经验,更新观念,吸取了现代体育、全面健身、健美理论和实践的新成果;同时又对奥林匹克运动项目、竞技体育及社会体育项目进行了精选和重组,围绕终身体育目标,忠实反映体育项目特征和体现体育文化价值的内涵,以增强教材的选择性和时代性。

本书写作风格、表现形式具有创新性,结构新颖、语言通俗、图文并茂,有较强的可读性。

本教材编写分工如下:丁海霞、张建辉负责编写第一篇,于国锋负责编写第二篇,邵松平、徐伟负责编写第三篇,黄长胜负责编写第四、五篇。全书由邵松平进行串编、通稿与定稿。

本书在编写过程中,得到黑龙江省教育厅体卫艺处相关领导、体育业内专家和黑龙江幼儿高等专科学校领导的关心和支持。在广泛调查研究的基础上,多次召开编委会对该书纲目及结构进行了论证和研讨,几经易稿,终成此书。在此书编写期间,我们深深感到没有前人及同时代专家、学者们的辛勤劳动和丰硕的科研成果,我们就不能编成此书。在这里,我们对于书中直接或间接引用的资料的作者表示诚挚的谢意! 由于编者水平和能力有限,书中不妥之处,敬请广大读者提出宝贵意见,以便及时修订,使其日臻完善。

编　者

2011 年 1 月

目 录

第一篇 奥林匹克运动

第二篇 竞 技 体 育

第三篇　社会、休闲体育项目

3

第四篇　民　族　体　育

第五篇　体育运动与身心健康

第一篇
奥林匹克运动

奥林匹克运动是世界体育的奇迹。从古至今,奥林匹克运动会是人类展示精湛天赋的舞台。

本篇通过对奥林匹克运动的发展,奥林匹克运动场馆的发展、以及对奥林匹克运动会故事、吉祥物、会徽、口号的介绍,再现世界体育的奇迹,再现人类文明的进步,再现世界的辉煌!

第一章

奥林匹克运动的发展

第一节　古代奥林匹克运动的发展

在人类历史发展的长河中,除了宗教这一古老的社会文化现象外,奥林匹克运动可以称得上是一个历史最为悠久的社会文化现象。奥林匹克运动的起源从有文字记载的历史可以追溯到公元前776年。但在此以前,古奥运会可能已经存在了几个世纪。奥林匹克运动会简称"奥运会",是由国际奥林匹克委员会主办的世界性综合运动会。

一、奥林匹克运动会起源

奥林匹克运动会起源于古希腊,因举办地点在奥林匹克而得名。传说古代奥运会是由众神之王宙斯所创始的。第一届古代奥运会于公元前776年举行,到公元394年共举行了293届。运动会每隔1 417天即4年举行一届。后来人们将这一周期称为奥林匹克周期。1896年4月6～15日,第一届奥林匹克运动会在雅典举行。

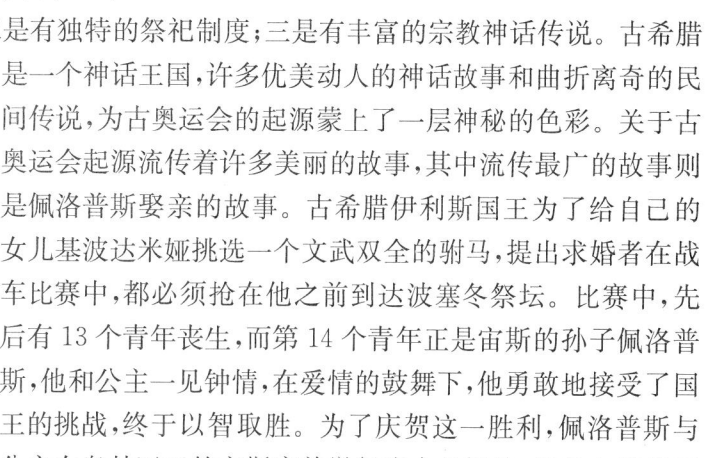

优越的地理位置,使古希腊成为多种文化的交汇之处,因此加快了社会发展的进程,在科学、文化、艺术和体育等领域里为人类作出了多方面的卓越贡献,成为西方文明的发祥地。

古奥运会是一种希腊的宗教庆典,有以下三个特点:一是对奥林匹斯山诸神的膜拜;二是有独特的祭祀制度;三是有丰富的宗教神话传说。古希腊

是一个神话王国,许多优美动人的神话故事和曲折离奇的民间传说,为古奥运会的起源蒙上了一层神秘的色彩。关于古奥运会起源流传着许多美丽的故事,其中流传最广的故事则是佩洛普斯娶亲的故事。古希腊伊利斯国王为了给自己的女儿基波达米娅挑选一个文武双全的驸马,提出求婚者在战车比赛中,都必须抢在他之前到达波塞冬祭坛。比赛中,先后有13个青年丧生,而第14个青年正是宙斯的孙子佩洛普斯,他和公主一见钟情,在爱情的鼓舞下,他勇敢地接受了国王的挑战,终于以智取胜。为了庆贺这一胜利,佩洛普斯与公主在奥林匹亚的宙斯庙前举行盛大的婚礼,婚礼上安排了战车、角斗等项比赛,这就是最初的古奥运会,佩洛普斯成了古奥运会传说中的创始人。

在创办奥林匹克运动的过程中,出现了众多先驱者,其

中法国教育家皮埃尔·德·顾拜旦(Pierre de Coubertin,1863～1937)男爵的贡献最为突出。1894 年 6 月 16 日"国际体育运动代表大会"(International Athletic Congress)在巴黎索邦神学院(巴黎大学前身)隆重开幕。到会代表 79 人,代表着 12 个国家和 49 个体育组织。现代奥运会的奠基人——皮埃尔·德·顾拜旦出生于巴黎贵族家庭。中学毕业后入巴黎大学攻读法律、政治,后又去英国深造,攻读教育学。当时英国的户外体育对顾拜旦震动很大,他立志回去要改变法国对体育的漠不关心,他更向往的是扩大世界的体育交流。1863 年,顾拜旦提出举办类似的古奥运会比赛,但不是照搬,而是把过去只限于希腊人参加的古奥运会扩大到世界范围。尽管顾拜旦的主张遭到一些反对派的阻拦,但在他不懈的努力下,1894 年 6 月 16 日终于有 20 个国家派代表在法国巴黎大学召开了第一届"重建国际奥林匹克运动会国际会议"。6 月 23 日晚,委员会正式宣布成立国际奥林匹克委员会,这一天,对奥林匹克运动、对世界体育运动的发展都具有划时代的意义。不少国家把这一天作为体育节日,中国也于 1986 年将这天定为奥林匹克日。顾拜旦制订的第一部奥林匹克宪章强调了奥林匹克运动的业余性,规定在奥运会上只授予优胜者荣誉奖,不得以任何形式发给运动员金钱或其他物质奖励。

二、奥林匹克运动的发展

古奥运会总是在奥林匹亚举行,而不是每届换一个地方。当时的比赛项目很少,从公元 776 年开始长达 500 年期间,奥运会项目逐步扩大,从单一的赛跑发展为有摔跤、混斗、拳击、四马战车、马车赛、角力、赛马等的综合运动会,这些比赛项目,多与军事技能有关,反映了战争对奥运会比赛项目发展的驱动作用。在古奥运会上,女人是不允许观看和参加比赛的。

奥运会期间在主体会场燃烧的火焰即奥林匹克圣火,象征着光明、团结、友谊、和平、正义。圣火,起源于古希腊神话。希腊神话中普罗米修斯为人类盗取火种的故事。古希腊神普罗米修斯为解救饥寒交迫的人类,瞒着宙斯到阿波罗太阳神处偷取火种,带到人间。他折下一根长长的茴香枝,带着它来到天上。当太阳神驾驶烈焰熊熊的太阳车从空中经过时,普罗米修斯把茴香枝伸到火焰里引着,然后举着这燃烧的火种迅速降落到大地上。在那里,他用火种点燃了第一堆木柴,大火燃烧起来,火光直冲云霄。火到人间就再也收不回去了。宙斯只好规定,在燃起圣火之前,必须向他祭祀。于是古奥运会开幕前必须举行隆重的点火仪式,由祭司从圣坛上点燃奥林匹克之火,所有运动员一齐向火炬奔跑,最先到达的三名运动员将高举火炬跑遍希腊,传谕停止一切战争,开始四年一度的奥运会。

古奥运会初期,竞赛项目不多,所以前 22 届奥运会时间仅一天。后来随着比赛项目的增加,奥运会时间由一天变为两天。从第 37 届增加少年比赛项目后,时间又延长到 5 天。其中第一天是开幕式,举行献祭和宣誓仪式,第二三四天是比赛的具体内容,第五天是闭幕式,进行发奖和敬神活动。

第二节　现代奥林匹克运动的发展

现代奥林匹克运动会是近代资本主义发展的必然产物,也是近代体育思想形成后在欧美各地广泛实施的必然结果。

1894 年,在顾拜旦的努力和各种因素的促进下,"恢复奥林匹克运动会代表大会"在巴黎举行。会上成立了国际奥林匹克委员会,并决定复兴奥运会。

现代奥运会受到古代奥运会的深刻影响,但它已不是祭神的竞技,而是真正的国际性的体育竞赛。现代奥运会的产生是运动竞赛史上的一个重要里程碑,它标志着体育运动进入了一个崭新的时代。

1894 年成立的国际奥委会是一个国际性的、非政府的、非营利的组织,是领导奥林匹克运动和决定一切有关问题的最高权力机构。它的总部设在瑞士的洛桑。国际奥委会设主席 1 人,副主席 4 人。主席从委员中选举产生,一般任期 8 年,连选可再任 4 年。

奥林匹克运动会的有关规定:① 奥林匹克旗帜:奥林匹克旗帜为长方形、白底无边、中间有五个套连的彩色圆环。象征着五大洲的团结,以及全世界的运动员以公正、坦率的比赛和友好的精神,在奥林匹克运动会上相见。② 奥运会宣誓仪式:在奥运会的开幕式上,由主办国最著名的运动员宣读誓词:"我以全体运动员的名誉,保证为了体育的光荣和我们运动队的荣誉,将以真正的体育道德精神参加本届奥林匹克运动会,尊重并遵守指导运动会的各项规定。"之后,裁判员也要举行宣誓仪式。③ 奥运会奖牌:奥运奖牌分金、银、铜三种颜色,圆形,直径至少 60 毫米,厚 3 毫米,上有女神像。④ 奥运会举办期限:从 1932 年开始,国际奥委会规定,夏季奥运会的时间不得超过 16 天,冬季奥运会不得超过 12 天。

第一届现代奥运会举行时,国际单项体育组织还很少,奥运会项目无严格规定,基本上由东道国决定。因此,头几届奥运会不仅一些项目中的单项变化较大,而且大项也不稳定,还曾列一些在世界范围内开展不很广泛的项目,如马球、拉考斯球、汽船、壁球等。随着各种国际单项体育组织的先后建立,奥运会项目逐渐趋向稳定。

为了使奥运会在项目的设置上符合世界体育运动的发展,国际奥委会规定,每一届夏季奥运会至少应包括 15 个大项目,才能举行。1963 年,国际奥委会确定了这些夏季奥运会大项目的比赛顺序是:田径、游泳、摔跤、体操、举重、曲棍球、马术、击剑、赛艇、拳击、射击、现代五项、帆船、篮球、皮划艇、自行车、足球、排球、射箭、手球、柔道等 21 项。1972~1984 年,奥运会比赛大项一直固定为 21 项。第 24 届奥运会则有历史性的突破,增加了乒乓球、网球两大项目,使夏季奥运会的大项达 23 个,单项数达 237 个,其中男子占 151 个,女子占 72 个,男女混合项目为 14 个。

被列入奥运会正式比赛项目的批准条件是:夏季奥运会男子项目至少在四大洲 75 个国家广泛开展,女子项目至少要在三大洲 40 个国家广泛开展。

现代奥运会诞生以来,经过 100 多年的曲折发展,已经成为当前国际生活中一项重要活动。当今,奥林匹克运动几乎遍及世界各地,奥林匹克运动会已成为举世瞩目的高水平综合性运动会,"更快、更高、更强"的奥林匹克格言成了世界体坛响亮的口号。

"更快、更高、更强"是奥林匹克运动一句著名的格言。这句格言是顾拜旦的好友、巴黎阿奎埃尔修道院院长亨利·迪东在其学生举行的一次户外运动会上说的。顾拜旦借用过来,成为奥林匹克格言。这句话充分表达了奥林匹克运动不断进取、永不满足的奋斗精神。它既是指在竞技场上面对强手时发扬大无畏的精神,敢于斗争,敢于胜利,又指对自己永不满足,不断地战胜自己,向新的极限冲击。1913 年经国际奥委会批准,1920 年国际奥委会将其正式确认为奥林匹克格言,在安特卫普奥运会上首次使用,成为奥林匹克标志的一部分。

现代奥林匹克运动的五环标志出自现代奥运会创始人顾拜旦之手。顾拜旦认为奥林匹克运动应该有自己的标志,这个念头在他的脑海里盘桓已久。1913 年,他终于构思设计了五环标志和以白色为底印有五环的奥林匹克旗,打算在国际奥委会成立 20 周年之际推出这个标志。象征五大洲的团结,全世界的运动员以公正、坦率的比赛和友好的精神,在奥运会上相见。顾拜旦阐述了这面会旗的象征意义:"蓝、黄、黑、绿、红"五环代表以奥林匹克精神参赛的五大洲。此外,这 6 种颜色(包括白的底色)毫无例外地包含了世界各国的国旗颜色。黄色和蓝色代表瑞典;黑色、蓝色和白色代表希腊、法国、英国、美国、德

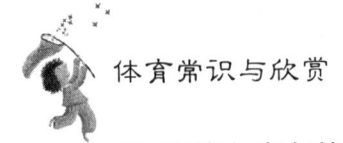

国、比利时、意大利,匈牙利黑、蓝、白三色尽在其中;黄色和红色代表西班牙,巴西、澳大利亚、日本、中国的颜色也包括在其中。它显然是一种国际性的标志。

第三节　中国奥林匹克运动的发展

一、中国奥林匹克运动的早期发展

1924年5月,法国巴黎第8届奥运会。中国有3名网球选手自发参加了这届奥运会的网球表演比赛,尽管他们在预赛时即被淘汰,但这却是中国人首次出现在奥运会的赛场上。

1928年5月,荷兰阿姆斯特丹第9届奥运会。中国这次派了观察员宋如海出席。当时正在美国斯普林菲尔德学院留学的宋如海受中华体育协进会的指派,由美国乘船前往荷兰,出席了赛会。这是中国首次正式派代表参与奥运会。

1932年7月,美国洛杉矶第10届奥运会。中国代表团共6人,分别为刘长春、沈嗣良、宋君复、刘雪松、申国权、托平,但是运动员只有刘长春一人。刘长春本想参加3个短跑项目,因旅途劳顿,放弃了400米跑,在100米、200米预赛中,分列第五、六名,遭淘汰。此次参赛开创了中国参加奥运会比赛的历史,对中国体育的发展影响深远。

1936年8月,德国柏林第11届奥运会。中国共派出69名运动员(男67人,女2人)参加了田径、游泳、举重、拳击、自行车、篮球和足球6个大项的比赛,除符保卢一人通过撑杆跳高及格赛(决赛中也被淘汰)外,其余均在预赛中遭淘汰。另外还派了一个武术表演队(男6人,女3人)和一个体育考察团(男35人,女2人)。这个考察团曾经到过包括德国在内的一些欧洲国家考察。中国运动员尽管在正式竞赛项目中战绩不佳,但武术表演令西方人惊叹,特别是双人对练深受观众欢迎。第12届、第13届奥运会因世界大战取消。

1948年7月,英国伦敦第14届奥运会。中国派出了33名男运动员参加了篮球(10人)、足球(18人)、田径(3人)、游泳(1人)和自行车(1人)共5个项目的比赛,未能取得名次。其中足球比赛参赛的共有16队,中国队首轮便以0:4负于土耳其队而被淘汰。篮球队在预赛中3胜2负,在落选赛中2胜1负,在全部23队中名列第18。游泳选手、印尼华侨吴传玉在100米自由泳比赛中落选。荷兰华侨、自行车选手何浩华在1000米争先赛中因摔伤而落选。

二、新中国奥林匹克运动的发展

1952年芬兰赫尔辛基第15届奥运会。新中国成立之后,原中华全国体育协进会改为中华全国体育总会,并行使中国奥委会的权利。但在本届奥运会之前,新的中国奥委会未得到国际奥委会的承认。由于已与新中国建立外交关系的芬兰政府及其他友好国家的努力,新中国在本届奥运会开幕前的国际奥委会第48届年会上终于取得了参加本届奥运会的资格。新中国代表团一行40人赶到赫尔辛基时,大会已进行了10天,故而只赶上男子游泳的1项比赛和最后的闭幕式。当时大概没有人意识到,这支迟到的队伍日后将会成为奥运舞台上的劲旅。

1954年国际奥委会雅典年会中以23:21的票数承认了中华全国体育总会为中国奥委会,但同时却保留了台湾的所谓"中华民国奥委会",开了在一个国家中承认两个国家奥委会的先例。国际奥委会后来又做出允许这两个奥委会同时参加第16届奥运会的决定,并规定两个代表团使用的名称一个是"台湾中国",一个是"北京中国"。

新中国奥委会始终坚持一个中国的政治立场,坚决反对国际奥委会搞"两个中国"的阴谋,在得知国际奥委会允许台湾参加这届奥运会时,立即致电国际奥委会表示抗议,并明确表示:如果允许台湾参加,新中国将拒绝参加本届奥运会。11月17日,国际奥委会执委会讨论中国问题,后来统一了意见,即:以政治为理由的抗议,都不予理会。有的委员甚至建议中国应该像德国、联邦德国一样能联合组队。结果可想而知,台湾体育组织被邀请参加比赛,中华全国体育总会于1956年1月发表声明,强烈抗议国际奥委会分裂中国的做法,并宣布拒绝参加第16届奥运会。

1960年8月,意大利罗马第17届奥运会。鉴于国际奥委会的少数人坚持"两个中国"的政策,中国奥委会于1958年8月19日宣布退出国际奥委会,故自本届奥运会起,中国中断了对奥运会的参与。此后的中国继续拒绝参与奥运会。1964年10月10日日本东京第18届奥运会、1968年10月墨西哥墨西哥城第19届奥运会、1972年8月德国慕尼黑第20届奥运会、1976年加拿大蒙特利尔第21届奥运会中国均拒绝参与。1980年7月,苏联莫斯科第22届奥运会。中华人民共和国奥委会的合法席位本来已在国际奥委会1979年10月的名古屋会议上得以恢复,从本届奥运会开始,中国运动员就可以正式参加奥运会了。正式而完整地参加奥运会是中国运动员自建国以来多年的夙愿,但为了维护奥林匹克精神和中国的国家利益,他们也服从了中国奥委会于1980年4月24日发布的公告,放弃参加莫斯科奥运会。

1984年7月,美国洛杉矶第23届奥运会。中国奥委会派出了一个大型体育代表团参加这次盛会。重返奥运赛场的中国体育代表团,在洛杉矶奥运会开幕后的第一天,展示出新兴世界体育强国的风采。许海峰在男子手枪慢射比赛中所获的金牌不仅是本届奥运会决出的第一块金牌,更实现了炎黄子孙在奥运会上金牌及奖牌"零的突破",洗刷了百余年来"东亚病夫"的耻辱。此届奥运会中,中国体育健儿再接再厉,取得了辉煌的成绩,共获15枚金牌、8枚银牌、9枚铜牌,列金牌榜第四位。

1988年9月,韩国汉城第24届奥运会。中国这次选派301名选手参加比赛。由于苏联、民主德国及东欧等国家都参加了本届奥运会,竞争比上届激烈得多,中国运动员在本届奥运会上最终只获得5枚金牌、11枚银牌和12枚铜牌,总分数居第8位。

1992年7月,西班牙巴塞罗那第25届奥运会。中国此次选派男运动员118人,女运动员133人参加除足球、曲棍球、棒球、手球及马术以外共20个项目的比赛。中国代表团在经过1988年汉城奥运会的失意后,重新发挥出高水平,结果共获金牌16枚,银牌22枚,铜牌16枚,成绩超过了此前最高的1984年奥运会,取得了历史最好成绩。

1996年7月,美国亚特兰大第26届奥运会。中国派出由495人组成的体育代表团参赛,其中运动员309人(女运动员199人),运动员人数居各国和地区体育代表团的第12位。中国代表团是以年轻选手、新选手为主组成的,运动员平均年龄21.7岁,其中85%的人是第一次参加奥运会。中国运动员参加了本届奥运会26个大项目中的22个大项目,153个小项目的比赛,共获得金牌16枚,奖牌总数50枚。

2000年7月,澳大利亚悉尼第27届奥运会。中国代表团此次派出311名运动员参赛,以金牌28枚、奖牌总数59枚的优异成绩一举跃入了奖牌榜世界三强行列,这两项指标不仅都创下了中国自参加奥运会以来的单届最高纪录,而且均名列世界第三位。仅9月22日一天,中国就日收6金,创下了中国运动员参加奥运会历史上单日夺取金牌数的最高纪录。

2004年8月,希腊雅典第28届奥运会。中国此次派出了包括407名运动员(其中女运动员269名,男运动员138名)的代表团参加了除棒球和马术外的其他所有26个大项的比赛,取得了空前出色的战绩,以金牌32枚、奖牌总数63枚的优异成绩一举登上了奖牌榜的第二位(其中奖牌总数列第三位),金牌数和奖牌总数两项指标都创下了中国自参加奥运会以来的单届最高纪录,而且夺金牌面也达到了历史新高,获得金牌的项目增加至13个大项。

2008年的北京第29届奥运会成为世界人民更充分地了解和体验中国的历史、文化、人民和自然风光的最佳窗口。要充分展示中华民族5 000年悠久历史和灿烂文化,体现浓郁的中国韵味,"人文风采"要突出人文奥运的理念,表现奥林匹克的精神,倡导人们陶冶情操,实现人的身心和谐发展,展示精彩纷呈的多元文化,展现中华儿女和谐的优良传统。"时代风貌"要表达当代中国人民自强不息、奋发有为的精神风貌,中华儿女积极进取、昂扬向上的朝气和活力,与世界人民共同追求和平、友谊、进

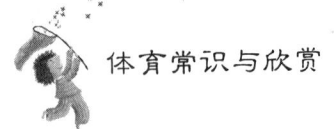

步的强烈愿望。"大众参与"是要展现占世界人口五分之一的 13 亿中国人民和广大港澳台同胞和海外侨胞积极参与奥林匹克运动的风采。

第四节　残、特奥林匹克运动的发展

一、残奥会的发展

第一届残奥会 1960 年在意大利罗马举行,到 2004 年雅典残奥会已经是第 12 届了。残奥会的起源,要追溯到第二次世界大战后的欧洲。

为了让在战争中因脊髓受损导致下肢瘫痪的士兵能够尽快康复,1948 年伦敦第 14 届夏季奥运会期间,英国的神经外科医生路德维格·格特曼爵士和一些热衷残疾人事业的知名人士为一批轮椅运动员组织了自己的运动会,称为斯托克·曼德维尔运动会。

4 年后,国际斯托克·曼德维尔运动会联合会在英国成立,并于当年举办了首届国际残疾人运动会,这也就是"残疾人奥林匹克运动会"的前身。此后,国际斯托克·曼德维尔运动会每年举办一次。1960 年,在罗马第 17 届奥运会结束两周后,来自世界 23 个国家的 400 名残疾人运动员参加了在罗马举办的第 9 届国际斯托克·曼德维尔运动会,而这届运动会后来也被国际奥委会正式承认为第一届"残疾人奥林匹克运动会"。

从 1960 年开始,残奥会每 4 年举办一次,1988 年汉城第八届残奥会以后,形成了每届残奥会和夏季奥运会在同一城市举行的惯例。44 年过去了,从最初的只有 23 个国家和地区的 400 多名运动员报名,到第 12 届雅典残奥会 136 个国家和地区的 3 806 名选手参赛,这不仅标志着时代的发展,也体现了人类社会文明的进步。

二、特奥会的发展

1963 年 6 月,在美国马里兰州,特奥创始人尤尼斯·肯尼迪·施莱佛女士为智障人士举办了夏令营,开展体育娱乐活动。1968 年 7 月,第一届国际特奥运动会在美国芝加哥举行。1968 年 12 月,国际特奥会(Special Olympics International, SOI)成立。1988 年 2 月,国际特奥得到国际奥委会正式承认。特奥运动的发展得到世界各国政府和人民的支持和关注,到 2003 年,国际特奥会的成员已有 150 多个国家和地区,参加特奥运动的智障人已由最初的 100 人发展到 120 多万人,已成功举办了 11 届夏季、7 届冬季世界特奥运动会。

特奥运动的创始人——尤尼斯·肯尼迪·施莱佛女士作为肯尼迪基金会执行副主席和特奥运动的创始人,30 年来一直致力于加强和改善智力残疾人的生活质量,使他(她)们参与社会生活。她是肯尼迪夫妇九个儿女中的第五个孩子,出生在马塞诸塞州的布鲁克林市,毕业于加利福尼亚的斯坦福大学,并获得社会科学学位。毕业后,她以不同的身份在社会工作的各种领域为美国政府工作。1957 年接管肯尼迪基金会,并为智力残疾人谋求公民权利。在她的领导下,该基金在医学研究、公众教育等方面作出了突出成就,她的工作得到了国际上认可,曾获得过美国最高荣誉——总统自由勋章。

国际特殊奥林匹克委员会是为全世界智力残疾儿童及成年人提供体育训练和比赛的国际组织,也是国际奥委会认可可以使用"奥林匹克"名义独立开展活动的组织,多年来一直致力于在全球范围内推动特殊奥林匹克(特奥)运动的发展。

国际特奥会是全球特奥运动的管理机构,总部设在美国华盛顿特区,负责管理和指导世界性的特奥活动,监督国际及各国的特奥运动会及教练员的组织工作,并为重要的发展计划、国际会议及培训班提供支持和帮助。同时国际特奥会还设有区域领导者议会、国际顾问委员会、项目规则委员会等,采纳个人和团体的有益的建议,不断发展和完善其章程和竞赛规则。经国际特奥会认可不同国家分在 7 个区域运作:非洲东、西及南部区、亚太区、东亚区、欧洲—欧亚、拉丁美洲、中东及北非、北美洲。

国际特奥会为智障人士参与日常奥林匹克体育训练及竞赛创造条件、提供机会,使他们发挥潜能、勇敢表现,在参与中与其他运动员、家庭分享快乐,交流技艺,增进友谊。

特奥运动的目标是通过为全球 1.7 亿多名智障人士,提供参与运动的机会,提高他们的生活质量;同时加强人们对智障人士的认可,让漠视与排斥变为包容与支持。今年,全世界特奥运动员将发展到 200 万人;而特奥组织也将遍及全世界 170 多个国家和地区。

一般而言,特奥会运动项目共有 26 项。夏季特奥会运动项目有水上运动(游泳、跳水)、田径、羽毛球、篮球、室外地滚球、保龄球、自行车、马术、足球、高尔夫球、体操、举重、轮滑、帆船、垒球、乒乓球、网球、手球和排球。冬季特奥会则有高山滑雪、地板曲棍球、越野滑雪、花样滑冰和速度滑冰等。

特奥会和残奥会是得到国际奥林匹克委员会承认的两个不同的组织。这两个组织最主要的区别在于参加者的残疾类型和运动能力的等级。

国际残疾人奥林匹克委员会是一个聚集了残疾人体育精英(肢体残疾)的国际性组织。该组织安排、监管并协调由体育精英参与的最重要的世界性和区域性残疾人奥运会以及其他不同的残疾人运动会(包括 25 个体育项目),是一个非盈利性组织,由 160 个国家残疾人奥林匹克委员会和 5 个国际残疾人单项体育协会组成。特奥会是为智障人士(8 岁以上)提供常年体育培训和竞赛的世界最大的组织,目前在 150 多个国家中有超过 225 多万名运动员参与了在当地、州、国家和世界范围内举办的 30 项奥林匹克形式的运动培训和竞赛。通过群众性的体育运动,特奥会使得参与者的健康长期受益,得到自我尊重和社会认同。

思考题

1. 简述古代奥林匹克运动的发展。
2. 简述现代奥林匹克运动的发展。
3. 简述中国奥林匹克运动的发展。
4. 简述残奥会、特奥会的发展。

奥林匹克运动会的场馆

第一节 古代奥运会场馆的发展

　　奥运场馆的发展,标志着世界的发展与进步,从古至今,奥运场馆的建设也是每一个时期的代表性建筑,同时也凝聚着人类的智慧。本节介绍古奥运场馆的发展。

　　1896 年在希腊的雅典举办了世界上第一届奥林匹克运动会。主体育场是雅典大理石体育场。

　　1900 年 5 月到 10 月巴黎奥运会在世界博览会期间进行。由于法国主办人员热衷于博览会,致使这届奥运会不仅时间长而且场地分散、设备极差,组委会借用了位于巴黎市郊布洛尼的原法国赛马俱乐部的跑马场作为主体育场,观众席只有 500 个座位。本届奥运会没有举行开幕式。

　　1904 年运动场有 2 万个坐席,同时可容纳观众 4 万人,为观赏比赛提供了方便,但看台无顶棚,观众被迫在夏日炎炎的日子里饱尝暴晒之苦。

　　1908 年的第 4 届奥运会,原本是由罗马取得主办权。罗马是在与意大利另一城市米兰、德国的柏林及英国的伦敦竞争之下,经国际奥委会投票决定后获得主办权的。但是就在 1906 年希腊举办非正式奥运会期间,意大利的维苏威火山爆发,对意大利造成极大的经济伤害。意大利向国际奥委会表示,因财政困难,无力兴建比赛场馆,宣布放弃主办第 4 届奥运会。

　　在剩下 2 年时间的情况下,国际奥委会只有求助伦敦,经过评估之后,伦敦答应让奥运会如期在 1908 年举行,并随即成立筹备委员会,兴建白城体育场。这座体育场在 10 个月之内兴建完成,不花政府一毛钱,主要是来自英法联合举办的博览会经费,位置就在博览会会址旁边。体育场除了煤渣跑道之外,另外在内围也包含体操场,还有一座长 100 公尺宽 15 公尺的游泳池,及田径跑道外围一座周长 666.66 公尺的自由车跑道,集合四种功能于一体的 7 万人的综合体育场。这种体育场在历届奥运会中,是唯一的,是非常特别的一座。

第二节　现代奥运会场馆的发展

国际奥委会决定,将瑞典首都斯德哥尔摩作为1912年第五届奥运会的会址。于是,瑞典兴建了科罗列夫运动场,尽管它只能容纳37 000多名观众,比起圣路易、伦敦运动场的规模要小得多,但设施完备、先进。跑道全长380.33米,接近今日标准跑道长度,这也是奥运会开办以来,运动员第一次在较标准的跑道上竞赛,场内试验性地安装了电动计时器和终点摄影设备,时间精确到十分之一秒。7月6日,运动会在科罗列夫运动场正式开幕。当日天气晴朗,阳光灿烂,瑞典国王古斯塔夫和以顾拜旦为首的国际奥委会官员莅临大会。大会首次举行了隆重的仪式,瑞典姑娘们进行了精彩的歌舞表演,并从此形成传统。应邀参赛的有28个国家,运动员共2 547人,其中女子57人。首次参赛的国家有埃及、卢森堡、葡萄牙、叙利亚和日本。

1916年,因第一次世界大战,取消了第6届奥林匹克运动会。

1920年,第7届奥运会的主场馆是贝绍特田园运动场,贝绍特田园运动场(Beerschot)建于1914年,由获得1912年奥运会重剑团体冠军队中的成员之一的安特卫普建筑师博蒂涅(Montigney)和他的同事索曼(Somers)于1919年设计重建,专门用做本届奥运会主体育场。这座能容纳3万观众的体育场,在奥运史上第一次采用了周长为400米的跑道。此后,除1924年奥运会曾使用过一次500米的跑道外,自1928年起至今一直使用400米的跑道。跑道上铺设的是煤渣,质量欠佳,比赛期间接连下雨,导致场地积水,因此多数项目的成绩不佳。由于刚刚经历了世界大战,因此本届奥运会的开幕式不同寻常。在8月14日运动会开幕的当天上午,由比利时大主教在安特卫普市中心的教堂举行弥撒,以悼念大战中丧生的奥运名将。下午才在安特卫普运动场内举行了正式的开幕仪式。

1924年,巴黎成为第一个两次主办奥运会的城市之后,巴黎市民对奥运会表现出了极大的热情。为了开好这届奥运会,各种各样的设想和设计方案,从法国各地纷纷寄到了巴黎奥运会筹委会。其中法国前橄榄球队长、上届奥运会银牌获得者久查里克提出的,兴建一座能容纳10万观众的体育建筑群,和一个能安排两千人住宿的奥运村的设想,得到了赞同。看起来一切都很顺利,但资金问题成为让筹委会最为头痛的问题。战争虽然已经过去,市区已经重建起来,工厂也恢复了生产,人民生活走上正轨,战争的痕迹,也基本平复,但法国政府为此耗费了巨额资金。加上1923年冬天塞纳河决堤,洪水袭击了巴黎,使原来就很紧张的法国财政,更加捉襟见肘。法国上层人士甚至提出,放弃主办权,让洛杉矶接替。但是筹委会顶住了压力,克服重重困难,筹集了400万法郎,修建了能容纳6万多人的"科龙布"运动场。

1928年,阿姆斯特丹奥林匹克体育场是本届奥运会的主体育场,可容纳4万名观众,由37岁的建筑师杨·维尔斯设计。因造型美观又很实用,维尔斯获得本届奥运会艺术比赛建筑奖金牌。本届奥运会开幕式就是在该运动场内举行的。体育场中间是足球场,外侧是周长400米的田径跑道。与伦敦白城体育场相似的是:看台和跑道之间设有宽8米、长500米的自由车赛道。直道看台有顶棚,体育场门口有一个纪念碑似的装饰物。看台下面修建了一系列辅助设施,其中包括办公、裁判、新闻摄影、贵宾、更衣、电话电报等用房。

洛杉矶奥运会于1932年7月30日下午2时30分正式开幕。奥会主席巴·耶拉图尔率领

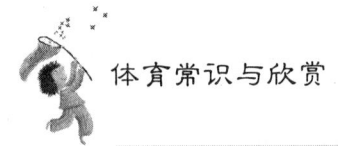

部分国际奥委会官员出席。整个洛杉矶纪念运动场的看台上座无虚席,开幕式仿照古希腊的宗教仪式,鸣放了十响礼炮,点燃了"圣火",两千只和平鸽飞向天空,洛杉矶奥运会开幕了。参赛国家共 37 个,首次参加的有中国和哥伦比亚。因费用问题运动员只有上届奥运会的三分之一,共有 1 048 人,其中女子 127 人。美国运动员人数最多,共 337 人,中国代表团共 6 人,但运动员仅一人。

1936 年,纳粹分子印刷了成吨的宣传德国"繁荣与昌盛"的材料,耗费了巨额资金,用花岗石、大理石等兴建了一座能容 10 万人的大型运动场,一个有两万个看台的游泳池,以及体操馆、篮球场等,还修建了一个比洛杉矶奥运会更豪华的奥运村。

在 8 月 1 日的开幕仪式上希特勒宣布本届奥运会开幕,点燃奥运圣火的是德国的田径运动员弗里茨·希尔根,而代表运动员宣誓的是另一位东道主运动员鲁道夫伊斯迈尔。

第 12 届、第 13 届奥运会因为第二次世界大战取消。

1948 年,由于处于第二次世界大战后的恢复期,百废待兴,所以本届奥运会没有新建体育场馆,而是充分利用了 40 年前奥运会时的体育设施。但由于原"白城"体育场跑道长 536.45 米,不符合比赛要求,因此温布利体育场被作为奥林匹克主体育场。

1952 年,赫尔辛基奥林匹克体育场是一座可容纳 7 万多名观众的圆形建筑物,具有鲜明的民族建筑风格,外形朴素雅致,是芬兰最大的现代化运动场。这座美观大方的运动场是著名建筑师林德葛兰和延蒂设计的,跑道长度为 400 米。1934 年,这座体育建筑动工,1938 年建成,按照原定计划本来是供第 12 届奥运会用的,但因为战争的爆发,第 12 届奥运会被取消,这座建筑也就没有派上用场。这次赫尔辛基再次赢得奥运会承办权,这座体育场终于有了用武之地。

1956 年,墨尔本没有现代化的大型运动场,为迎接本届奥运会,墨尔本市决定耗资 25 万英镑扩建一座原来供板球和澳式橄榄球使用的球场为主会场,另耗资 125 万英镑修建包括游泳馆、田径场、自行车赛场和曲棍球赛场的奥林匹克公园,耗资 2 万英镑修建奥运村。而其他项目比赛则在现有的场馆中举行。

1960 年,历届奥运会的建筑成就是现代建筑史上光辉灿烂的一页,体育建筑以其独特的魅力,吸引着一大批活跃在国际建筑舞台前端的著名建筑大师,参加每届奥运会的建筑设计都力求超越前届,成为举办城市和奥林匹克一个时代的标志。因而奥运会的建设,对体育建筑的发展起到了巨大的推动作用。罗马奥运会体育建筑的一个突出风格就是能将古罗马的运动场与现代的体育建筑融为一体,古今建筑融合并形成强烈的反差,世界上可能没有第二个城市可以这样了。

1964 年,明治公园是奥林匹克中心之一,公园内有奥林匹克运动场、驹泽综合体育场、曲棍球场、多用途的代代木体育馆和游泳馆。此外,还有供水上项目、射击、马术、柔道、击剑和其他一些比赛项目用的场馆。

1968 年,墨西哥大学城综合体育场是本届奥运会的主体育场,是奥运会主要比赛和活动中心。它坐落于离市中心 15 公里的地方,分 4 个区:教学区、休息和公共建筑区、生活区和奥林匹克体育场。水球比赛在大学城游泳池进行。

1972 年，奥运会的主要比赛场馆都建在慕尼黑奥林匹克公园内，其中奥林匹克主体育场是最为醒目的标志性建筑，由 45 岁的斯图加特建筑师拜尼施受 1967 年蒙特利尔世界博览会上德国馆一个小小的帐篷式结构的启发而创造的。其新颖之处就在于它有着半透明帐篷形的棚顶，覆盖面积达 85 万平方米，可以使数万名观众避免日晒雨淋。整个棚顶呈圆锥形，由网索钢缆组成，每一网格为 75×75 厘米，网索屋顶镶嵌浅灰棕色丙烯塑料玻璃，独

具匠心的拜尼施以蜿蜒的奥林匹克湖为背景，该奥运会的主要比赛场馆包容在连绵的帐篷式悬空顶篷之下，以横空出世的气势将体育场馆与自然景观融为一体，为激烈的比赛带来了大自然的温馨。体育场不仅外形别具一格，而且配套设备齐全。看台共有 4.7 万个座位。

1976 年，在梅宗纳夫公园修建了规模巨大的梅宗纳夫奥林匹克体育中心，它占地面积 750 亩，包括奥林匹克体育场、室内游泳池、跳水池和自由车赛场等。奥林匹克体育场是由塔利伯特和达欧斯特设计的，能容纳 71 920 名观众，有着高质量的标准 400 米塑胶跑道。整个体育场呈椭圆形，四周用

34 根钢筋水泥柱支撑，所有预制构件安装在柱子上，固定在柱子上的悬臂长达 100 米，离地面最高处为 54 米，看台顶棚由悬臂支撑（所有固定看台均有顶棚）。体育场设有 213 米高的鹰嘴式高塔，塔顶悬挂覆盖整个体育场的顶棚，电钮一开，由钢索悬挂的顶棚便可使体育场变成前所未有的室内运动场。场内有两块巨大的长 20 米、宽 10 米的记分牌，各装有 19 000 多个灯泡，从场内任何一侧，都可清晰地看到牌上所显示的比赛成绩。

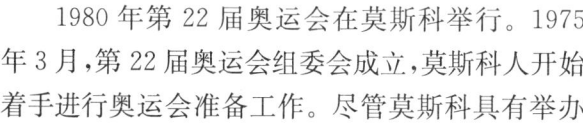

1980 年第 22 届奥运会在莫斯科举行。1975年 3 月，第 22 届奥运会组委会成立，莫斯科人开始着手进行奥运会准备工作。尽管莫斯科具有举办

大型综合比赛的经验，也有为数众多足以承办奥运会的体育设施，但是为了百年不遇的奥运会，他们还是不惜血本地大兴土木。著名建筑师费拉索夫·波利卡波夫和雷斯尼科夫承担了能容纳 10 万观众的主场地——中央列宁体育场的设计工作。此外，还新建和改建了一系列辅助场地和设施。

1984 年承办开幕式、闭幕式的会场及田径比赛的主场是洛杉矶纪念体育场。该体育场也是 1932 年奥运会的主体育场。1982 年，大西洋列奇费尔特色司出资 500 万美元重新进行了修整，将座位换成座椅，增添了 175 个考究的包厢，供国家元首使用，并铺设了德国生产的塑料跑道。修缮后该

第二章　奥林匹克运动会的场馆

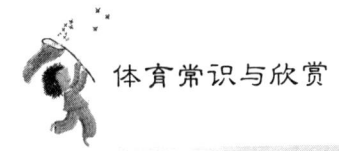

体育场可容纳 92 604 名观众,是世界最大的体育场之一。场地中央是一片绿色的草皮地,两端是淡雅的米黄色地面。场内有 90 个进出口和 74 个旋转式门。巨大的奥林匹克火焰塔装在体育场东面柱廊上面,距地面 45.72 米。它的上方安装有价值 16 万美元,高 9.1 米,宽 14.6 米的彩色电子记分牌。

1988 年汉城奥运会的各项比赛主要安排在汉城体育中心和奥林匹克公园两地进行。汉城体育中心位于蚕室地区,距汉城市 13 公里左右,占地面积为 54.5 万平方米。该中心以奥林匹克体育场为核心,包括蚕室体育馆、蚕室游泳馆、蚕室学生体育馆、田径练习场和蚕室棒球场等一组体育设施。

当 1986 年巴塞罗纳获得第 25 届奥运会主办权后,为保证奥运会的体育场馆数量,组委会专门制定了《蒙特尤克体育设施发展计划》,奥林匹克设施将在蒙特尤克方圆 5 公里的范围内,分成 4 个别具特色又有机联系的部分,即蒙特尤克、迪埃戈纳尔、巴尔德黑勃龙和海洋公园,占地面积有 200 公顷。这 4 个区由新建的海滨线路、环形路和地铁紧密地联系在一起,4 个区之间的交通只需 20 分钟。组委会共投资 3.5 亿美元,改造和兴建了 37 个比赛场馆。本届奥运会除划船比赛安排在离巴塞罗纳 120 公里的班约勒斯湖上进行外,其余各项比赛主要分布在巴塞罗纳市周围的蒙特尤克、迪埃戈纳尔、巴尔德黑勃龙和海洋公园等处。

1996 年亚特兰大市在奥运之前就拥有不少配备先进设施的体育场馆,但为了更好地举办奥运会,组委会在对现有场馆进行改建的同时,激活了庞大的奥运工程,增建了部分新设施。本届奥运会全部 26 项运动的比赛分散在 24 个场馆中进行。而其中 20 项比赛是集中在半径 3 公里的"奥林匹克环"里进行,对于运动员参赛和记者采访而言非常的方便。"奥运圈"包括位于乔治亚州理工学院校园内的奥运村,举行开幕式和闭幕式的主体运动场——奥林匹克体育场,面积达 28 000 平方米的总新闻中心和在比赛期间举行艺术节活动的奥林匹克公园等设施。

2000 年悉尼奥运会的主体育场也是奥运会历史上最大的室外体育场,可容纳 110 000 名观众,体育场跨度足够四架波音 747 客机并排停放。该体育场目前已经投入使用,并承办了几场大型的橄榄球比赛,观众人数都超过了 10 万人,创下了橄榄球历史上的观众人数纪录。该体育场位于悉尼市霍布什湾奥林匹克公园,距市区 14 公里,交通极为方便。本届奥运会期间,在这座体育场上进行了开幕式和闭幕式仪式,以及田径和足球等项目。该体育场的设计考虑到了澳大利亚独特的气候,增设了顶

棚,保护了大多数观众不受日晒雨淋,同时也不是全封闭体育场,对草皮生长无害。另外,该体育场的顶棚采用的聚碳酸酯材料,使草坪上的太阳阴影降到最小,为体育比赛的电视转播创造了最佳条件,这一点是世界上体育场建设的一个技术突破。

雅典奥林匹克主体育场是 2004 年雅典奥运会的中心,位于雅典北郊的马罗西,是雅典奥林匹克综合体育场的一部分。体育场可容纳 55 000 名观众,将进行开闭幕式、田径和足球比赛。西班牙建筑师圣迭戈·卡拉特拉瓦受雅典文化部创意的启发,在综合体育场的升级改造工程中增加了很多创新理念,包括奥林匹克主体育场屋顶结构的设计。主体育场工程由希腊文化部负责实施,工程在 2004 年 7 月完工。

"鸟巢"是 2008 年北京奥运会主体育场。由 2001 年普利茨克奖获得者赫尔佐格、德梅隆与中国建筑师合作完成的巨型体育场设计,形态如同孕育生命的"巢",它更像一个摇篮,寄托着人类对未来的希望。设计者们对这个国家体育场没有做任何多余的处理,只是坦率地把结构暴露在外,因而自然形成了建筑的外观。

"鸟巢"以巨大的钢网围合,覆盖着 9.1 万人的体育场;观光楼梯自然地成为结构的延伸;立柱消失了,均匀受力的网如树枝般没有明确的指向,让人感到每一个座位都是平等的,置身其中如同回到森林;把阳光滤成漫射状的充气膜,使体育场告别了日照阴影;整个地形隆起 4 米,内部作附属设施,避免了下挖土方所耗的巨大投资。

"鸟巢"是一个大跨度的曲线结构,有大量的曲线箱形结构,设计和安装均有很大挑战性,在施工过程中处处离不开科技支持。"鸟巢"采用了当今先进的建筑科技,全部工程共有二三十项技术难题,其中,钢结构是世界上独一无二的。"鸟巢"钢结构总重 4.2 万吨,最大跨度 343 米,而且结构相当复杂,其三维扭曲像麻花一样的加工,在建造后的沉降、变形、吊装等问题正在逐步解决,相关施工技术难题还被列为科技部重点攻关项目。

思考题

简述古代奥运会场馆的发展,并说明其意义。

第二章 奥林匹克运动会的场馆

第三章

奥运故事与中国奥运人物

第一节 奥运趣事

在奥运会上,给人留下了无数激动人心的场面,同时也发生了一些有趣的故事。

【鼓错了掌】

获 400 米决赛资格的 6 名运动员中,美国占了 5 名。决赛定在星期天举行。其中 3 名美国运动员是虔诚的基督教信徒,他们宁可不参加决赛,也不肯放弃自己的宗教活动。最后只有两名美国选手和一名德国选手参加了决赛。当美国选手马克西·朗以 49 秒 4 的成绩首先到达终点时,一阵海潮般的掌声席卷而来,使他丈二和尚摸不着头脑。观众何以对他报以热烈的掌声?原来,他身着哥伦比亚大学蓝白相间的条纹背心,这正与巴黎赛马俱乐部的标志颜色一模一样,加上法国队在田径比赛中还没拿到一项冠军,焦躁的观众误把他当成了法国选手。此后,为了让观众能区分各国运动员,从 1908 年的第 4 届奥运会开始,各国运动员才统一穿着本国的运动员服装,出现在奥林匹克运动场上。

【陛下的意愿】

在前 4 届奥运会的马拉松比赛中,距离是由组织者的意愿而定的。在 1896 年的雅典奥运会上,马拉松赛跑的距离是 250 千码,不到 25 英里;在 1900 年的巴黎奥运会上,距离大约是 25 英里;在 1904 年的圣·路易奥运会上,距离是 24 英里 2 500 米。本届伦敦奥运会,组织者想让赛跑符合爱丽珊黛王后的意愿:马拉松赛 25 英里,最后的 1/3 英里在伦敦西区的白城体育场内进行。为了强调皇家的意愿,他们选择了温莎宫为合适的起点,这就把马拉松延伸到超过 25 英里。组织者鲁莽行事,同意在温莎宫的东侧平台前开始比赛,整个线路到体育场入口处正好是 26 英里,在体育场内再跑一圈,全程就是 26 英里 586 码。理想的终点是皇家席位的正对面。26 英里 385 码被确定为以后的马拉松的正式距离。

【巧取金牌】

在奥运会首次举行 400 米栏比赛时,仅有 5 人参赛,尽管当时法国的 5 次冠军获得者托金,跨栏技术娴熟,但美国的图克斯伯里却以 57 秒 6 的成绩捷足先登,他还巧取了 200 米跑的金牌。当时 200 米跑比赛无弯道,是在直线跑道上进行的。处罚犯规的方法很奇特,被罚者要退后一码起跑。图克斯伯里见这规矩有机可乘,就在起跑时做了一个假动作,引诱其他运动员犯规,使他们都被罚退离起跑线一码以外,自己略占便宜而巧取了。

【"自由"发挥的游泳赛】

1896 年首届奥运会游泳比赛报名的人很多,参加比赛的人却很少,200 米比赛报名 9 人,参赛的 5 人,500 米比赛报名 29 人,来比赛的只有 3 人!比赛开始以后,裁判员先用小轮船载离海岸,发令员们看到距离差不多了,就发令让运动员们往回游,不求泳姿,自由发挥。

【起跑姿势五花八门】

首届奥运会上,100 米跑还没有统一起跑姿势,有的站着,有的双手叉腰,有的弯着腰,只有美国选手托·伯克在地上挖两个坑,双手撑地,两腿前后分开,臀部高抬准备起跑,这个引起观众好奇和哄笑的起跑姿势却使他赢得了冠军。

【贪吃的代价】

在前往荷兰参加1928年第四届奥运会的途中，205名美国运动员乘坐豪华邮轮"罗斯福总统号"，尽情欢乐，每日享受着丰盛的食品，在航行途中，他们每顿要吃掉580块牛排，船上准备的冰淇淋，本来足够来回旅客吃的，但这条轮船还没有到荷兰就被这群"体育蝗虫"吃光了。体重增加对田赛运动员十分有利，对径赛运动员却极为不利，因此在这届赛会上，径赛运动员只拿了1块400米跑的金牌，几乎"全军覆灭"，而田赛选手却"大放异彩"，包揽了6项比赛的金牌。这一悲一喜，皆因食品太好，吃得太多的缘故。

【一张入场券换来的金牌】

在第16届奥运会的跳高比赛中，美国19岁的黑人选手杜马战胜所有对手获得冠军，可是，这枚金牌来之不易。因为当时跳高项目强手如林，而他在奥运会前的美国选拔赛上中是勉强及格，美国队教练根本没有把他放在眼里。当他参加跳高比赛时，竟然找不到领队和教练，运动场门口的看门人也不相信他竟然会是参赛的运动员，好说歹说都没有用，急得他无可奈何，只好自己买了一张门票才进去。入场后发现跳高比赛就要开始，他顾不得再做准备活动，就投入了比赛，最后竟以2.12米的成绩夺得冠军，并打破了世界纪录，一张入场券换来1枚金牌，传为体坛佳话。

【破世界纪录只得铜牌】

1924年第8届奥运会男子跳远的最好成绩是美国选手鲍勃·勒根德雷创造的。他跳出了7.78米的成绩，打破了世界纪录。但是这个优秀的成绩仅使勒根德雷获得一枚铜牌。原因何在？这是因为他参加的是五项全能比赛，而没有报名参加跳远单项。在五项全能赛中，他只获得了总分第三名。这次奥运会跳远冠军是另一位美国选手哈伯德，他的成绩是7.45米。

【泳星成影星】

一颗泳星升起在奥运会的上空。来自美国的游泳选手约·韦斯穆勒采用两臂轮流划水各1次，两腿打水6次的方法，创造了新的世界纪录，成为第一个突破100米自由泳1分大关的运动员，他以59秒整的成绩一举击败了比他年长10岁的夏威夷冠军卡哈纳英库公爵。

接着韦斯勒在400米自由泳中获得了第二顶桂冠，继而在4×100米自由泳接力赛中再添一枚金牌。顿时他成为红极一时的游泳明星，同时他的自由泳技术被认为是奠定了现代游泳技术的基础。最后，他以其多才多艺的出色表演，作为美国水球队的一员，又荣获一枚铜牌。

相隔4年，韦斯穆勒在第9届奥运会上再次赢得了100米自由泳和4×100米自由泳接力两枚金牌。这位年轻英俊、风度翩翩的游泳健将在4年的泳坛生涯中，获5枚奥运会金牌，创造了24次自由泳世界纪录。1932年，他受聘于一家著名的电影制片厂，以他特有的游泳英姿，出现在电视系列片《人猿泰山》中，成为引人注目的电影明星。

【赤脚大仙】

1956年，24岁时才开始练长跑的埃塞俄比亚运动员贝基拉，在罗马奥运会上赤着双脚以2小时15分16秒2的成绩获得马拉松金牌。人们惊异地称他为"赤脚仙人"；在东京奥运会时，贝基拉已经32岁了，赛前二十几天又刚动过手术，但他却以2小时12分11秒2的成绩再次夺得马拉松金牌，并创奥运会新纪录，成为奥运史上第一个蝉联这个项目冠军的运动员。

【把纪录划在红地毯上】

1964年以前的历届奥运会，英国女运动员在田径赛中一直没得过金牌。当她们的两名选手玛丽·兰德和安·帕克尔在1964年第18届东京奥运会上分别夺得跳远和800米冠军时，英国人举国上下都欢欣鼓舞，这两个冠军一时便成为英雄。她们回到伦敦时，受到热烈的欢迎，英女王为她们举行庆功宴会，并让宫廷随从武官向她们转达她的祝贺。英国女王对兰德的6.76米跳远成绩特别欣赏，叫人在温莎宫走廊的红地毯上划出这个距离，女王一边目测这个距离，一边惊叹地说："多么了不起的距离！一个女孩子纵身一跃，竟超越22英尺，真是不可思议！"帕克尔不仅在800米跑中夺得金

17 第三章 奥运故事与中国奥运人物

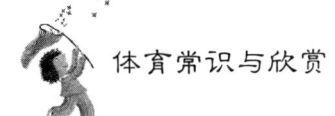

牌,创造了 2 分 1 秒 1 的世界纪录;她还在 400 米中以 52 分 2 秒获得亚军。这个项目是初次列入奥运会,所以她在预赛(53 秒 1)和复赛(52 秒 7)中夺得第一名的成绩,都算创造了奥运会纪录。

【控告裁判的哈里】

1960 年第 17 届奥运会 100 米跑金牌得主、联邦德国的选手哈里有着惊人的反应速度,在起跑中总是比对手快 0.07～0.1 秒,因而往往被误认为抢跑。他曾以 10 秒的成绩打破百米世界纪录,当时的人们简直不能相信自己的眼睛,甚至连裁判也对自己的判断产生了怀疑,因此裁判们一致裁定哈里为抢跑。为此,哈里十分恼怒地向法院提出控告,要求给予公正的裁决,结果组委会组织了专门的仲裁委员会,更换了所有的计时员,让哈里再跑 1 次,他果然名不虚传,又以 10 秒的成绩像风一样地跑完了全程,这样,这项世界纪录才被确认下来,而这个纪录在当时被认为是高不可攀的。

【未获冠军剃光头】

奥佐琳娜是前苏联标枪运动员,1960 年她以 55.98 米成绩夺得了第 17 届罗马奥运会的标枪冠军,被授予功勋运动员的称号。第 18 届东京奥运会时,她处于最佳运动竞技状态,估计自己夺取冠军似乎不成问题。她向教练表示,定能拿到金牌,如拿不到金牌,宁愿自己剃光头。她万万没想到,比赛时竟然马失前蹄,输给了 17 岁的罗马尼亚小将,名落孙山,只得了个第 5 名。回国后,奥佐琳娜虽未受到批评和埋怨,却真的去剃了个光头。

【救命的金牌】

1960 年第 17 届奥运会上,埃塞俄比亚皇帝海尔·塞拉西一世的卫士贝基拉光着脚参加马拉松比赛,并以 2 小时 15 分 16 秒 2 的成绩打破奥运会纪录而夺得金牌,为埃塞俄比亚建立了奇功,成为民族英雄。后来,贝基拉参加了埃塞俄比亚后皇家卫队发动的一次政变。政变失败后,海尔·塞拉西一世皇帝念在贝基拉得过奥运会冠军份上,决定不再追究他。这样,一枚奥运会金牌救了贝基拉的命。在 1964 年第 18 届奥运会上贝基拉以 2 小时 12 分 11 秒 2 的优秀成绩再次夺得马拉松冠军,成为奥运会史上第一个蝉联马拉松金牌的人。

第二节 田坛趣事

【切成两半的奥运会奖牌】

在 1936 年的柏林奥运会上,持续 5 个小时的撑竿跳高比赛终见分晓,美国运动员梅多斯以 4.35 米的成绩获得冠军。但亚军无法定下来,因为日本的西田修平和大江季雄,与美国的塞弗顿 3 人成绩相同,都是 4.25 米,按照规则,他们重赛。经过一番较量,两位日本选手都跃过了 4.15 米,美国选手塞弗顿却失败了,仍旧无法确定二、三名。按理应该再赛一轮,由于比赛时间很长,人倦马乏,日本领队决定不再重赛,由第一次试跳 4.25 米成功的西田修平获银牌,大江季雄获得铜牌。但是,在举行的发奖仪式上,西田修平谦虚地让大江季雄站在第二名的奖台上,自己则站在第三名的位置。回国后,两人将各自的奖牌切成两半,再焊成两块铜银各半的奖牌。他们的友谊之举成为后人传颂的佳话。

【非凡的"乞丐"马拉松选手】

1904 年奥林匹克运动会在美国密苏里州开幕。一个叫费利克斯·卡瓦加尔的古巴哈瓦那的一名邮递员,为参加奥运会,用绕着哈瓦那公共广场跑步的方式攒钱。此举感动过往的人们,纷纷解囊相助,他终于凑够了路费,之后,立即乘船。经新奥尔良时,被一伙赌徒拦劫抢走了他的全部家产。但卡瓦加尔决心不变,于是他决定跑 434 公里的路程到密苏里州的圣路易斯参加在那里举行的马拉松比赛。他沿途乞讨,克服重重困难,终于在马拉松赛开始时赶到。当他赶到参赛时,已是腹内空空筋疲力尽,碰巧那天天气异常炎热,但他克服了千辛万苦,终于在 31 名参赛者中跑完全程的仅 14 名运动员里,获得了第 4 名。尽管费利克斯·卡瓦加尔没有夺取奥运会马拉松跑的冠军,但他非凡的决心和行动在奥林匹克运动史册上写下了精彩的令人回味的一页。

【热心助人的奥运明星】

曾两次获得奥运会金牌的肯尼亚著名运动员基普·凯诺是位公认的热心人。基普很爱孩子。他和他的妻子在婚后 23 年中,收养了许多孤儿。还为一百多个孩子提供住房。为了这些孩子,他在肯尼亚西部高原开办了一个农场,在农场附近开了一家体育用品商店。他总是像对待自己亲生的五个男孩、两个女孩一样,亲昵地对待所有收养的孩子,他说:"他们都是我的孩子,我看不出任何不同。"他为他们均分衣服、零用钱,布置和分配房间。

【连跑六昼夜】

1980 年 5 月 26 日～31 日,举行了世界上最长的一次"不休息"的长距离跑。瑞典运动员贝尔蒂尔·雅尔洛克在整段时间中的 95.04% 一直是在跑步。他一共跑了 568 公里,平均每天跑 94.6 公里,相当于在 6 天之中跑了 13 个马拉松还多。

【连走七昼夜】

1980 年 9 月 13～19 日,在普利茅斯,英国竞走运动员弗雷德·杰戈创造了田径史上的一项奇迹。他在 152 小时 40 分钟的全部时间中一直在"不休息"地走,真正停步休息的时间占整个时间的1.66%,他以 563.23 公里的成绩书写了一项"世界纪录"。

【一生跑 30 万公里】

美国运动员厄·迪尔克斯是世界上在一生中跑得最长的人。他出生于 1894 年 9 月 24 日,到1979 年逝世为止,共跑了 315.198 公里,大约等于绕地球 7.88 圈。

【一样的金牌】

1964 年的东京奥运会,在一万米的比赛中,斯里兰卡的拉那图岗被其他运动员超了整整三圈,他虽然极度疲劳,但仍坚持跑到终点,得了最后一名。在他一个人跑这最后三圈时,看台上的八万观众始终用有节奏的掌声给他鼓励。赛后他说:"我一生中第一次参加国际比赛,第一次得了最后一名,也是我第一次受到这样热烈的掌声,对我来说比得到奖章还高兴!"为此一家销路很广的报社授予他一枚特制的金质奖章,名为"编外奖章"。

【身患重病夺冠军】

1984 年洛杉矶奥运会上,摩洛哥选手纳瓦尔·埃勒·穆塔瓦基尔在女子 400 米跨栏时获得了第一名。尽管她面带激动的笑容,却正忍受着左膝巨大的疼痛。她患的是胫骨结石,早在奥运会之前,她就患了此病,两名医生曾要从她的膝盖里取出三块结石,这就需要切断缠住它们的腱,很可能损伤膝盖。但她拒绝了这个手术,后经摩洛哥国王的私人医生治疗,她的腿才保住,事后,她说在以后比赛中仍要夺魁。

【奇怪的租车人】

一天清晨,一辆出租车正在波士顿大街上疾驰。路边有位十五六岁的少年挥手示意停车。司机打开了车门,那少年把外衣脱下扔到车里,拔腿就跑,嘴里喊道:"跟着我,给你双倍钱,等我不行了,就扶我上车。"司机驱车跟在他身后。当少年停下脚步时,司机看见里程表的指针数是 43.4 公里。少年上车后,司机夸他毅力强,他坚定地说:"人们都说我身体瘦弱,不能参加长跑,我就不信,我要参加马拉松长跑,我叫肖特尔,请记住我的名字,总有一天我会取得世界冠军。"1972 年,24 岁的肖特尔代表美国参加慕尼黑奥运会马拉松比赛,终于获得了金牌,实现了自己的夙愿。

【带着别人心脏跑完马拉松全程】

1985 年 4 月 17 日在美国波士顿马拉松比赛上,英国运动员布莱恩·普赖斯用了 5 小时 57 分跑完全程,他的成绩并不惊人,但惊人的是他胸中跳动的是一颗移植心脏,在专家们的指导下,他进行了11 个月恢复体力和心脏功能的疗程。据他的要求,医生们为他制订了参加马拉松长跑的训练计划,一个带着别人心脏的人居然跑完 40 多公里的路程,创造了马拉松史上的奇迹。

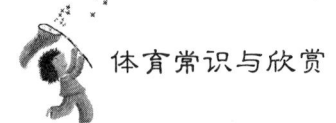

【不知年龄的冠军】

1980年,埃塞俄比亚的伊夫特在第22届奥运会上一举夺得了10 000米和5 000米赛跑的两枚金牌,轰动了世界体坛。然而,人们却不知他的准确年龄。因为他出生在埃塞俄比亚北部山区的一个贫农家里,孩子很多,父母记不清他准确的生日。伊夫特1968年开始正规训练,经过多年的刻苦训练,使他获得了良好的速度和耐力。他的最后冲刺速度令人难以置信,他多次在最后几百米甩脱对手,取得胜利。

【54年跑完的马拉松】

第5届瑞典奥运会马拉松比赛结束后,日本选手金栗四三失踪了,然而第二天他又回到日本队,这时人们才知道他的遭遇。在长跑途中,金栗四三又累又渴,于是向路旁的人家跑去要水,那里的人明白他的意思后,就请他进屋喝水,并休息一下,于是他便在舒适的房中睡着了。54年后,金栗四三以76岁的高龄到瑞典旅游。这一次他终于象征性地跑到终点。如果从1912年7月14日13点48分那届奥运会马拉松起跑时算起,时间已过去54年8个月零6天再加上8个小时32分20秒了。当记者采访他时,他风趣地说:"这真是一次很长很长的长跑,但确实是值得的,在这半个多世纪中我找到妻子,有了6个孩子和10个孙子,这些都需要很长的时间。"

【好女有泪不轻弹】

1984年5月,中国姑娘阎红在8天之内先后刷新5公里、10公里两项场地竞走世界纪录,她被体坛行家冠以"中国女神行太保"、"竞走女王"等头衔。

阎红爱哭,但就是这位爱哭的姑娘,在1983年女子竞走世界杯比赛中受到意外打击时,却能忍住眼泪。当阎红因违例被罚掉第一名时,几十架相机对准她向全世界传递信息,意外的,阎红却笑着说:"冠军是徐永久,我同样高兴,我们都是中国人,谁得冠军都一样。"事后,她妈问她:"小红,被罚掉后,你真没哭?"阎红说:"我不能当着外国人的面哭,那会丢中国人的脸,妈,晚上我蒙起被子偷偷地痛哭了一场。"

【一份饱含心血的食谱】

1982年,为突破男子跳高世界纪录,上海市体委决定以朱建华为重点,成立由教练、科研人员、医生和营养师等组成的跳高科研小组,乐翠玉作为营养师也被邀请参加了这个小组。上任后,测定朱建华的血色素处于临界状态,乐翠玉就把他当作贫血者看待。每天很早起床,去各个菜场挑选食谱上指定的菜,整天计算的是蛋白质、脂肪、维生素、无机盐和微量元素的含量,经过一段时间的努力,朱建华的血色素指标上升了,体力也有很大的提高。不久,他一次又一次地打破了世界纪录,这里面也有乐翠玉那份饱含心血的食谱的功劳。

【从"家庭孬种"到田径巨星】

在第23届奥运会的田径比赛中,美国选手刘易斯一人获4枚金牌,然而他的童年时代却不光彩。小时候,刘易斯与妹妹卡萝总在一起玩耍,并在自己家的后院里建个小田径场。他们往常比赛跳远和跨栏,每次得胜的都是卡萝。大家都认为刘易斯没有"运动细胞"是"家庭孬种"。但刘易斯不服输,刻苦锻炼,直到17岁时,他父亲才发现家庭的运动型遗传基因开始起作用了。刘易斯潜在的运动才能迸发出来,成绩上升很快,以后创造了许多好的成绩。

【跳高皇后】

保加利亚跳高运动员安东诺娃的身高只有1.77米,她的最好成绩却是1.94米。1982年她结了婚,翌年又生了一个女儿。人们都认为她的运动生涯已告终,但产后不久,倔强的安东诺娃又开始紧张的训练。1984年7月,她在柏林国际田径赛上,创造了2.07米的世界女子跳高纪录,被田坛称为"震惊世界的一跳"。

【新纪录与新衣服】

我国著名跳高运动员杨文琴,1985年先后以1.94米、1.95米、1.96米的成绩,三次打破女子跳高亚洲纪录,被誉为亚洲"举世无双"的运动员。在1985年春,教练黄健带小杨参加全国田径赛。赛前,黄教练突然产生一个想法："杨文琴爱洁净漂亮,平时总提醒我换衣服,她若看到我穿漂亮衣服,一定以良好的情绪去创造好成绩。"当杨文琴看到教练打扮得很漂亮时,十分高兴,顺利跳过 1.97 米,打破了亚洲纪录,实现了她奋斗几年的愿望。

【倒跑世界纪录】

新西兰短跑运动员保罗·威尔逊,1979 年 9 月 22 日在东京创造了倒着跑 100 码"世界纪录",成绩是 13 秒 1。1980 年纽约马拉松赛中,美国运动员欧内斯特·康纳倒着跑完全程。

【二人三足跑世界纪录】

1909 年 4 月 24 日在纽约,美国短跑运动员哈里·希尔曼和劳森·罗伯逊两人肩并肩,并把挨着的一条腿系在一起用"三条腿"跑完 100 码,创造了一项奇特的世界纪录。

第三节　中国奥运人物

在整个奥运的历史长河中,有许许多多的中国奥运人物值得我们记住,他们不仅创造了辉煌,也给世界带上了一个个的光环。

一、许海峰

1957 年 8 月 1 日,出生在福建,虽然没有受过专业的射击训练,但许海峰从小便立志要成为一名神枪手。凭借自己卓越的努力,许海峰练就一手高超的射击技术,1982 年入安徽省队,1984 年入选国家队。在第 23 届奥运会上,许海峰获男子手枪 60 发慢射冠军,成为本届奥运会首枚金牌得主,同时也是中国奥运会历史上的首位冠军得主,打破了中国奥运史上金牌"零"的纪录。从教后,许海峰带领的选手获得了两枚奥运会金牌,是名副其实的金牌运动员和金牌教练。

1983 年在五运会射击比赛中,获手枪慢射和气手枪两枚银牌;1984 年夺得第 23 届奥运会男子气手枪金牌;1986 年在第 10 届亚运会上,以超世界纪录的 660 环的成绩获自选手枪冠军、气手枪个人金牌和自选手枪团体冠军;1986 年在全国射击分项赛上又以 662 环的成绩,超过小口径自选手枪慢射世界纪录;1990 年夺得北京亚运会 4 枚金牌;1991 年夺得世界气枪锦标赛冠军;1991 年夺得第 7 届亚洲锦标赛五枚金牌;1984 年在洛杉矶奥运会夺得第一枚金牌。

1984 年获国家体委颁发的体育运动荣誉奖章;1984 年和 1986 年两次当选为全国十佳运动员。

1994 年底退役后,开始担任国家射击队女子手枪班主教练,后担任国家射击队副总教练,2001 年 3 月开始担任国家射击队总教练,6 月担任国家体育总局射击中心副主任。

1996 年亚特兰大奥运会上,许海峰所带的队员李对红获得冠军;2000 年悉尼奥运会上,许海峰所带的队员陶璐娜夺得冠军。

二、李宁

1963 年 9 月 8 日,李宁出生在广西柳州,壮族人,身高 1 米 64。运动经历:8 岁开始练习体操,10 岁入广西体操队,1980 年被选入国家体操集训队。

他独创动作"吊环正吊臂后悬垂前摆上接直角支撑"和"双杠大回环转体 180 度成倒立",被国际体联命名为"吊环李宁摆上"和"双杠李宁大回环"。1980 年获运动健将称号;1983 年当选全国十佳运动员;1984 年获解放军总政治部一等军功奖章、共青团中央授予的新长征突击手称号和广西人民政府授予的特等劳动模范称号;1985 年当选全国十佳运动员,加入中国共产党;1986 年当选全国十佳运动员并获国际级运动健将称号;1987 年当选全国十佳运动员;1987 年被接纳为国际奥委会运动员委员会委员,成为亚洲区唯一代表;1994 年被评为"建国 45 周年体坛 45 英杰";1999 年被国际体育记者协

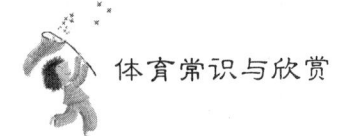

会评为"本世纪最佳运动员";1999年当选为中国体育报社、中央电视台和山东潍坊亚星集团联合主办评选的"新中国体育五十星";同年当选为中国奥委会、霍英东基金会和中国体育记者协会共同主办的评选"世纪之星"中国最佳运动员称号;2000年被国际体联收录国际体操名人堂,成为中国运动员中第一个世界体操名人。他一共获得了14个世界冠军,至今无人能打破。

1988年汉城奥运会后退役,并进入了商业界,以其姓名命名的"李宁牌"服装及健力宝饮料多次赞助各种体育活动,为体育事业的发展作出了巨大贡献。当今世界体操界,很少有像李宁那样获得如此多殊荣的运动员,"天才"、"神童"、"体操界的巨人"、"中国王牌"等美誉都曾用在这位体操王子身上。从事体操运动十几年中,李宁获得的奖牌达100多块。

三、张山

1968年3月23日,张山出生于四川省南充市。在很小的时候就到少年体校学篮球,1984年入选四川省射击队,16岁半时才第一次摸枪,1989年入选国家集训队。在1992年巴塞罗纳奥运会上,张山打出了女子双向飞碟200发200中的奇迹,并夺得金牌。这是她运动生涯的第一个高峰。随后该项目被国际奥委会取消。5年过后,1997年恢复此项比赛,张山重出江湖,并于次年夺得开罗世界杯赛冠军,为中国射击队拿下2000年悉尼奥运会的第一张入场券。

1989年意大利世界飞碟射击锦标赛女子双向飞碟个人与团体冠军。1990年第45届世界射击锦标赛冠军,并打破由她本人保持的世界纪录。1992年巴塞罗纳奥运会资格赛上200发200中,打破了世界纪录获得冠军。1998年开罗世界杯赛冠军。2005年十运会女子双向飞碟金牌,平全国纪录。2007年飞碟世锦赛女子双向飞碟由张山等三人组成的中国队,在团体比赛中夺冠,以214中的总成绩,打破世界纪录,美丽的张山演绎"飞碟"人生。

在采访张山之前,记者首先做了一个随机调查,让50名女性说出自己最喜欢的女性奥运冠军,有趣的是,大多数人并没有选择当红的体育明星,而是选择了张山。

人们对张山的记忆大多也停留在15年前,在巴塞罗纳奥运会上,她不仅创造了200发子弹无一脱靶的奇迹,还上演了"巾帼不让须眉"的好戏。张山是一个乐观、开朗、爽快的人,是一个典型的"川妹子"。2008年,她40岁了,一个"奔四"的女人,却依然"驰骋"于赛场上,而且国际、国内的赛事不断。

一直以为,张山退役后重回靶场,是为了再拿几次世界冠军,再夺几枚奥运金牌,后来才知道,这样的想法未免有些庸俗。张山说,刚开始练习射击的时候,别人说自己是天才,而自己却没有认识到。现在,她才觉得自己的的确确是这方面的天才,所以,她认为,应该继续为双向飞碟这个项目努力,因为这个项目本身给她带来了太大的满足和太多的乐趣。她说自己永远都不会退役,她和飞碟是不可能分开的。她最享受的境界,是人、枪和飞碟的完美结合。

1992年7月28日,第25届奥运会的双向飞碟比赛在巴塞罗纳举行,"川妹子"张山上演了一出精彩的现代"花木兰"剧目,这位"巾帼英雄"不仅打出了225靶223中的好成绩,而且还击败了众多须眉,成为首位在奥运会男女混合项目中击败男对手的女将。领奖台上,获得亚军的奥地利运动员和获得季军的意大利运动员将张山高高举起。随后,奥运会的比赛规则作了修改,取消了男女选手混合比赛的规定,这让张山成为这个项目中唯一的一位战胜男选手的女运动员。

江泽祥教练对张山的射击训练有过一段这样的评价:"1984年10月,张山开始了系统的射击训练,在刚开始接触飞碟这个项目的时候,她确实进步神速,经过半年多的系统训练,她就达到了国内先进水平。"1993年全运会后,国际奥委会取消了双向飞碟比赛,张山"失业"了,离开赛场的她首先去圆了自己的大学梦,25岁的她成为四川大学经济系里年龄最大的一名学生。1997年,正在准备毕业论文的她已经决定要重新开始,进入一个全新的行业,就在这时,国际射联和国际奥委会传来了消息:女子双向飞碟项目被列为奥运会的正式比赛项目!在离开枪声的日子里,张山发现:人不在,心却在枪上,走了这段路,才知道自己究竟要什么。

四、刘翔

1983年7月13日刘翔出生于上海。他7岁时与体育结缘。四年级即将结束的时,刘翔被选入上海市普陀区少体校,主练跳高,开始了职业运动生涯。1995年,一次市100米跑比赛的机会,被上海体育运动技术学院(市体校简称二少体)田径队二线队教练方水泉看中,随后开始练习跨栏。1998年8月初,江苏徐州举行全国青少年田径比赛,刘翔带伤获得了全能项目的全国第二名。1999年3月,在孙海平的全力争取下,刘翔又练习跨栏,并进入一线队伍。从此刘翔与师傅孙海平结缘,最终创造了12秒91的神话。

2001年5月,在上海举行的全国田径锦标赛暨系列大奖赛上,刘翔以13秒32的成绩获得了第一名。在这次新老跨栏王"争霸赛"上,刘翔战胜了他心目中的第一个跨栏对手陈雁浩。也是从这一次开始,刘翔完成了一次真正意义上的心理超越。同年5月,刘翔获得了世界大学生运动会110米栏冠军。

2002年7月,瑞士国际田联大奖赛,刘翔跑出13秒12的成绩,打破了13秒23的世界青年纪录。2004年5月8日,在日本大阪举行的国际田联大奖赛上,刘翔以13秒06的成绩战胜了约翰逊的13秒13。第一次面对面地战胜了约翰逊。

2004年7月2日,国际田联大奖赛罗马站上,刘翔以13秒11,比阿兰·约翰逊快千分之一秒的速度再次获胜。两次战胜阿兰·约翰逊的经历,为刘翔决战雅典注入了无穷的信心。

2004年8月27日,雅典奥运会男子110米栏决赛上,刘翔以12秒91,平了英国选手科林·杰克逊的纪录夺得了金牌,创造了中国人在短道项目上的奇迹和神话! 2005年8月12日,在第10届世界田径锦标赛上,刘翔以13秒08夺得亚军,创造了中国男选手在世锦赛历史上的最好成绩。2006年7月12日,刘翔以12秒88的成绩获得瑞士洛桑田径超级大奖赛金牌,并打破沉睡13年之久、由英国名将科林·杰克逊创造的12秒91的世界纪录。2006年12月,刘翔以13秒15的成绩再次获得亚运会冠军,并打破了由自己保持的亚运会纪录。

在飞人的运动生涯中,这一天注定是要被载入史册的日子:2008年8月18日,刘翔在鸟巢因跟腱炎退赛。2009年9月20日,刘翔终于回归中国男子田径界了!

上海黄金国际田径大奖赛,刘翔精力充沛,跑出与冠军特拉梅尔同样的13秒15,获得亚军。飞人的第二次复出,使中国男子跨栏又一跃成为亚洲第一。

2010年11月在广州举行的第16届亚运会110米跨栏中以13秒09的成绩破亚洲纪录,实现了前无古人的亚运会110米栏三连冠。

五、王军霞

王军霞1973年1月9日出生于辽宁省大连市郊区的一个农村,由于家庭生活条件艰苦,她从小就养成了吃苦耐劳的优良品质。1988年王军霞被选入大连体校,开始进行长跑训练。1991年她入选辽宁省田径队,师从著名教练马俊仁,主攻长跑。在教练的悉心指导下,经过大运动量、大强度的科学系统训练,王军霞的身体素质、技术和战术水平都有了大幅度的提高,并逐步形成了步幅适中、步频快、冲刺能力强的技术风格,运动成绩直线上升。1992年她以32分29秒90的成绩获得第3届世界青年田径锦标赛10 000米冠军,同年还获第20届世界越野锦标赛青年组亚军。

1993年是王军霞运动生涯的顶峰,她先是获得第4届世界田径锦标赛10 000米跑和第5届世界杯马拉松赛的冠军,接着在第7届全运会上以8分12秒19和8分6秒11的成绩两次打破女子3 000米世界纪录,并以29分31秒78的成绩打破女子10 000米世界纪录,成为世界上第一位突破女子10 000米跑"30分钟大关"的运动员,轰动世界体坛,被称誉为"东方神鹿"。她在这两个项目上所创造的世界纪录一直保持至今。

1996年王军霞首次参加奥运会,以14分59秒88的成绩获得女子5 000米金牌,并以31分02秒

98 的成绩获女子 10 000 米银牌,成为中国第一位获奥运会长跑金牌的运动员。1994 年王军霞获"欧文斯奖",是第一个获此殊荣的亚洲运动员。

六、邓亚萍

邓亚萍是夺取世界乒乓球冠军次数第三多的女选手,曾经获得过 18 个世界冠军(仅次于王楠 23 个,张怡宁 22 个)。身高仅 1.55 米的邓亚萍,似乎不是打乒乓球的材料,但她凭着苦练,以罕见的速度,无所畏惧的胆色和顽强拼搏的精神,13 岁就夺得全国冠军,15 岁时获亚洲冠军,16 岁时在世界锦标赛上成为女子团体和女子双打的双料冠军。1992 年,19 岁的邓亚萍在巴塞罗纳奥运会上又勇夺女子单打冠军,并与乔红合作获女子双打冠军。1993 年在瑞典举行的第 42 届世乒赛上与队员合作又夺得团体、双打两块金牌,成为名副其实的世界乒乓球坛皇后。

邓亚萍的出色成就,改变了世界乒乓球坛只在高个子中选拔运动员的传统观念。国际奥委会主席萨马兰奇也为邓亚萍的球风和球艺所倾倒,亲自为她颁奖,并邀请她到洛桑国家奥委会总部做客。

邓亚萍是乒乓球历史上最伟大的女子选手,她 5 岁起就随父亲学打球,1988 年进入国家队,先后获得 14 次世界冠军头衔;在乒坛世界排名连续 8 年保持第一,是排名世界第一时间最长的女运动员,成为唯一蝉联奥运会乒乓球金牌的运动员,并获得 4 枚奥运会金牌,其中包括单打和与乔红组合的双打。

1997 年后,她先后到清华大学、诺丁汉大学和英国剑桥大学进修学习,并获得英语专业学士学位和中国当代研究专业的硕士学位;2002 年邓亚萍在国际奥委会道德委员会以及运动和环境委员会两个委员会担任职务;2003 年,邓亚萍成为北京奥组委市场开发部的一名工作人员。

思考题

你还知道哪些中国奥运人物的趣事?请与同学分享吧!

第四章

奥林匹克运动会吉祥物

第一节 夏季奥林匹克运动会吉祥物

一、奥运会吉祥物简介

在夏季奥运史上,吉祥物第一次出现在 1972 年慕尼黑奥运会上。此后吉祥物就成为奥运会形象特征的主要成分。吉祥物以其富有活力的为人们所喜爱的独特形象,体现奥林匹克精神,传达当届奥运会的举办理念,表现了主办城市的历史文化和人文精神,营造奥运会的节日氛围,是在广大群众、特别是在儿童和青少年中推广奥林匹克精神的重要载体,是所有奥运会识别项目中的其他形象无法比拟的。

国际奥委会和历届奥运会组委会对吉祥物的设计要求都很高,每一届奥运会吉祥物的揭晓都吸引了世界的关注,成为当届奥运会的亮点。每一届奥运会的吉祥物设计都强调了创新和个性,重视群众特别是少年儿童的广泛参与,吉祥物的设计和产生的过程已经成为宣传奥运会的必要过程。

在吉祥物的艺术形式上,1992 年巴塞罗纳奥运会以前,奥运会吉祥物大多以举办国有特色的动物形象为创作原型,一般是一个物种。1992 年后,奥运会的吉祥物出现了人物,或者是完全虚拟的形体,数量也有变化。1998 年长野冬奥会吉祥物有 4 种,2000 年悉尼奥运会吉祥物有 3 种,雅典奥运会有 2种。不管是什么样的形式,其基本的创作核心是表达当届奥运会的主题,表现了主办城市独特的地域特征、历史文化和人文特色,同时有利于市场开发和保护。

二、奥运会吉祥物由来与发展

奥运会吉祥物(Olympic Mascot)一词,源于法国普罗旺斯语 Mascotto,直到 19 世纪末才被正式以 Mascotte 的拼写收入法文词典,英文 Mascot 由此衍变而来,意能带来吉祥、好运的人、动物或东西。

为冬季奥运会设计吉祥物始于 1968 年格勒诺布尔第 10 届冬季奥运会。这个称为雪士(Schuss)的半人半物的卡通型滑雪小人儿形象,有着夸张的硕大脑袋和细巧而坚硬的身体,象征一个有着坚强意志的小精灵。Schuss 的原意是"高速滑雪"。为夏季奥运会设计吉祥物始于 1972 年的慕尼黑奥运会。这只被称为瓦尔迪(Waldi)的装饰性德国纯种小猎狗形象在巴伐利亚随处可见。小猎狗的灵活、忍耐和坚韧的特性也是运动员性格的表征。其头尾对称地涂着浅蓝、深蓝、深绿、嫩绿、黄、褐诸色,以此象征德意志大地和天空的色彩,这种暖色调还表达了一种热闹和谐的气氛。这种色调被后继者效仿和继承。

奥运会吉祥物大多以举办国有特色的动物形象为创作原型。1976 年蒙特利尔奥运会是海狸形象,称为亚米克(Amik);1980 年莫斯科奥运会是熊的形象,称为米莎(Micha);1984 年洛杉矶奥运会是鹰的形象,称为山姆(Sam),即美国人的代名词"山姆大叔";1988 年汉城奥运会是虎的形象,称为虎多里(Hodori)。1992 年巴塞罗纳奥运会第一次使用抽象的卡通造型,是比利牛斯山的牧羊狗形象,称为科比(Cobi)。它从一个方向看好像在微笑,换一个角度看又似乎在用鼻子嗅着什么,那小巧可爱的嘴和鼻,那斜视的眼睛,透着一股顽皮相,深受孩子们的喜爱。

现代科技在奥林匹克运动中无处不在,传统的绘画和手工设计在 1996 年亚特兰大奥运会吉祥物设计中被电脑科技所替代,那个由美国克劳弗通讯公司亚特兰大子公司设计的"怪物",最初的名字叫"它是什么"(What is it?),后来,组委会接到世界各地数千名儿童给它起的名字,最后采用了亚特兰大 32 位儿童的建议,定名为"伊兹"(Izzy)。2000 年奥运会的吉祥物是澳大利亚的 3 种动物造型:鸭嘴兽、针鼹猬和笑翠鸟,分别取名为"悉德"(Syd)、"米莉"(Millie)和"澳利"(Oily)。

三、历届夏季奥运会吉祥物

1972 年德国慕尼黑夏季奥运会吉祥物 Waldi 是一只短腿长身的德国猎犬,这是夏季奥运会历史上第一个官方的奥运吉祥物,代表了运动员坚韧、坚持和敏捷的特性。Waldi 被生产成为各种形式和尺寸的纪念品:长毛绒、塑料玩具、海报、纽扣等等。

1976 年加拿大蒙特利尔夏季奥运会吉祥物 Amik,是加拿大阿尔贡金族印第安人语海狸的意思。

吉祥物 Waldi   吉祥物 Amik

1980 年苏联莫斯科夏季奥运会吉祥物是一只名叫 Misha 的俄罗斯熊,由著名的儿童书籍插图画家维克多·切兹可夫设计。Misha 在 1977 年 12 月 19 日第一次展现在人们的面前,在莫斯科奥运会期间被用在诸如毛绒玩具、瓷器、塑料制品、玻璃器皿等上百种纪念品上,而且还被印制成了邮票。

1984 年美国洛杉矶夏季奥运会吉祥物 Sam,名为 Sam 的老鹰以美国星条旗为背景,红白蓝颜色更是美国的代表色,卡通造型的鹰穿着代表美国传奇人物"山姆大叔"的服装。由迪斯尼所设计的吉祥物,十足的美国风味,吉祥物被商业化利用也从此次开始。

吉祥物 Misha   吉祥物 Sam

1988 年韩国汉城夏季奥运会吉祥物 Hodori,代表了韩国人热情好客的传统。吉祥物的名字是从 2 295 个由公众提交的名字中挑选出来的。"Ho"是韩语,意思是虎,而"Dori"是韩国人称呼小男孩常用的一种爱称。

1992 年西班牙巴塞罗纳夏季奥运会吉祥物是一只又像山羊又像狗的动物,取名为 Cobi。组委会为了宣传奥运会,在西班牙的电视里特地为它制作连续剧。这个由西班牙当地漫画家扎维尔·玛瑞斯克设计的小狗 Cobi 一开始并未被西班牙人普遍接受,但随着奥运会的结束,Cobi 慢慢地流行了起来,并且逐渐受到了西班牙人和世界的喜爱。

吉祥物 Dori

吉祥物 Cobi

1996 年美国亚特兰大夏季奥运会吉祥物"Izzy"是第一个用电脑制作的吉祥物。它是一个幻想出来的生物,被起名叫做"Izzy"。这个名字来源于"What is it"。因为没有人能看出它到底像什么。在 1992 年巴塞罗纳奥运会结束以后它改变了几次形象。最后它得到了一张嘴,并在眼睛上增加了闪亮的星星,同时原先细长的腿上增加了肌肉,脸上也长出了鼻子。

2000 年澳大利亚悉尼夏季奥运会吉祥物 Syd、Olly 和 Millie,是三个澳洲本土动物,分别代表了土地、空气和水。Ollie 代表了奥林匹克的博大精深(来自奥林匹克);Syd 表现了澳洲和澳洲人民的精神与活力(来自悉尼);Millie 是一个信息领袖,在它的指尖上有资料和数据。

吉祥物 Izzy

吉祥物 Syd, Olly 和 Millie

2004 年希腊雅典夏季奥运会的吉祥物"费沃斯"和"雅典娜"是一对兄妹,吉祥物的创意来自古希腊的一种陶土雕塑玩偶"达伊达拉"。他们长着大脚丫,长长的脖子,小小的脑袋,一个穿着深黄色衣服,一个穿着深蓝色衣服,头和脚为金黄色,十分可爱。这种数千年前的玩具是在希腊的一座历史遗迹中发现的。尽管两个吉祥物诞生于现代,但他们的名字则都来源于古希腊传说中的人物。"费沃斯"是光明和音乐之神,通常也被称为太阳神;"雅典娜"则是智慧女神和雅典城的守护神。"费沃斯"和"雅典娜"一起,象征着希腊的历史和现代奥运会的结合。

2008 年中国北京夏季奥运会吉祥物是五个拟人化的福娃,英文译名为 Fuwa。分别为:"贝贝"、"晶晶"、"欢欢"、"迎迎"和"妮妮"。北京奥组委对这组儿童与动物融为一体的五个娃娃形象组成的吉祥物进行了解读。"福娃"的色彩与灵感来源于奥林匹克五环,

吉祥物 Athenà 和 Phèvos

第四章　奥林匹克运动会吉祥物

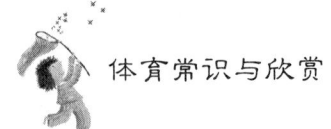

来源于中国辽阔的山川大地、江河湖海和人们喜爱的动物形象。向世界各地的孩子们传递友谊、和平、积极进取的精神，以及人与自然和谐相处的美好愿望。

贝贝　晶晶　欢欢　迎迎　妮妮
吉祥物福娃

五个可爱的亲密小伙伴，他们的造型融入了鱼、大熊猫、藏羚羊、燕子以及奥林匹克圣火的形象。每个"福娃"都有一个朗朗上口的名字："贝贝"、"晶晶"、"欢欢"、"迎迎"和"妮妮"，在中国，叠音名字是对孩子表达喜爱的一种传统方式。当把五个娃娃的名字连在一起，你会读出北京对世界的盛情邀请"北京欢迎您"。

福娃代表了梦想以及中国人民的渴望。他们的原型和头饰蕴涵着其与海洋、森林、火、大地和天空的联系，其形象设计应用了中国传统艺术的表现方式，展现了中国的灿烂文化，将祝福带往世界各个角落。

很久以来，中国就有通过符号传递祝福的传统。北京奥运会吉祥物的每个娃娃都代表着一个美好的祝愿：繁荣、欢乐、激情、健康与好运。娃娃们带着北京的盛情，将祝福带往世界各个角落，邀请各国人民共聚北京，欢庆 2008 年奥运盛典。

福娃贝贝——灵感来源：中国年画——年年有余、中国传统鱼纹样、水浪纹样。

贝贝传递的祝福是繁荣。在中国传统文化艺术中，"鱼"和"水"的图案是繁荣与收获的象征，人们用"鲤鱼跳龙门"寓意事业有成和梦想的实现，"鱼"还有吉庆有余、年年有余的蕴涵。

贝贝的头部纹饰使用了中国新石器时代的鱼纹图案。贝贝温柔纯洁，是水上运动的高手，和奥林匹克五环中的蓝环相互辉映。

福娃晶晶——灵感来源：我国濒危珍稀动物熊猫、宋代瓷器莲花造型。

晶晶是一只憨态可掬的大熊猫，无论走到哪里都会带给人们欢乐。作为中国国宝，大熊猫深得世界人民的喜爱。

晶晶来自森林，象征着人与自然的和谐共存。他的头部纹饰源自宋瓷上的莲花瓣造型。晶晶憨厚乐观，充满力量，代表奥林匹克五环中黑环。

福娃欢欢——灵感来源：中国传统火纹图案、敦煌壁画中的火焰纹样。

欢欢是大哥哥。他是一个火娃娃，象征奥林匹克圣火，代表奥林匹克五环中的红环。欢欢是运动激情的化身，他将激情散播世界，传递更快、更高、更强的奥林匹克精神。欢欢所到之处，洋溢着北京对世界的热情。

福娃迎迎——灵感来源：我国特有的珍稀动物小藏羚羊。

迎迎是一只机敏灵活、驰骋如飞的藏羚羊，他来自中国辽阔的西部大地，将健康的美好祝福传向世界。迎迎是青藏高原特有的保护动物藏羚羊，是绿色奥运的展现。

迎迎的头部纹饰融入了青藏高原和新疆等西部地区的装饰风格。他身手敏捷，是田径好手，代表奥林匹克五环中的黄环。

福娃妮妮——灵感来源：北京的传统：燕子、沙燕风筝。

妮妮来自天空，是一只展翅飞翔的燕子，其造型创意来自北京传统的沙燕风筝。"燕"还代表燕京（古代北京的称谓）。妮妮把春天和喜悦带给人们，飞过之处播撒"祝您好运"的美好祝福。

天真无邪、欢快矫捷的妮妮将在体操比赛中闪亮登场，她代表奥林匹克五环中的绿环。

第二节　冬季奥林匹克运动会吉祥物

1968 年法国格勒诺布尔冬季奥运会吉祥物 Schuss，是冬季奥运会第一个官方的奥运会吉祥物。

1976 年奥地利因斯布鲁克冬季奥运会吉祥物是奥地利山区泰洛尔人造型的雪人,圆滚滚的雪白的雪人,戴着泰洛尔人帽子,加上胡萝卜红红的鼻子,造型非常讨喜;象征着纯洁的奥运。

吉祥物 Schuss

泰洛尔人造型雪人

1980 年美国普莱西德湖冬季奥运会吉祥物 Roni,是美国伊洛克族印第安人浣熊的名字的简称。浣熊与伊洛克族印第安人,都是普莱西德湖居民及原生动物,受到当地政府的保护。

1984 年南斯拉夫萨拉热窝冬季奥运会吉祥物 Vucho,是一只勇敢无畏的狼。它到世界各地宣传奥运,传递过程中还登上高山,甚至骑着骆驼越过沙漠。Vucko 改变了人们对狼的看法,表达出人与动物互为朋友的意思。

吉祥物 Roni

吉祥物 Vucho

1988 年加拿大卡尔加里冬季奥运会吉祥物由两只拟人化的北极熊组成,分别命名为 Hidy 及 Howdy,名字传达出加拿大人的热情与欢迎(Hi,Hello)。两只北极熊穿上牛仔装成对出现,这也是奥运会吉祥物首次以一男一女成对出现。

1992 年法国阿尔伯特城冬季奥运会吉祥物 Magique 的设计及命名都以小孩为主角,这个以星形为设计重点的吉祥物,取名为"冰上精灵"Magique。

吉祥物 Hidy 和 Howdy

吉祥物 Magique

第四章　奥林匹克运动会吉祥物

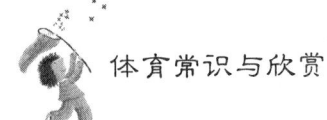
1994 年挪威利勒哈默尔冬季奥运会吉祥物 Hakon 和 Kristin,来自挪威童话故事的两个主角,并以故事中的两个孩子 Hakon 和 Kristin 命名,使得这届奥运会的吉祥物与历届奥运会不相同,充满故事性。

1998 年日本长野冬季奥运会吉祥物是 4 只小猫头鹰。这是首次以四只动物做吉祥物的奥运会。四只吉祥物统称 Snowlets,每只都还有不同的名字,分别取名为 Sukki,Nokki,Lekki,Tsukki,代表火、风、地和水四个不同的森林生命组成要素,而四个名字的英文字头加起来正好拼成 Snowlet。

吉祥物 Hakon 和 Kristin

吉祥物 Snowlets

2002 年美国盐湖城冬季奥运会吉祥物雪靴兔 Powder、北美草原小狼 Copper 和美洲黑熊 Coal,吉祥物代表了奥林匹克运动会更快、更高、更强的格言。

2006 年意大利都灵冬季奥运会吉祥物是"内韦"和"格利兹"。"内韦"的形象是一个身着红色服装的小女孩,长着一副圆圆的脑袋,形状宛如雪球;"格利兹"则是一个身穿蓝色服装的小男孩,长着一个方脑袋,形状宛如小方冰块。它们象征着冬季奥运会项目中不可缺少的两种元素——雪和冰。

吉祥物 Powder, Copper 和 Coal

吉祥物 Neve 和 Guz

思考题

1. 简述奥林匹克运动会吉祥物的由来。
2. 简述奥林匹克运动会吉祥物的发展。

第五章

奥林匹克运动会会徽与口号

第一节　夏季奥林匹克运动会会徽

　　奥运会会徽(Emblem of Olympic Games)是一届奥林匹克运动会的奥林匹克徽记,亦称奥运会会标。现代奥运会(包括冬季奥运会)的组织委员会都为所举办的奥运会设计一种独特的会徽。会徽的图样有时是通过广泛公开征集,择优选中的。但是,奥运会会徽必须经过国际奥委会执行委员会审查批准。历届奥运会会徽的图案虽然千差万别,但都有一个共同的标志,即相互套连的奥林匹克五环标志,同时衬以表现奥运城和东道国历史、地理、民族文化传统等特点的主体图案,使人一眼就可看出奥运会举办的时间和地点。如第 17 届奥运会于 1960 年在意大利罗马举行时,就以罗马的城徽作为会徽,即一只母狼哺育两个婴儿的图案。第 29 届奥运会会徽为一个小巧篆书"京"字图案,形似一个奔跑冲刺的运动员,又如一个载舞之人欢迎奥运会的召开;既代表奥运会举办地北京,同时又极富中国东方的神韵。根据奥林匹克宪章规定,奥运会会徽中的奥林匹克标志覆盖的面积不得超过整个会徽总面积的 1/3,而且奥林匹克标志必须完整出现,不得改动。奥运会会徽的图样不仅要体现奥林匹克精神,而且还要反映出东道国和奥运城的特征。奥运会会徽是具有历史纪念意义的艺术性标志。

　　奥运会会徽是奥运会最有权威性的形象标志。根据《奥林匹克宪章》规定,各主办国设计的会徽,未经奥运会组委会同意,不得用于广告和商业服务。这一规定保证了奥运会会徽的严肃性和权威性。

　　1. 1896 年希腊雅典第 1 届奥运会会徽

　　1896 年,雅典开创性地举办了第一届现代奥运会。原本首届奥运会既没有会徽也没有招贴画,我们看到的这幅画是雅典奥委会向国际奥委会提交的报告的封面,后来被用来代表本届奥运会。雄浑的雅典卫城、手执橄榄枝的雅典娜女神,深嵌的马蹄印。展现在世界面前的奥运会会徽——

古铜色的浮雕散发着浓厚的古希腊气息。左上方"公元前 776~1896"年的字样表示现代奥运会与古代奥运会一脉相承的关系。

　　2. 1900 年法国巴黎第 2 届奥运会会徽

　　1900 年巴黎奥运会会标的主体是一位身着传统法国骑士服装的女性,右手高举法国的三件传统兵器——花剑、佩剑和重剑,设计简单,却充满了法国味道,从这届奥运会起,女性开始走进了奥林匹克大家庭,参加了表演项目的比赛。

　　3. 1904 年美国圣路易斯第 3 届奥运会会徽

　　20 世纪初和 20 世纪末,美国分别举办过两届奥运会,两届奥运会会标的设计风格也有很大差别:早期的写实,近期的抽象。会标通过采用"鱼眼"特技展示了主办城市的风貌。由于举办较早,当时的会标还是通过世界博览会宣传海报的方式出现的。

4. 1908年英国伦敦第4届奥运会会徽

1906年意大利维苏威火山的爆发,使原本定于罗马举行的1908年奥运会临时易地伦敦举办,而伦敦奥运会却为人们奉献上了现代奥运史上第一个开幕式。1908年伦敦奥运会的会徽体现出浓郁的时代风格,跳高运动员的服装,跳高姿势以及身后的煤渣跑道和运动场中间的游泳池,都有着当时的烙印。

5. 1912年瑞典斯德哥尔摩第5届奥运会会徽

地处北欧的瑞典和芬兰是现代体育开展较早的国家。历史上它们各自举办了一届夏季奥运会,在会徽中充分体现了北欧人的健美与活力。1912年瑞典斯德哥尔摩奥运会的会徽图案浓缩了各国运动员对奥林匹克运动的向往之情:它描述了一队身形矫健的奥运选手,挥动着各自国家旗帜奔向奥林匹克赛场的情景。从中我们能隐隐嗅到古代奥运的气息。

6. 1920年比利时安特卫普第7届奥运会会徽

1920年,奥运会选择了比利时一个历史悠久的港口城市、欧洲最繁荣的商业和艺术城市安特卫普。比利时安特卫普奥运会会徽右上方是主办城市的盾形徽章,中间手执铁饼、健壮的半裸男子的让人想起古代奥运会。背景是安特卫普著名的城塔。会标中,参加国的国旗在一起飞卷飘扬,象征着五大洲团结在一起。

7. 1924 年法国巴黎第 8 届奥运会会徽

巴黎举办过两届奥运会,虽然 1900 年的巴黎只能作为世界博览会的配角,而 1924 年巴黎人却用他们的热情举办了当时历史上最出色的奥运会。1924 年巴黎奥运会会标的主体是巴黎城的盾形城徽,中间配以一艘在大海中航行的古帆船,同时附有"第 8 届奥林匹亚德巴黎 1924"和"法国奥委会"的文字说明。从严格意义上讲,这是现代奥运史上的第一枚会徽,从此奥运会的会徽和招贴画正式分开。

8. 1928 年荷兰阿姆斯特丹第 9 届奥运会会徽

1928 年,荷兰最大的城市阿姆斯特丹以其浓厚的人文历史吸引了全世界崇尚运动的人们。相对于安特卫普,两届奥运会在会标的设计风格上,有着异曲同工之妙。8 年后的阿姆斯特丹奥运会会标融入了更多现代因素。蓝色的背景上,一名长跑运动员高举象征胜利的白色月桂枝。会徽底部飘扬着荷兰国旗色红、白、蓝三色波浪。会徽创造性地将荷兰、运动、胜利、奥林匹克等元素融为一体。

9. 1932 年美国洛杉矶第 10 届奥运会会徽

1932 年的洛杉矶奥运会会徽的主体是东道主美国的国旗,奥运五环标志居于会徽正中,代表胜利的月桂枝穿梭其间,更快、更高、更强的奥林匹克精神首次出现在了奥运会会徽中,充分展示了美国人所追求的美国精神。

10. 1936 年德国柏林第 11 届奥运会会徽

在德国历史上举办过的 1936 年柏林奥运会和 1972 年慕尼黑奥运会都在人们的心里留下了灰色的阴影。这两届奥运会会徽的设计都体现了色彩简单、寓意深刻的风格。1936 年的奥运会址选择柏林是一个历史的错误,纳粹德国借奥运粉饰和平,蒙蔽世界。其会徽充满了霸权,一座奥林匹克钟里,奥运五环上矗立着一只象征霸权的鹰,勃兰登堡之门是柏林的象征。鹰爪下的五环和圣火以及誓言都是柏林奥运强权的符号。

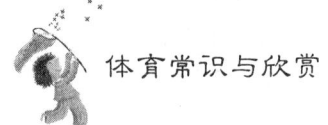

11. 1948 年英国伦敦第 14 届奥运会会徽

1948 年,世界还处在第二次世界大战后的恢复时期,人们对在这一时期是否需要举行体育盛会争论不休,但 1948 年伦敦奥运会最终却大受欢迎,它给深受战争创伤的人们以巨大的精神安慰。1948 年伦敦奥运会的会徽由议会大楼的钟楼为主要构成。这个著名的"大本钟"的指针指向四点,这是计划中的开幕式时间。前景部分为奥林匹克五环标志。

12. 1952 年芬兰赫尔辛基第 15 届奥运会会徽

地处北欧的瑞典和芬兰是现代体育开展较早的国家。历史上它们各自举办了一届夏季奥运会,在会徽中充分体现了北欧人的健美与活力。1952 年芬兰赫尔辛基奥运会会徽图案的设计简洁而清晰,主要表现了奥运主会场的标志性建筑"奥运塔楼"和"奥运五环",意味着光辉的奥林匹克来到了"千湖之国"芬兰;同时,世人也能感悟到芬兰人对奥运的那份深深的敬仰和渴望之情。

13. 1956 年澳大利亚墨尔本第 16 届奥运会会徽

绿色和环保是澳大利亚留给每个人最深刻的印象,分别于 1956 年和 2000 年在这个国家举办过的两届奥运会的会徽上似乎都能够使人发现这一点。1956 年的墨尔本奥运会会徽采用单一绿色,会徽主体是一个矗立在澳大利亚版图上燃烧着的熊熊火炬,火燃的上前方是奥林匹克的五环标志,会徽的底部是"墨尔本 1956"字样,并向两侧延伸成为象征着胜利的月桂枝。

14. 1960 年意大利罗马第 17 届奥运会会徽

1960 年,意大利终于盼来了第 17 届罗马奥运会。罗马奥运会会徽采用了罗马城徽的标志,标志上是一只母狼在哺乳两个婴儿的奇特图案。母狼哺乳的两个婴儿中的一个,就是传说中的罗马城第一任国王罗慕路。会徽居中几个大大的字母是拉丁文"1960"的意思,可见罗马城徽是古罗马历史文化的高度浓缩。

15. 1964 年日本东京第 18 届奥运会会徽

1964 年,奥林匹克的光芒首次普照亚洲大地,在会徽的设计中体现出了东方古老文明的神韵。1964 年东京奥运会会徽为置于日本国旗前的奥林匹克志,它象征奥林匹克就像一轮冉冉升起的红日。而一轮红日下的奥运五环标志,采用了金色,有别于传统的五环颜色。

16. 1968 年墨西哥墨西哥城第 19 届奥运会会徽

第 19 届墨西哥城奥运会的会徽由来自奥运组委会、墨西哥和美国的三位艺术家协作完成,会徽创造性地使用了黑白两色,将彩色的奥运五环标志和墨西哥的英文字样与传统壁画图形巧妙地融为一体,让人联想到古老的印第安图案。同时墨西哥的每个字母或者环形、或者直线,又像运动场的跑道。简洁却丰富,单一却深刻,会徽强烈的墨西哥民族风格给人留下了深刻印象。

17. 1972 年德国慕尼黑第 20 届奥运会会徽

慕尼黑会徽设计只有黑白两种色彩,具有抽象性,主体部分是一顶光芒四射的桂冠,寓意着慕尼黑奥运会的主体精神——光明、清新、崇高,象征着一个"光芒四射的慕尼黑"。

18. 1976 年加拿大蒙特利尔第 21 届奥运会会徽

伴随着政治性抵制事件的发生,在蒙特利尔和莫斯科,奥运五环出现在会徽的显要位置,表达出奥林匹克运动对五大洲团结的强烈呼唤。奥林匹克领奖台和五环的组合构成了 1976 年加拿大蒙特利尔奥运会会徽的主体,而领奖台与五环的一部分又构成了三个田径跑道的图案,巧妙的是领奖台同时是变形的美术字 M,代表了主办城市的名字。这届奥运会尽管办得比较成功,但其窘迫的财政状况也给未来的东道主以及奥林匹克运动提出了新的课题。

19. 1980 年苏联莫斯科第 22 届奥运会会徽

1980 年莫斯科奥运会会徽在五环上面五条平行线呈金字塔形垂直排列,象征奥林匹克更快、更高、更强的精神,同时也体现了莫斯科的城市建筑风格,顶部的五角星取材于苏联的国旗。整个标志以耀眼的红色呈现出强烈的视觉冲击力。

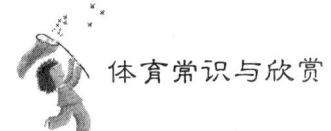

体育常识与欣赏

20. 1984年美国洛杉矶第23届奥运会会徽

1984年的洛杉矶奥运会会徽是"运行之星"。图案主体为五角星,象征着人类的最高愿望。画面13条横虚线,使星星显出运行状态,既寓意生命不停地运动,不停地进取,又象征美国独立时的13个州。红、白、蓝三色,是美国国旗的三种颜色。

21. 1988年韩国汉城第24届奥运会会徽

汉城奥运会会徽的设计充分体现了传统韩国文化的精髓,整个图案具有鲜明的朝鲜民族特色。1988年汉城奥运会会徽,由蓝、红、黄3色呈旋涡状的条纹和象征奥林匹克的五色环组成,3种颜色代表天、地、人"三元一体"的哲学意义。动态的条纹,意指生生不息的体育运动,旋转向上以示和谐进步。会徽中向内心的动态,比喻来自五大洲的选手走到一起;而外离心的动态,则寓意着通过奥林匹克的崇高精神,走向相互了解和世界进步。

22. 1992年西班牙巴塞罗纳第25届奥运会会徽

1992年巴塞罗纳奥运会会徽,上半部由一点和两个弯曲的线条组成,颜色是蓝、黄、红三色。蓝为蔚蓝的地中海,黄是常年普照西班牙大地的太阳,而红则是血气方刚的生命。图案代表巴塞罗纳悠久的文化和现代化建设的生命活力。一点两线既象征大地、天空,又构成一个人的运动状态,似跑似跳,象征巴塞罗纳人积极参加奥林匹克运动的意识。同时,这个图案还可理解为巴塞罗纳人正张开双臂迎接来自各大洲的客人。

23. 1996年美国亚特兰大第26届奥运会会徽

1996年是现代奥运百年诞辰,这一年在美国亚特兰大举行的第26届奥运会实现了奥运家庭的大团圆。会徽主体部分是一个火炬。火炬的底部由五环和阿拉伯数字100构成,纪念奥运会已经走过百年历史;而火炬的上半部由火焰变成的星星象征每一位运动员的卓越追求。会徽中的金色象征着金牌,绿色象征着亚特兰大的城市之树——月桂枝。

24. 2000年澳大利亚悉尼第27届奥运会会徽

2000年悉尼奥运会的会徽——"新世纪运动员"是一个运动员正奔向新世纪的形象。整个会徽的色彩语言极具象征意义:蓝色的海港、黄色的太阳和沙滩以及红色的内陆土地,突出了澳大利亚本土文化的独特性。

25. 2004 年希腊雅典第 28 届奥运会会徽

　　无论是一个世纪前的 1896 年还是 21 世纪的 2004 年,希腊雅典选择用象征和平与友谊的橄榄枝来表达他们对奥林匹克运动至高无上的理解和尊重。1896 年的雅典会徽给人的印象是具体、写实的,一个世纪后,雅典人又有了新的创造。这就是 2004 年雅典奥运会会徽,简单而抽象,明亮而纯净。蓝色和白色两种颜色和谐地统一在一起。围成圆形的白色橄榄枝是和平的象征,同时也体现着现代雅典对全世界的包容性。

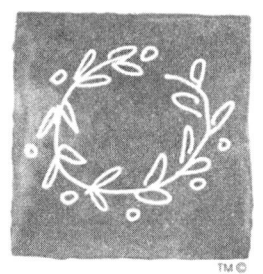

26. 2008 年中国北京第 29 届奥运会会徽

　　北京奥运会会徽的名字为"中国印",这个会徽表达了 2008 年奥运会的主题。2008 年奥运会新会徽,将中国具有 5 000 多年历史的印章和书法等艺术形式与体育运动特征结合起来,巧妙地幻化成一个向前奔跑、迎接胜利的运动人形。这一设计,凝聚了中华民族优良的传统文化的神韵。鲜红的色彩传达了中国文化特有的热情气氛;寓意丰富的图形,形如一个"京"字,表达了举办地的名称;也像一个冲向终点的运动员,体现了冲刺极限、创造辉煌的奥林匹克精神;又似一个载歌载舞中的人,表达了 13 亿中国人民对于奥林匹克运动的美好憧憬和欢迎八方宾客的热情与真诚。

第二节　　冬季奥林匹克运动会会徽

　　冬季奥运会同样设计自己的会徽。这些会徽多以奥林匹克旗或举办国奥委会会旗为背景,并配

以冬季景色或冬季项目图案,极具特色。如 1968 年在法国格勒诺布尔举行的第 10 届冬季奥运会的会徽,背景是冬季奥运会会旗,中央是一朵洁白的雪花,雪花周围是 3 朵玫瑰,象征着这里的工业、文化教育、旅游和冬季运动。

1924 年法国夏蒙尼冬季奥运会会徽

1928 年瑞士圣莫里茨冬季奥运会会徽

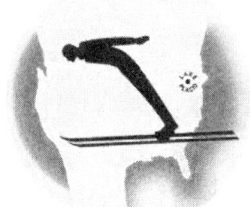

1932 年美国普莱西德湖冬季奥运会会徽

1936 年德国加米施帕滕基兴冬季奥运会会徽

1948 年瑞士圣莫里茨冬季奥运会会徽

1952 年挪威奥斯陆冬季奥运会会徽

1956年意大利科蒂纳丹佩佐冬季奥运会会徽

1960年美国斯阔谷冬季奥运会会徽

1964年奥地利因斯布鲁克冬季奥运会会徽

1968年法国格勒诺布尔冬季奥运会会徽

1972日本札幌第11届冬季奥运会会徽

1976年奥地利因斯布鲁克冬季奥运会会徽

1980年美国普莱西德湖冬季奥运会会徽

1984年南斯拉夫萨拉热窝冬季奥运会会徽

第五章　奥林匹克运动会会徽与口号

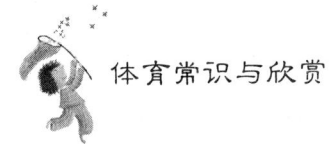

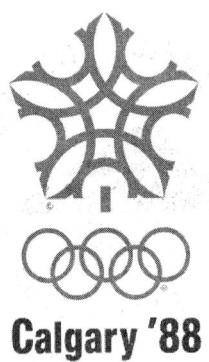

1988 年加拿大卡尔加里冬季奥运会会徽

1992 年法国阿尔贝维尔冬季奥运会会徽

1994 年挪威利勒哈默尔冬季奥运会会徽

1998 年日本长野冬季奥运会会徽

2002 年美国盐湖城冬季奥运会会徽

2006 年意大利都灵第 20 届冬季奥运会会徽

2010 年加拿大温哥华冬季奥运会会徽

第三节 奥林匹克运动会口号

口号是历届奥运会独特举办理念的高度概括和集中体现。各届奥运会都精心设计打动人心的口号以使其广泛传播、深入人心,并作为奥运会各种文化和视觉设计活动(场馆建设、文化活动、形象与景观、开闭幕式等等)的创作依据。

在第28届雅典奥运会上,希腊人热情而自豪地喊出了"欢迎回家"的主题口号,其中不仅包含了雅典奥运会对全球奥林匹克大家庭所有成员最诚挚、最热烈的欢迎,更充分表达了希腊作为奥林匹克发祥地对奥运会重归故里的喜悦和自豪之情。

在"欢迎回家"口号的感召下,观众亲眼目睹希腊人如数家珍似的将希腊文化、奥林匹克历史在开闭幕式上进行展示,希腊之于人类的伟大贡献深入人心。

作为一句口号,"欢迎回家"的成功之处概有两点:第一,它令主办国在文化声誉和地位方面的收益达到了最大化;第二,它极其精准地找到了雅典奥运会的定位和主题。

第25届巴塞罗纳奥运会口号是"永远的朋友"。巴塞罗纳奥运会是世界奥林匹克大家庭空前的一次团聚——在经历了美苏互相抵制的莫斯科奥运会和洛杉矶奥运会,以及被朝鲜抵制的汉城奥运会后,现代奥林匹克运动终于在多年低潮之后迎来了一次大团聚。冷战刚刚结束的国际背景,赋予了这届奥运会特殊的意义。

当国际政治中的阴云和奥运赛场上的敌视一同消散时,巴塞罗纳奥运会响亮地喊出了"永远的朋友"这一主题口号,不仅强调了奥林匹克精神中友谊与和平的永恒主题,表达了全世界人民所共同的期盼与心声,更试图以此来赋予巴塞罗纳奥运会荣耀的历史地位,那就是,巴塞罗纳奥运会将作为和平与友谊的见证物而永存于奥林匹克的历史之中。

2002年美国盐湖城冬奥会口号是"点燃心中之火",暗喻希望。1995年美国盐湖城获得了2002年冬季奥运会的主办权,但随即陷入了不尽的申办丑闻之中,迫切需要重新树立和端正自己的公共形象。"点燃心中之火"的主题口号在这种背景下走上舞台,"圣火"是正义与纯洁的象征,而燃烧在内心的"圣火"暗喻了本届冬奥会正义的内在心灵,表现了组织者直面流言蜚语,勇敢自我辩护的精神。

盐湖城冬奥会开幕之际,又恰逢"9•11"事件余波未平,这样一句以"正义"为内涵的口号不仅再次为美国作了辩护,其所寓意的激情和希望也起到了令美国人振奋精神的效用,"心中的圣火"自然被理解为了"心中的希望"。

盐湖城冬奥会把这句口号贯彻在火炬、奖牌等视觉设计工作之中,不仅以直观的方式表现了口号含义,更在视觉上实现了冰与火的和谐相处,成为现代奥林匹克历史中一个非常成功的口号案例。

北京2008年奥运会的主题口号是"同一个世界、同一个梦想",简洁大气、内涵深刻,成为奥林匹克历史上的经典。

回顾历届奥运会中经典的主题口号,再次印证了一句响亮的、触动人心的口号是举办一届成功奥运会的重要元素。

◆1984年洛杉矶夏季奥运会 Play Part in History 参与历史

◆1988年汉城夏季奥运会 Harmony and Progress 和谐、进步

◆1992年巴塞罗纳夏季奥运会 Friends for Life 永远的朋友

◆1996年亚特兰大夏季奥运会 The Celebration of the Century 世纪庆典

◆1998年长野冬季奥运会 From around the World to Flower as One 让世界凝聚成一朵花

◆2000年悉尼夏季奥运会 Share the Spirit 分享奥林匹克精神

◆2002年盐湖城冬季奥运会 Light the Fire within 点燃心中之火

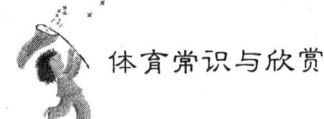

◆2004 年雅典夏季奥运会 Welcome Home 欢迎回家
◆2006 年都灵冬季奥运会 An Ever Burning Flame 永不熄灭的火焰
◆2008 年北京夏季奥运会 One World One Dream 同一个世界、同一个梦想

思考题

1. 简述奥林匹克运动会会徽的意义。
2. 简述奥林匹克运动会口号的意义。

第六章

奥林匹克运动会项目

1. 田径

田径是体育运动中最古老的运动项目。田径是奥林匹克运动的基石,最能体现奥林匹克"更快、更高、更强"的座右铭。田径也是奥运会设金牌最多的项目,因此有人用"得田径者得天下"来形容田径在奥运会金牌总数中所占的位置。

A. 男子:100 米跑、200 米跑、400 米跑、800 米跑、1 500 米跑、5 000 米跑、10 000 米跑、马拉松跑、3 000 米障碍跑、110 米跨栏跑、400 米跨栏跑、跳高、撑杆跳高、跳远、三级跳远、铅球、铁饼、链球、标枪、十项全能、20 公里竞走、50 公里竞走、4×100 米接力、4×400 米接力。

B. 女子:100 米跑、200 米跑、400 米跑、800 米跑、1 500 米跑、5 000 米跑、10 000 米跑、马拉松跑、100 米跨栏跑、400 米跨栏跑、跳高、跳远、三级跳、撑杆跳高、铅球、铁饼、标枪、链球、七项全能、4×100 米接力、4×400 米接力、20 公里竞走。

2. 赛艇

赛艇是运动员背向前进方向划水的一项划船运动,起源于英国 17 世纪到 18 世纪中叶。赛艇按乘坐人数,有无舵手,以及使用单桨还是双桨划分项目。比赛距离男子 2 000 米,女子为 1 000 米,每条航道宽 12.5 米~15.0 米。

A. 男子:单人双桨、双人双桨、双人单桨无舵手、双人单桨有舵手、四人双桨无舵手、四人单桨无舵手、四人单桨有舵手、八人单桨有舵手。

B. 女子:单人双桨、双人双桨、双人单桨无舵手、四人双桨有舵手、四人单桨有舵手、八人单桨有舵手。

3. 自行车

自行车赛起源于欧洲。1896 年列为首届奥运会比赛。

A. 男子 11 项场地项目:1 公里计时赛、个人争先赛(3 圈)、4 000 米个人追逐赛、4 000 米团队追逐赛、记分赛、奥林匹克争先赛、麦迪逊赛、凯林赛;公路项目:个人赛、个人计时赛;山地车:越野。

B. 女子 7 项场地项目:500 米计时赛、个人争先赛(3 圈)、3 000 米个人追逐赛、记分赛;公路项目:70 公里个人赛、个人计时赛,山地车。

4. 越野棒球

越野棒球是一项男子比赛项目,起源有两种说法,一种认为起源于英国,由英国的一种儿童游戏演变而成,继而被英国移民传入美国,逐渐成为美国国球;另一种认为起源于美国。1992 年列入奥运会项目。

5. 游泳

奥运会游泳比赛共设 31 个项目,是仅次于田径运动的金牌大户。

A. 男子游泳:50 米自由泳、100 米自由泳、200 米自由泳、400 米自由泳、1 500 米自由泳、100 米仰泳、200 米仰泳、100 米蛙泳、200 米蛙泳、100 米蝶泳、200 米蝶泳、200 米混合泳、400 米混合泳、4×100 米自由泳接力、4×200 米自由泳接力、4×100 米混合泳接力;跳水:3 米跳板、10 米跳台、双人 3 米跳板、双人 10 米跳台;水球:1 项。

B. 女子游泳:50 米自由泳、100 米自由泳、200 米自由泳、400 米自由泳、800 米自由泳、100 米仰

泳、200 米仰泳、100 米蛙泳、200 米蛙泳、100 米蝶泳、200 米蝶泳、200 米混合泳、400 米混合泳、4×100 米自由泳接力、4×200 米自由泳接力、4×100 米混合泳接力;跳水:3 米跳板、10 米跳台、双人 3 米跳板、双人 10 米跳台。

6. 拳击

拳击起源于 3 000 多年前的埃及,后相继在地中海沿岸国家传播。公元前第 23 届古希腊奥运会列为竞技项目。现代拳击始于英国,17 世纪十分盛行。1904 年第 3 届奥运会列入比赛项目。奥运会拳击比赛只允许业余运动员参加,按体重分 12 个级别进行:48、51、54、57、60、63.5、67、71、81、91 公斤以上级。

7. 排球

排球源于美国。1964 年第 18 届奥运会被列为比赛项目。

男、女各分排球与沙滩排球两项。

8. 皮划艇

皮划艇是运动员面向前进方向的一项划船运动,包括皮艇和划艇。欧洲开展广泛,水平一直处于世界领先地位。

A. 男子 12 项。静水项目:500 米单人皮艇、500 米双人皮艇、1 000 米单人皮艇、1 000 米双人皮艇、1 000 米四人皮艇;500 米单人划艇、500 米双人划艇、1 000 米单人划艇和 1 000 米双人划艇;急流回旋项目:单人皮艇、单人划艇、双人划艇。

B. 女子 4 项。静水项目:500 米单人皮艇、500 米双人皮艇、500 米四人皮艇;急流回旋项目:单人皮艇。

9. 马术

马术运动是在马上进行各种运动的总称。早在 4 000 多年前的铜器时代就有骑马比赛。现代马术运动起源于英国,16 世纪传入欧洲。1900 年第 2 届奥运会列入比赛项目。马术比赛分盛装舞步、超越障碍和三日赛,每一项又分团体和个人两项。

10. 篮球

篮球源于美国。

1936 年第 11 届奥运会列为正式比赛项目。球场长为 28 米,宽 15 米。篮板长 1.20 米,宽 1.80 米,底端距地面 2.75 米。球重 600 克~650 克。全场比赛 40 分钟。分男、女两项。

11. 足球

足球被称为"世界第一运动",古希腊、罗马、中国等都曾盛行过足球游戏。英国剑桥大学的学生是现代足球的创始者。由于国际奥委会规定只允许业余足球运动员参加奥运会足球比赛,因而奥运会足球赛并不是世界最高水平的比赛。分男、女两项。

12. 体操

18 世纪末,现代体操兴起于欧洲,曾是体育的代名词。1896 年列为首届奥运会比赛项目。

A. 男子:团体、个人全能、自由体操、鞍马、吊环、跳马、双杠、单杠、蹦床个人赛。

B. 女子:团体、个人全能、跳马、高低杠、平衡木、自由体操、艺术体操之个人全能与团体全能、蹦床个人赛。

13. 曲棍球

现代曲棍球 19 世纪下半叶兴起于英国。1908 年第 4 届奥运会被列为比赛项目。分男、女两项。

14. 手球

手球起源于欧洲。分男、女两项。

15. 举重

举重起源于远古时代人类举石块显示力量。近代举重运动兴起于 18 世纪欧洲。

A. 男子:56 kg、62 kg、69 kg、77 kg、85 kg、94 kg、105 kg、+105 kg。

B. 女子：48 kg、53 kg、58 kg、63 kg、69 kg、75 kg、+75 kg。

16. 柔道

柔道起源于日本。男、女柔道分别在 1964 年第 18 届奥运会和 1992 年第 25 届奥运会上被列为比赛项目。

A. 男子：—60 kg、60～66 kg、66～73 kg、73～81 kg、81～90 kg、90～100 kg、+100 kg。

B. 女子：—48 kg、48～52 kg、52～57 kg、57～63 kg、63～70 kg、70～78 kg、+78 kg。

17. 摔跤

摔跤可追溯到公元前几千年,在日本、中国、希腊、埃及等国的古代文明中都有摔跤的文字记载。只限男子参加。

A. 自由式摔跤：48～54 kg、58 kg、63 kg、69 kg、76 kg、85 kg、97 kg、97～130 kg。

B. 古典式摔跤：48～54 kg、58 kg、63 kg、69 kg、76 kg、85 kg、97 kg、97～130 kg。

18. 羽毛球

羽毛球是 1800 年流行于印度普那地区的一种球类游戏,球用羽毛和软木制作,类似中国的毽子。后传入英国及北欧等国。

羽毛球场地长 13.40 米,单打球场宽 5.18 米,双打球场宽 6.10 米,中间悬挂长 6.10 米,宽 76 厘米的球网。1992 年第 25 届奥运会开始成为正式比赛项目。

A. 男子：单打、双打。

B. 女子：单打、双打。

C. 混合：混合双打。

19. 垒球

垒球女子 1 项。

20. 现代五项

现代五项由现代奥林匹克运动奠基人顾拜旦创导,以衡量运动员的全面能力。分马术、击剑、游泳、射击、越野跑五项,男、女各一枚奖牌。

21. 网球

男女网球分别于 1896 年首届奥运会和 1900 年第 2 届奥运会列为比赛项目,后因各种原因被取消,1988 年第 24 届奥运会才重新回到奥林匹克大家庭。

男、女各分单打、双打两项。

22. 击剑

击剑始于古代决斗,盛行于西欧各国。1896 年首届奥运会被列为比赛项目,是奥运会初期唯一允许职业选手参赛的项目。

A. 男子：花剑个人、花剑团体、佩剑个人、佩剑团体、重剑个人、重剑团体。

B. 女子：花剑个人、花剑团体、重剑个人、重剑团体。

23. 乒乓球

乒乓球 19 世纪后半叶始于英国。20 世纪 20 年代传入欧洲大陆,继而在美洲和亚洲等国家广泛开展。1988 年第 24 届奥运会被列入正式比赛项目。乒乓球在中国有"国球"之称。男、女各分单打、双打两项。

24. 射击

射击源于狩猎活动。世界性的射击比赛可追溯到 1896 年的首届奥运会。

1988 年第 24 届奥运会开始设置女子项目。

A. 男子：气手枪（10 米）、手枪速射（25 米）、手枪慢射（50 米）、气步枪（10 米）、小口径自选步枪 3×40（50 米）、小口径步枪 60 发卧射（50 米）、10 米移动靶、飞碟双多向、飞碟多向、飞碟双向；

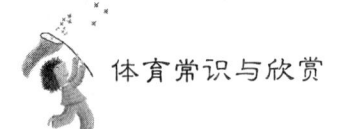

B. 女子：气手枪(10 米)、运动手枪(25 米)、气步枪(10 米)、小口径自选步枪 3×20(50 米)、飞碟双多向、飞碟多向、飞碟双向。

25. 铁人三项

铁人三项属于新兴综合性运动竞赛项目,由天然水域游泳、公路自行车、公路长跑三项按顺序组成,运动员需要一鼓作气赛完全程。2000 年成为奥运会项目。

26. 射剑

人类早在 2 万年前就使用弓箭进行狩猎活动。现代射箭运动始于英国。

1908 年被列为奥运会比赛项目,1920 年被取消,直到 1972 年奥运会才恢复。

A. 男子：奥林匹克淘汰赛个人赛(70 米)、奥林匹克淘汰赛团体赛(70 米)。

B. 女子：奥林匹克淘汰赛个人赛(70 米)、奥林匹克淘汰赛团体赛(70 米)。

27. 帆船

帆船起源于荷兰。1900 年第 2 届奥运会开始列入比赛项目。

1988 年第 24 届奥运会单独增设女子比赛项目。

A. 男子：帆船 470 级、帆船芬兰人级、帆板米氏级。

B. 女子：帆船 470 级、帆船欧洲级、帆板米氏级。

C. 混合：索林级、49 人级、激光级、特纳多级等。

28. 跆拳道

跆拳道是朝鲜半岛民间技击术,是一项运用手脚技术进行搏击格斗的韩国民族传统的体育项目。

A. 男子：−58 kg、−68 kg、−80 kg、+80 kg。

B. 女子：−49 kg、−57 kg、−67 kg、+67 kg。

29. 冰球

冰球又称冰上曲棍球,起源于加拿大,后相继在欧洲北美地区开展。1956 年第 7 届冬奥会上被列为正式比赛项目。

30. 滑冰

滑冰是人们利用冰刀在冰上滑行的冬季运动项目。起源于 10 世纪的荷兰。滑冰运动包括速度滑冰、短跑道速度滑冰和花样滑冰。

A. 速度滑冰

男子：500 米、1 000 米、1 500 米、5 000 米、10 000 米。

女子：500 米、1 000 米、1 500 米、3 000 米、5 000 米。

B. 短跑道速度滑冰

男子：1 000 米、5 000 米接力。

女子：500 米、3 000 米接力。

C. 花样滑冰：分单人滑、双人滑和冰上舞蹈。

31. 滑雪

滑雪是运动员手持滑雪杖,足登滑雪板在雪地上滑行的一项冬季运动项目。起源于北欧多雪地区。滑雪运动包括越野滑雪、跳台滑雪、高山滑雪、北欧两项滑雪和自由式滑雪。

32. 雪橇

雪橇起源于瑞士阿尔卑斯山地,是乘木制或金属制的双橇滑板在专用的冰雪线路上高速滑降、回转的一项冬季运动项目。分为有舵雪橇和无舵雪橇两种。

33. 现代冬季两项

现代冬季两项起源于挪威,与人们在冬季狩猎活动有关,是一种滑雪加射击的比赛。1960 年第 8 届冬奥会将这一项目改称冬季两项并列为正式比赛。1992 年第 16 届冬奥会增设女子比赛。

附录

一、历届夏季奥运会举办地

届次	年 份	举办地点	届次	年 份	举办地点
1	1896	希腊 雅典	15	1952	芬兰 赫尔辛基
2	1900	法国 巴黎	16	1956	澳大利亚 墨尔本
3	1904	美国 圣路易斯	17	1960	意大利 罗马
4	1908	英国 伦敦	18	1964	日本 东京
5	1912	瑞典 斯德哥尔摩	19	1968	墨西哥 墨西哥城
6	1916(因第一次世界大战未办)	德国 柏林	20	1972	原西德 慕尼黑
			21	1976	加拿大 蒙特利尔
7	1920	比利时 安特卫普	22	1980	原苏联 莫斯科
8	1924	法国 巴黎	23	1984	美国 洛杉矶
9	1928	荷兰 阿姆斯特丹	24	1988	韩国 汉城(现首尔)
10	1932	美国 洛杉矶	25	1992	西班牙 巴塞罗纳
11	1936	德国 柏林	26	1996	美国 亚特兰大
12	1940(因第二次世界大战未办)	芬兰 赫尔辛基	27	2000	澳大利亚 悉尼
			28	2004	希腊 雅典
13	1944(因第二次世界大战未办)	英国 伦敦	29	2008	中国 北京
			30	2012	英国 伦敦
14	1948	英国 伦敦			

二、历届冬奥会举办地

届次	年 份	举办地点	届次	年 份	举办地点
1	1924	法国 夏蒙尼	12	1976	奥地利 因斯布鲁克
2	1928	瑞士 圣莫里茨	13	1980	美国 普莱西德湖
3	1932	美国 普莱西德湖	14	1984	南斯 拉夫萨拉热窝
4	1936	德国 加米施(帕滕基兴)	15	1988	加拿大 卡尔加里
5	1948	瑞士 圣莫里茨	16	1992	法国 阿尔贝维尔
6	1952	挪威 奥斯陆	17	1994	挪威 利勒哈默尔
7	1956	意大利 科蒂纳丹佩佐	18	1998	日本 长野
8	1960	美国 斯阔谷	19	2002	美国 盐湖城
9	1964	奥地利 因斯布鲁克	20	2006	意大利 都灵
10	1968	法国 格勒诺布尔	21	2010	加拿大 温哥华
11	1972	日本 札幌	22	2014	俄罗斯 索契

三、历届残奥会举办地

残疾人奥林匹克运动会(Paralympic Games)始办于1960年,是由国际奥委会和国际残疾人奥林

第六章 奥林匹克运动会项目

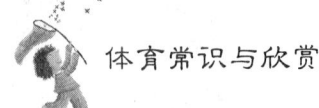

匹克委员会主办的、专为残疾人举行的世界大型综合性运动会,每四年于夏季奥运会后举办一届,迄今已举办过11届。

（一）夏季

届次	年 份	举 办 地 点	届次	年 份	举 办 地 点
1	1960	意大利　罗马	8	1988	韩国　首尔
2	1964	日本　东京	9	1992	西班牙　巴塞罗纳
3	1968	以色列　特拉维夫	10	1996	美国　亚特兰大
4	1972	原联邦德国　海德堡	11	2000	澳大利亚　悉尼
5	1976	加拿大　多伦多	12	2004	希腊　雅典
6	1980	荷兰　阿纳姆	13	2008	中国　北京
7	1984	英国　斯托克曼德维尔　美国　纽约			

（二）冬季

届次	年 份	举 办 地 点	届次	年 份	举 办 地 点
1	1976	瑞典　艾西罗斯比库	6	1994	挪威　利勒哈默尔
2	1980	挪威　亚罗	7	1998	日本　长野
3	1984	奥地利　因斯布鲁克	8	2002	美国　盐湖城
4	1988	奥地利　因斯布鲁克	9	2006	意大利　都灵
5	1992	法国　阿尔贝维尔			

第二篇
竞 技 体 育

　　竞技体育就是竞技运动,是体育的基础部分,它是以体育竞赛为主要特征,以创造优异运动成绩,夺取比赛优胜为主要目标的体育活动。竞技体育与体育教育、身体锻炼和娱乐体育相互配合发挥各自的特有功能,共同实现人类体育的目的任务。竞技体育有各种有效规则来阻止不公平,是一种艺术的创造,给人一种既激烈、精彩又和谐、优美之感。

第一章

田径运动项目的形成和历史

　　田径或称田径运动，是径赛、田赛和全能比赛的全称。以高度和距离长度计算成绩的跳跃、投掷项目叫"田赛"；以时间计算成绩的竞走和跑的项目叫"径赛"。田径比赛由田赛、径赛、公路跑、竞走和越野跑组成，此外还包括部分田赛和径赛项目组成的"十项全能"。

　　田径运动是人类在长期社会实践过程中逐步产生和发展起来的。远古时代，人类为了生存，为了获得生活资料，经常在崇山峻岭、沼泽平原从事生产活动。跨溪流、跃障碍、登峭壁、攀大树，用石块、木棒等采集瓜果，捕捉鱼虾，猎取凶禽猛兽或防御兽类的袭击等。这样在日常生活和劳动中，逐步形成了走、跑、投掷、跳跃等动作和技能。为了把这些技能和技术传给下一代，就产生了模仿跑得快、跳得高、跳得远、投得准、掷得远的动作，形成了最原始的教与学的形式，并逐渐出现了比赛的形式，这就是田径运动的雏形。

　　古希腊有这样一句名言：要使孩子们能够猎获野兽，就必须教会他们和野兽跑得一样快，甚至还要超过它们。

　　古代人培养和教育后代快速奔跑的方法和形式是多种多样的，主要有：年龄幼小时，要求他们在住地周围的广场上练习奔跑；稍大一些，就跟随他们的父兄们一起狩猎，在实际战斗中锻炼他们的快跑速度；遇到丰收的日子或者欢乐的时刻，组织孩子们进行快跑比赛的游戏。这种游戏以后逐渐演变成一种定期的比赛活动，参加的不仅限于孩子，连成人也参加。这种比赛当然不是以体育锻炼为目的的一种运动，而是通过比赛，选出部族里跑得最快、耐久力最强和最敏捷灵活的人，让这些人率领大家去追捕野兽。

　　随着阶级的产生和战争的出现，走、跑、跳、投，这些基本的活动技能变成了一种军事技能，其中跑步成为军事训练的重要内容。在骑兵没有兴起以前，军队的运动主要依靠长途跑步或急行军。例如：据历史记载，古希腊人用富有全面训练意义的"古代五项"运动，即跑、跳远、标枪、铁饼及角斗等五个项目来训练士兵，以使其成为技能全面而善战的战士，大大提高了军队的战斗力。我国早在春秋战国时期就有关于利用走、跑、跳跃和投掷来训练和挑选士兵的记载。例如：墨子《非攻篇》中记述了吴国用 7 年的时间训练士兵，要士兵穿着甲胄，拿着兵器奔跑三百里，而后宿营。元世祖忽必烈规定他的"贵赤卫"每年要有一次距离为 180 里～200 里的赛跑比赛，获前三名者分别奖以白银与绸缎等。明朝大将戚继光在他的《纪效新书》里记述了训练士兵的方法，规定士兵要比赛跑，平时还要在腿上绑沙袋，并逐渐加重，作战时再去掉，使两腿轻便，他把这种训练叫"练足"。

　　据文字记载，第一届古代奥林匹克运动会是公元前 776 年在希腊奥林匹亚举行的。当时的奥运会，比赛只有短跑一个项目，跑程为一个"斯泰德"，即 192.27 米。公元前 724 年第 14 届古奥运会出现了中跑（跑距约为 384.10 米）。随后，出现了长跑，跑距为 7～24 个斯泰德。公元前 708 年第 18 届古代奥运会出现了 5 项竞技比赛，即赛跑、跳远、掷铁饼、掷标枪和摔跤，其中田径项目占了 4/5。当时只准男子参加，女子连观看也不行，违者处以死刑。

　　在希腊埃拉多斯山的峭壁上，刻着公元前 8 世纪的被公认为是最早的一段体育格言：如果你想强壮，跑步吧！如果你想健美，跑步吧！如果你想聪明，跑步吧！

　　1894 年，在英国举行了最早的现代田径运动国际比赛，比赛共分 9 个项目。真正的大型国际比赛是 1896 年开始举行的现代奥运会。它沿用古代奥运会每隔 4 年举行一次的制度，每届奥运会上，田

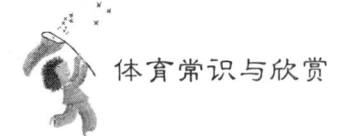

径运动都是主要的比赛项目之一。从 1928 年第 9 届奥运会起,才增设了女子田径项目,此后,女子便参加了田径项目的比赛。在各种运动项目快速发展的今天,田径运动仍然是体育比赛中观赏性极强的运动之一。

第一节　田径各分项目的形成和历史

一、短距离跑

简称短跑,是人类与生俱来的基本能力,是一种古老的比赛形式,几乎每个国家的文献中都有描述。根据记载,公元前 776 年,在希腊奥林匹克村举行的第一届古代奥林匹克运动会上就有了短

跑比赛项目。当时跑的姿势是躯干前倾较大,大腿抬得很高,脚落地离重心较近,步幅较小的"踏步式"跑法。起跑是采用"站立式"姿势,并把大石块置于脚后,用力蹬巨石来加快起跑的速度。

1887 年,开始采用"蹲踞式"起跑,1927 年有了起跑器,但到 1936 年第 11 届奥运会上才被正式采用。在这个阶段中,短跑技术有了很大的演变,由脚跟先着地改进为前脚掌着地,并形成了一种"摆动式"的跑法。由于短跑技术的改进,推动了短跑成绩的迅速提高。

1894 年,创造了第一个 100 米世界纪录,成绩为 11 秒 20。以后经过 74 年时间,于 1968 年创造了 9 秒 90 的世界纪录(电动计时的纪录是 9 秒 95)。200 米被列入比赛项目是在 1900 年的第 2 届奥运会,当时成绩为 22 秒 20。到 1968 年,经过 68 年,创造了 19 秒 83 的世界纪录(电动计时)。1896 年第一届近代奥林匹克运动会上所创造的 400 米纪录是 54 秒 20,经过 72 年,到 1968 年创造出 43 秒 86 的世界纪录(电动计时)。

女子参加短跑比赛是从 1928 年第 9 届奥运会开始的,当时 100 米纪录是 12 秒 20。经过 49 年,到 1977 年创造了 10 秒 88 的世界纪录(电动计时)。女子 200 米比赛直到 1948 年第 14 届奥运会才开始,经过了 30 年,即到 1978 年提高到目前的 22 秒 06 的成绩(电动计时)。由于短跑运动水平的不断提高,也促进了其他田径运动项目的发展。

1936 年刘长春代表中国,参加了第 11 届奥运会,由于 28 天的海浪颠簸,体力消耗较大,而未能取得好的成绩。自从 1958 年"八一"田径队短跑运动员以 10 秒 60 的成绩打破了保持 25 年之久的 10 秒 70 的旧纪录之后,我国男子短跑成绩有了大幅度的提高。在短短几年内,四川选手又以 10 秒整的优异成绩(手计时)平了当时的 100 米世界纪录,轰动了世界体坛,为伟大的祖国争得了荣誉。而目前的 100 米世界纪录是 9 秒 58(博尔特),全国纪录为 10 秒 17。

短跑是用最快的速度跑完规定的距离。短跑是田径径赛项目中的一类,一般包括:50 米跑、60 米跑、100 米跑、200 米跑、400 米跑,4×100 米接力跑,4×400 米接力跑等几项。其运动特性:是人们同时以最快的速度,在确定的跑道上跑完规定的距离,并以最先跑完者为优胜的项目;在人体机能供能方面,表现为人体以最大限度地发挥人的本能,并以无氧代谢供能的方式供能。短跑能有效地发展速度素质,因此,它是田径运动的基础项目,而且在其他运动项目的训练中也占有重要的地位。

短跑技术是一个不可分割的完整体,为了便于分析,可把它分为起跑和起跑后的加速跑、途中跑及冲刺跑三部分。

二、中距离跑

简称中跑,开始项目是 880 码跑和 1 英里跑,从 19 世纪中叶开始,880 码跑和 1 英里跑项目逐渐被 800 米跑和 1 500 米跑项目所替代。有的学者认为,中跑项目最早的正式比赛是 1847 年 11 月 1 日在英国伦敦举行的比赛,英国的利兰(John Leyland)以 2 分 01 秒的成绩获得 800 码跑冠军。原为职业选手的表演项目,后逐渐扩展到业余运动员。运动员比赛时不使用起跑器,听信号统一起跑。奥运会比赛项目男、女均为 800 米跑和 1 500 米跑,其中男子项目 1896 年列入;女子 800 米跑 1938 年列入,1 500 米跑 1972 年列入。

中距离跑项目包括 800 米跑和 1 500 米跑,这类项目非常需要混合速度、力量和耐力。成功的运动员能全身心地投入比赛,也能够把精力放在关键的训练日上。成功完成这类运动项目,除了需要身体技能外,应付比赛中长时间高速度的跑,精神力量也是必不可少的。当你的身体以如此大的强度持续跑,感到非常痛苦时,你要用毅力跑下去,这种毅力是在训练中增强的。在田径运动中,中距离跑是最富挑战性的运动项目之一,它需要足够强大的生理机能和顽强的拼搏精神。基于此,在挑选中距离跑运动员时,要确信运动员的训练态度和意志品质。如果挑选的运动员并不是真正热爱跑步或不喜欢艰苦的训练,他们是不会为之奋斗的。

男子 800 米第一个世界纪录是 1893 年创造的,成绩是 2 分 05 秒,目前的世界纪录是 1 分 41 秒 24。男子 1 500 米世界纪录是 3 分 26 秒 00。女子中跑项目开展较晚,女子 800 米目前的世界纪录是 1 分 53 秒 28。女子 1 500 米开展得更晚些,1972 年才列入 20 届奥运会正式比赛项目,第一名的成绩是 4 分 1 秒 40,目前的世界纪录是 3 分 50 秒 46,是由中国选手曲云霞保持的。

中跑距离是发展耐长久的项目,长时间的连续的肌肉活动,是这个项目的特点。它一方要求尽量减少能量的消耗,维持一定的跑速,另一方面要求在全程跑中能根据比赛的情况具有加速跑的能力。所以,运动员在跑的全程中,正确地掌握技术和合理地分配体力是非常重要的。要求跑得轻松协调,重心移动平稳,直线性强,有良好的节奏;要尽量提高肌肉用力和放松交替的能力,既讲究动作效果,又注重节省体力。这些要求,跑的距离愈长,它愈显得重要。

三、长距离跑

简称长跑,最初时项目为 3 英里、6 英里跑,从 19 世纪中叶开始,逐渐被 5 000 米跑和 10 000 米跑替代。据记载,现代最早的正式长跑比赛是 1847 年 4 月 5 日在英国伦敦举行的职业比赛,英国

的杰克逊以 32 分 35 秒整的成绩夺得 6 英里跑冠军。奥运会比赛项目男、女均为 5 000 米跑和 10 000 米跑。男子项目 1912 年列入;女子 5 000 米跑 1996 年列入,10 000 米跑 1988 年列入。

男子世界纪录:5 000 米成绩 12 分 37 秒 35 由埃塞俄比亚的运动名将贝克勒在 2004 年 5 月 31 日创造。10 000 米成绩 26 分 17 秒 53 是由埃塞俄比亚的贝克勒在 2005 年 8 月 26 日创造的。女子世界纪录:5 000 米成绩 14 分 24 秒 53 是由埃塞俄比亚的德法尔 2006 年 6 月 30 日创造的。10 000 米成绩 29 分 31 秒 78 是由中国的王军霞在 1993 年 9 月 8 日创造的。

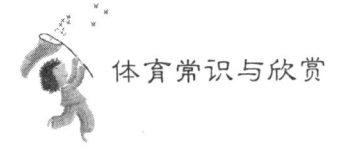

体育常识与欣赏

四、跨栏跑

起源于英国,由牧羊人跨越羊圈栅栏的游戏演变而来。当时叫障碍跑,是男子项目,采用一般的栅栏做障碍物。后来出现了埋在地上的木栏架,以后又改为支架。跨越这类障碍物,不但危险,而且

还容易发生伤害事故,而且也妨碍了跨栏跑技术的提高。1900年出现可移动的倒T字形栏架。1935年有人将T形栏架改成L形栏架,L形栏架支脚的另一端朝向运动员的跑进方向,稍加阻力即可向前翻倒,减轻了运动员的恐惧心理。奥运会比赛项目分男子110米跨栏跑、400米跨栏跑(1896年列入);女子100米跨栏跑(1932年列入,当时为80米跨栏跑,1972年改为100米跨栏跑)、400米跨栏跑(1984年列入)。男子110米跨栏跑的栏架高为106厘米,400米跨栏跑的栏架高为91.4厘米;女子100米跨栏跑的栏架高为84厘米,400米跨栏跑的栏架高为76.2厘米。比赛时,运动员必须跨越10个栏架,除故意用手推或用脚踢倒栏架外,身体其他部位碰倒栏架不算犯规。

1837年在英国首次举行了大学生跨栏跑比赛。1896年第一届奥运会,跨栏跑是正式比赛项目之一,但是当时跨栏的技术很不完善,不是跨栏,而是前腿弯着绕过栏,因此成绩不高,这届运动会冠军的成绩是17秒60。第二届奥运会男子400米跨栏跑,列为比赛项目,当时的栏架高是76.2厘米,这届运动会的冠军是美国运动员,成绩是57秒60。1904年第三届奥运会将栏架高改为91.1厘米,冠军的成绩是58秒整。到了1956年,美国运动员以49秒20的成绩突破了50秒大关。女子400米跨栏跑1973年起成为国际比赛项目。我国跨栏跑近几年来成绩斐然:2004年我国110米跨栏跑运动员刘翔在雅典奥运会上以12秒91夺冠,又在2006年瑞士洛桑田径超级大奖赛上以12秒88的成绩获得金牌。

跨栏跑,是途中设有固定数量、固定距离、固定高度栏架的短跑项目,也是田径运动中技术比较复杂、节奏性比较强、锻炼价值比较高的项目。从事跨栏跑运动,可以培养勇敢、顽强、果断和克服困难的意志品质,并能有效地发展速度、弹跳力、柔韧和灵敏等身体素质。跨栏跑的成绩,取决于运动员的平跑速度、跨越栏架的完善技术,跑、跨栏架的完善技术,以及跑、跨两者协调配合的能力。仅有好的跑速,而无跨越栏架的完善技术,是不能在跨栏跑中获得优异成绩的。同样,仅有合理技术,而无良好跑速,也不能在跨栏跑中获得更高的成绩。跨栏跑的关键是快,这就是一要跑得快,二要完成跨越栏架一系列动作快。因此,任何距离跨栏跑的特点都是短时间大强度的工作。动作自然,而且能以必要的幅度和较快的频率完成,是现代跨栏跑技术的基本特征。尽管跨栏跑的距离有长有短,栏架有高有低,栏间跑的步数有多有少,但是跨越栏架的技术是基本相同的。

五、障碍跑

19世纪在英国兴起。最初在野外进行,跨越的障碍是树枝、河沟,各障碍间的距离也长短不一,19世纪中叶开始在跑道上进行。有的研究报告指出,19世纪时障碍跑的距离不统一,具有很大的随意性,短的440码,长的可达3英里。

1900年第2届奥运会首次设立障碍跑,分2500米和4000米两个项目。从1904年第3届奥运会起将障碍跑的距离确定为3000米,并沿用至今。女子障碍跑项目开展很晚,国际田联1997年

54

才开始推广。全程必须跨越35次障碍，其中包括7次水池。障碍架高91.1～91.7厘米，宽3.96米，重80～100公斤。400米的跑道可摆放5个障碍架，各障碍架的间距为80米。运动员可跨越障碍架，也可踏上障碍架再跳下，或用手撑越。国际田联直到1954年才开始承认其世界纪录。

六、马拉松

公元前492年的春天，波斯又想征服美丽富饶，欣欣向荣的希腊城邦了。波斯派出大批战舰入侵和他们隔海相望的希腊，开始了历史上著名的希波战争。天有不测风云，波斯的海军在海上遭到飓风袭击，三百艘战舰，两万多名海军官兵全部葬身海底。波斯的陆军失去海军的呼应，波斯的统帅也身负重伤。这次侵略希腊的军事行动不得不半途而废了。波斯国王暴跳如雷。第二年，他幻想不战而降服希腊。他派出使者到希腊各城邦要"水和土"，意思是让他们臣服归顺波斯。希腊中部和北部的小城邦惧怕波斯帝国的武力，都屈膝投降了。但希腊最大的两个城邦——雅典和斯巴达拒绝投降。雅典人把波斯使者从悬崖抛入大海，斯巴达人把使者丢进井里，让他们自己去取"水和土"。波斯国王从来没受到这样的羞辱，他恼羞成怒，他决定派最有经验的大将军第二次出征希腊。

公元前490年，波斯大军横渡爱琴海，在雅典郊外的马拉松平原登陆。处境险恶的雅典，一面紧密动员，加强戒备，一面派当时的长跑能手斐里庇第斯日夜兼程去两百多公里远的斯巴达城邦求助。这位长跑健将以惊人的速度只用了一天多的时间便到达斯巴达。但斯巴达人却以祖宗规定月不圆不能出兵为由拒绝出兵。斐里庇第斯苦苦哀求，但斯巴达人无动于衷，斐里庇第斯无奈，只好赶回马拉松复命。

雅典人听到斯巴达人不出兵的消息后，并没有气馁，他们立即把全体公民组织起来，甚至奴隶也编入军队，赶往马拉松，占据有利地形。按雅典法律，雅典的十位将军在出征期间应轮流掌握兵权，每人一天。采取重大军事行动时须事先经过十位将军商量，最后以少数服从多数原则做出决议。在雅典军事执政官卡利乌斯的主持下召开了军事会议。会上十位将军围绕着是被动防御，还是主动出击的问题，展开了激烈的辩论。一位叫米太亚得的将军主张主动出击。表决时，五票对五票。执政官卡利乌斯支持了米太亚得将军。为了发挥米太亚得的指挥才能，其他将军都自愿放弃自己轮流当总司令的权利，让米太亚得一人全权指挥这场战争。当时雅典军队有10 000人，加上1 000援军，总共不过11 000人。而波斯军队有十万人，而且装备精良。在敌强我弱的情况下，米太亚得决定不与敌人硬拼，而是把战线稍稍拉长，把精锐步兵安排在两侧，正面战线上的兵力比较薄弱。公元前490年9月12日清晨，大战前夕，米太亚得对希腊将士做战斗动员，他说："雅典是永远保持自由，还是戴上奴隶的枷锁，关键就在你们。"他激动人心的话语，激励了士兵们保家卫国的决心。

激战开始了，希腊士兵在下面发起进攻，波斯军队不知是计，立即反攻。希腊军队边战边退，波斯军队步步进逼。在千钧一发的时刻，埋伏在两侧的士兵以迅雷不及掩耳之势冲出，从两侧夹击波斯军。波斯军队由于追击希腊人，战线拉得过长，这时陷入希腊军队的包围，首尾不能相顾，连忙慌慌逃向海边，想上船逃跑。希腊军队尾追至海边，和波斯军展开夺取军舰的战斗。一位叫基纳尔的希腊战士，他奋不顾身地用手抓住战船，被敌人砍掉了一只手，他忍住疼痛，用另一只手抓住战船，终于和战友们一起夺取了一艘战船。这场战役中，波斯人丢下了6 400具尸体和七条战船。雅典人牺牲了192人，其中有执政官卡利乌斯和几位将军。当天晚上，斯巴达派来的2 000名前锋战士赶到时，战斗已经结束。米太亚得急于把胜利的消息告诉正在焦急等待的雅典人民，他又选中长跑能手斐里庇第斯去传送消息。这位长跑能手当时已受了伤，可是，为了让同胞们早点知道胜利的消息，他拼命奔跑。当

他跑到雅典城的中央广场时,已上气不接下气,他激动地喊到:"欢……乐吧,雅典人,我们……胜利啦!"喊声刚落,他便一头栽倒在广场,再也没有醒来。

马拉松战役是希腊人和波斯人交锋的第一仗,这场战役极大地鼓舞了希腊人为自由和独立而战的斗志。为了纪念这场战役的胜利和表彰尽职尽力的英雄斐里庇第斯的功绩,1896 年,雅典人在第一届奥林匹克运动会上,规定了一个新的竞赛项目——马拉松赛跑。距离是马拉松至雅典的距离,根据当年斐里庇第斯经过的路线距离约为 40 公里。此后十几年,马拉松跑的距离一直保持在 40 公里左右。1908 年第 4 届奥运会在伦敦举行时,为方便英国王室人员观看马拉松赛,特意将起点设在温莎宫的阳台下,终点设在奥林匹克运动场内,起点到终点的距离经丈量为 26 英里 385 码,折合成 42.195 公里。国际田联后来将该距离确定为马拉松跑的标准距离。女子马拉松开展较晚,1984 年才被列入第 23 届奥运会。

1896 年首届奥运会后,马拉松赛在世界各地广泛举行,美国从 1897 年起举行波士顿马拉松赛,至 2000 年已举办了 104 届,成为世界上历史最悠久的马拉松赛。马拉松在公路上举行,可采用起、终点在同一地点的往返路线或起、终点不在同一地点的单程路线。比赛时,沿途必须摆放标有已跑距离的公里牌,每隔 5 公里设一个饮料站提供饮料,两个饮料站之间设一个用水站,提供饮水或用水。赛前需经身体健康检查,合格者方可报名参加比赛。因比赛路线、条件差异较大,故国际田联不设世界纪录,只公布世界最好成绩。

七、竞走

竞走起源于英国。19 世纪初,英国出现步行比赛的活动。19 世纪末,部分欧洲国家盛行从一个城市到另一个城市的竞走旅行。1866 年英国业余体育俱乐部举行首次冠军赛,距离为 7 英里。竞走分场地竞走和公路竞走两种。场地竞走设世界纪录;公路竞走因路面起伏等不可控因素较多,成绩可比性差,故仅设世界最好成绩。运动员行进时,两脚必须与地面保持不间断接触,不准同时腾空,着地的支撑腿膝关节应有一瞬间的伸直,不得弯曲。比赛时,运动员出现腾空或膝关节弯曲,均给予严重警告,受 3 次严重警告即取消比赛资格。1908 年竞走首次进入奥运会,当时的距离是 3 500 米和 10 英里。此后几届奥运会距离有所不同,有过 3 000 米、10 公里等,从 1956 年奥运会起定为 20 公里、50 公里。女子竞走于 1992 年才被列入奥运会,距离为 10 公里,2000 年奥运会改为 20 公里。

八、跳高

跳高起源于古代人类在生活和劳动中越过垂直障碍的活动。现代跳高始于欧洲。18 世纪末苏格兰已有跳高比赛,19 世纪 60 年代开始流行于欧美国家。跳高横杆可用玻璃纤维、金属或其他适宜材料制成,长 3.98～4.02 米,最大重量 2 公斤。比赛时,运动员必须用单脚起跳,可以在规定的任一起跳高度上试跳,但在一个高度只有 3 次试跳机会。跳高技术有跨越式、剪式(亦称"东方式")、滚式、俯卧式和背越式等。关于它们的起源国家和时间因方式不同而异。跳高运动源于英国,是由体操项目中派生出来的。1864 年,英国首先将跳高列入田赛

比赛项目,英国人柯奈用跨越式(最原始、最简单的跳高姿式)跳过了1.70米的高度。男子跳高于1896年首届奥运会上被列为正式比赛项目,女子跳高于1928年开始正式列入奥运会项目。剪式跳高源于美国,19世纪末,美国东部州运动员创造并采用了这一跳高姿式,故曾被称为"东方式";又因跳时身体各部分成波浪形状依次越过横杆,因此也有"波浪式"之称。滚式跳高亦源于美国,20世纪初,美国西部州运动员创造并采用滚式跳高,因运动员像滚过横杆而得名,又因美国运动员霍拉英首次采用,因而又称"霍拉英式"。俯卧式跳高起于20世纪20年代,40年代时已被普遍采用。男、女跳高分别于1896年、1928年被列为奥运会比赛项目。

九、撑竿跳高

撑竿跳高起源于古代人类利用木棍、长矛等撑越障碍的活动。撑竿跳高历史悠久。从前,比利时的蓝德斯地区和法国的诺曼底地区的村民,在跋涉途中,常常借助随身携带的棒竿,一端支地,纵身跃过泥潭沼地。在英国,每逢民俗节庆,撑竿子跳越田间的小沟,是男女老少十分喜爱的一种节日助兴娱乐。保加利亚人把撑竿跳称为"阿夫契尔"。意思是牧童式的跳高。过去牧童们时常忙里偷闲,将牧羊竹竿撑在地上蹦上跳去嬉戏玩耍。古俄罗斯和普鲁士士兵,在行军中,也总是利用手执的长矛跨越道路上的各种障碍物。据记载,公元554年爱尔兰就有撑杆过河的游戏。撑竿跳高原为体操项目,流行于德国学校。1789年德国的布施跳过1.83米,这是目前世界上有据可查的最早成绩。作为田径运动项目首先在英国开展,1843年4月17日英国职业选手罗珀在彭里斯越过2.44米。19世纪末开始流行于欧洲国家。撑竿最早使用木杆,最高成绩为3.30米;1905年开始使用重量较轻、有一定弹性的竹竿,最高成绩达到4.77米;1930年出现较为坚固的金属竿,运动员无撑竿折断之虑,可以提高握竿点,加快助跑速度,最好成绩达到4.80米;1948年美国设计制造出重量更轻、弹性更强的玻璃纤维竿,目前使用该竿已突破了6米的高度。撑竿跳高的横杆可

用玻璃纤维、金属或其他适宜材料制成,长4.48～4.52米,最大重量2.25公斤。撑竿的长度和直径不限,但表面必须光滑。运动员一般都自带撑竿参加比赛。比赛时,运动员必须将撑竿插在插斗内起跳;起跳离地后,握竿的手不得向上移动;可以在规定的任一起跳高度上试跳,但每一高度只有3次试跳机会。男、女撑竿跳高分别于1896年和2000年被列为奥运会比赛项目。

撑竿跳高的比赛规则历来如此,几乎没有什么大的修改。1904年的奥运会在美国圣·路易斯城举行。奥林匹克运动大会的赛场上,运动员们你追我赶,热闹非凡。在撑竿跳高架前,各国好手龙腾虎跃,比赛异常激烈。轮到日本选手佐间代富士试跳时,只见他从容不迫地走近沙坑,把手中的撑竿一端,深深地插入黄沙内。紧接着,富士用双手抓住竖立直的撑竿,一股劲儿地顺着竿子往上攀爬。一直爬到超过横杆的高度,他才越过横杆,从撑竿上跳下来,富士这一突如其来的举动,弄得裁判员莫明其妙不知如何裁决。后来,大会评判委员会经过商议,决定不承认富士的比赛成绩。同时规定,凡撑竿跳高运动员,必须先有一段距离的助跑。评判委员的这一规定,当时并没有难住这个精灵的日本人。富士退回到原来的地方,开始朝沙坑的方向奔跑。到了竖立的撑竿前,他又重新沿着竿子往上攀爬。最后,评判委员会不得不再次商量对策,做出补充规定:撑竿跳高时,运动员不得交替使用双手抓握撑竿。这条临时宣布的规则后来就一直沿用至今。

十、跳 远

跳远源于人类猎取或逃避野兽时跨越河沟等活动,后成为军事训练的手段。据史料记载,首次正式的跳远比赛是在公元前708年举行的,距今已有2600多年的历史。当时跳远的设施非常简单,只

是把地面的土刨松,然后在前面放一条门槛代替起跳板。为避免落地时产生伤害事故,以后用沙坑代替了松土。现代跳远运动始于英国,1827 年 9 月 26 日在英国圣罗兰·博德尔俱乐部举行的第一次田

径比赛中,威尔逊越过 5.41 米的远度,这是第一个有记载的世界跳远成绩。跳远的腾空动作有蹲距式、挺身式和走步式。20 世纪 70 年代出现前空翻跳远,因危险性大,被国际田联禁用。最初运动员是在地面起跳,1886 年开始采用起跳板。起跳板白色,埋入地下,与地面齐平,长 1.22 米,宽 20 厘米,距沙坑近端不少于 1 米。起跳板前有起跳线,起跳线前有用于判断运动员起跳是否犯规的橡皮泥显示板或沙台,运动员必须在起跳线后起跳。比赛时,如运动员不足 8 人,每人可试跳 6 次,超过 8 人,则先试跳 3 次,8 名成绩最好的运动员再试跳 3 次。以运动员 6 次试跳的最好成绩排列名次。男、女跳远分别于 1896 年和 1948 年被列为奥运会比赛项目。

十一、铅球

铅球起源于士兵掷"炮弹"。现代铅球运动产生的渊源可以追溯到 14 世纪 40 年代。当时欧洲出现了大炮,炮弹是呈圆形的铁球,依靠点燃炮筒内的火药将炮弹射出。士兵们经常在搬运炮弹的过程中推来推去取乐和进行掷远比赛。这种炮弹的重量为 16 磅(合 7.257 公斤),这一重量就一直沿袭成为男子铅球比赛的重量标准。至今,在英语中"铅球"(shot)一词仍与"炮弹"一词相同。

铅球和链球是田径项目中器械最重的项目。1896 年第一届奥运会上,铅球就被列为男子比赛项目。女子铅球是从 1948 年的第 14 届奥运会才正式列入比赛项目的。早期推铅球的比赛,曾经有过按体重分级的规则。但实践证明,铅球推出的远度和选手的体重没有太大关系,所以这个规则后来就被取消了。在推铅球的比赛初期,比赛规则比较简单,只规定一条直线作为限制线,可采用原地或任何形式的助跑推。后来又限制在一个方形区域内推球。到了 19 世纪中叶,英国人为了更合理地丈量投掷远度,规定了直径为 7 英尺(2.13 米)的投掷圈和 90 度的扇形铅球落地有效投掷区。近代,对铅球规格、场地设施和比赛规则等有了详尽的规定。

第一届奥运会的铅球冠军是美国人罗伯特·加勒特,成绩为 11.22 米。在 1912 年第 5 届奥运会上,除了美国人帕里克·麦克唐纳以 15.34 米获得冠军外,另一名美国人拉夫·罗斯获亚军,但他以左、右手推球的成绩相加列为单独一项铅球冠军,成绩为 27.70 米。这一比赛项目仅此一届。1948 年第 14 届奥运会把女子铅球正式列入了比赛。法国人奥斯特迈尔以 13.75 米创下了第一个奥运会女子铅球纪录(球重 4 公斤)。

20 世纪 50 年代初,美国人帕里·奥布赖恩首创背向滑步推铅球技术获得成功,使铅球成绩出现了一次飞跃。60 年代,苏联人 A·巴雷什尼柯夫创造背向旋转推铅球技术,虽然也获得可喜成绩,但至今尚未被太多的运动员所采用。美国长期在男子铅球方面占有优势地位,而前苏联则在女子铅球运动的前期保持了领先地位。前苏联女选手 N·利索夫斯卡亚 3 次破世界纪录,先后获世界杯赛(1985 年)、世界田径锦标赛(1987 年)、奥运会(1988 年)冠军,是女子铅球史上取得如此成就的唯一选手。

十二、铁饼

人类投掷石头击打猎物,后来成了投掷铁饼,这便是铁饼运动最初的起源。掷铁饼在公元前708年第18届古代奥林匹克运动会上被正式列为竞赛项目,它同时也是"五项全能运动"项目之一。古代奥运会上铁饼比赛所用的器材就是扁圆的石块,重量大小没有统一标准。比赛时,运动员站在一个石台上,做几次摆动后将饼掷出,运动员不准离台,投掷的方向不受限制。古代铁饼比赛是用远度和姿势的优美来确定优胜者,而今天,则纯粹是以远度来衡量胜负。铁饼最初为盘形石块,后逐渐采用铜、铁等金属制作。现代奥运会史上,曾有过双手掷铁饼的比赛项目(左手+右手)。掷铁饼技术经历过原地投、侧向原地投、侧向旋转投、背向旋转投几个发展过程。铁饼可用木料或其他适宜材料制作,男子铁饼重2公斤,直径22厘米;女子铁饼重1.5公斤,直径18.1厘米。比赛时,运动员应该在直径2.50米的圈内将饼掷出,铁饼必须落在40度的角度线内方为有效。男、女铁饼分别于1896年和1928年被列为奥运会比赛项目。

十三、链球

链球起源于中世纪苏格兰矿工在劳动之余用带木柄的生产工具铁锤进行的掷远比赛,后逐渐在英国流行。链球的英语词意即铁锤。19世纪后期,成为英国牛津大学和剑桥大学运动会的比赛项目。当时使用的器械是带木柄的铁球,后为便于投掷,将木柄改为钢链,链球由此而来。掷链球最初采用原地投,后逐渐改进为侧向投,旋转一圈投、两圈投、三圈投,现运动员多采用四圈投。男子链球重7.26公斤,总长117.5~121.5厘米,女子链球重4公斤,总长116.0~119.5厘米。比赛时,运动员必须在直径2.135米的圈内用双手将球掷出,链球必须落在40度的角度线内方为有效。圈外有U字形护网(护笼),确保投掷安全。男子、女子链球分别于1900年和2000年被列为奥运会比赛项目。

十四、标枪

标枪起源于古代人类用长矛猎取野兽的活动,后长矛又发展成为作战的兵器。公元前708年被列为第18届古代奥运会五项全能之一。现代标枪运动始于19世纪的瑞典、希腊、匈牙利和芬兰等欧洲国家。1792年瑞典的法隆开始举行标枪比赛。最初运动员使用的木制标枪前后一样粗,20世纪50年代初,美国标枪运动员赫尔德研究出两端细、中间粗的木制标枪,延长了标枪在空中飞行的时间,因而被称为"滑翔标枪"。60年代瑞典制造出金属标枪,使标枪的滑翔性能更强,大幅度提高了运动成绩。1984年民主德国运动员霍恩以104.80米的成绩打破世界纪录。国际田联为保证看台观众的安全,1986年将男子标枪重心向枪尖方向前移4厘米,以降低飞行性能,1999年又将女子标枪重心向枪尖方向前移3厘米。标枪可用金属或其他适宜的类似材料制作。男子标枪重800克,长

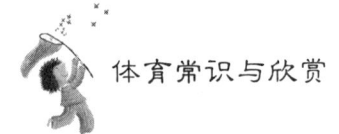

260～270厘米;女子标枪重600克,长220～230厘米。比赛时,运动员必须单手将标枪从肩上方掷出,枪尖必须落在投掷区内方为有效。男、女标枪分别于1908年和1932年被列为奥运会比赛项目。

十五、全能

全能运动起源于希腊,早在公元前708年第18届古代奥运会上便设有五项全能,由赛跑、跳远、铁饼、标枪和摔跤项目组成。现代全能运动始于欧洲。18世纪初,部分国家开展全能运动,但比赛项

目不统一。1904年第3届奥运会即设十项全能,项目包括100码跑、800码竞走、120码栏等;1912年第5届奥运会改为在瑞典流行的十项全能,延续至今。此外,1912年、1920年、1924年奥运会还设立过五项全能。女子全能运动1923年始于苏联,1948年得到国际田联的认可,1964年奥运会将五项全能列为比赛项目,1984年奥运会改为七项全能。比赛按规定的项目顺序分两天进行。男子十项全能第一天为100米跑、跳远、铅球、跳高、400米跑,第二天为110米跨栏跑、铁饼、撑竿跳高、标枪

和1500米跑。女子七项全能第一天为100米跨栏跑、跳高、铅球、200米跑,第二天为跳远、标枪和800米跑。根据各单项成绩参考国际田联制定的全能评分表,以累加总分计算名次,总分高者列前。运动员必须参加所有项目的比赛,如某个项目弃权,则不能参加后续项目的比赛,也不计算总分,但如果某个项目因成绩太低或失败,没有得分,仍可计算总分。

第二节 田径运动的其他相关知识

一、田径运动世界组织

国际业余田径联合会(International Amateur Athletic Federation, IAAF)简称国际田联。1912年7月17日在瑞典首都斯德哥尔摩成立。现有协会会员210个,分属欧、亚、非、中北美、南美及大洋洲等6个地区联合会。国际田联的工作用语为英、法、俄、德、西班牙语等。不同工作用语文本发生冲突时,以英语文本为准。国际田联总部1912～1946年设在斯德哥尔摩,1946～1993年移至伦敦。1994年6月10日新的总部移到摩纳哥。

国际田联的宗旨是保护国际业余田径运动的权益,在各个协会之间建立友好和真挚的合作关系,反对任何种族、宗教、政治和其他形式的歧视。其任务是:在世界上开展田径运动,在所有会员之间建立友好关系,采取必要措施反对种族、政治和宗教信仰歧视,为不同种族、不同政治态度和不同宗教信仰的运动员参加国际比赛消除障碍,制定国际比赛的章程和规则,保证会员之间的比赛按田联制定的章程和规则进行,与新的国家田协联系,解决在田径运动中出现的有争议的问题,与奥运会组委会合作举办田径比赛,确认世界纪录。

国际田联的最高权力机构是代表大会,每两年举行一次,拥有修改章程、制定竞赛规则、批准项目、选举官员等权力。大会选出的理事会负责处理日常事务。理事会由主席、4名副主席、司库、6名大洲代表和15名理事共27人组成,任期4年。前任主席意大利人内比奥罗于1999年11月7日突然辞世,11月18日国际田联特别会议一致通过由塞内加尔的迪亚克继任主席至2001年,2002年国际田联举行换届选举,迪亚克成功当选新一届国际田联主席。

国际田联设有6个委员会,除了医学委员会由理事会指定外,技术、女子、越野、竞走、老运动员共

5 个委员会均由大会选举产生。这些委员会协助理事会向代表大会提出建议,其成员任期均为 4 年。此外,国际田联理事会下设的专门委员会有运动员委员会、兴奋剂检测委员会、发展委员会、财政预算委员会、奖金资助委员会、新闻发布和电视转播委员会等。这些委员会定期向理事会提交报告和提供咨询。国际田联在全世界设有 9 个地区发展中心,其中之一设在中国北京。

国际田联的主要赛事有世界锦标赛、世界青年锦标赛、世界室内锦标赛、世界杯赛、世界越野锦标赛、世界竞走杯赛、世界半程马拉松锦标赛、世界公路接力锦标赛、国际巡回大奖赛和国际越野巡回赛等。此外田径也是 14 个地区综合性运动会的比赛项目。中国田径运动协会于 1978 年加入国际田联。

二、田径运动里程

公元前 3500 年古埃及壁画描绘田径运动的场景。

公元前 776 年第一届古代奥林匹克运动会举行,当时就设有 24 个田径场内赛跑项目,还有竞走、跳高、标枪以及铁饼。

公元前 490 年传说希腊士兵斐里庇第斯从马拉松城跑到雅典城,全场跨度约为 40 公里,为的是报告希腊军队打败了波斯军队的喜讯。当跑到雅典时,斐里庇第斯精疲力竭而死。为了纪念他,后人创立了马拉松跑比赛。

1896 年法国人皮埃尔·德·顾拜旦创立了第一届现代奥林匹克运动会,并确立了田径为奥运会的第一运动。

1964 年全自动电子计时的最小计算单位达到 0.1 秒。

1968 年美国人吉姆·海因斯成为历史上首位 100 米跑进 10 秒大关的运动员。迪克·福斯贝里革命性地创造了跳高的全新姿势"福斯贝里跳"(背越式跳高)。同时国际大赛首次使用了合成塑胶跑道。

1983 年第一届世界田径锦标赛在芬兰首都赫尔辛基举行。

1988 年汉城奥运会上,加拿大短跑名将本·约翰逊在男子 100 米决赛中取得第一名,但是他服用了兴奋剂。

三、田径运动明星人物

(一)帕弗·纳米(芬兰)

帕弗·纳米被誉为"长跑之王"。从 1920 年、1924 年到 1928 年的三届奥运会,纳米在男子中长跑、个人越野跑以及团体项目上共夺得 12 枚奖牌,其中包括 9 枚金牌(创造了奥运会夺金纪录)。

(二)杰西·欧文斯(美国)

杰西·欧文斯是 1936 年柏林奥运会上的英雄人物。他在男子短跑以及跳远总共四个项目上夺得 4 枚金牌,风光无限的欧文斯在本届奥运会上盖过了纳粹领导人希特勒的风头。

(三)卡尔·刘易斯(美国)

卡尔·刘易斯参加了 1984 年、1988 年、1992 年和 1996 年四届奥运会,在男子短跑以及跳远项目上总共夺得 10 枚奖牌,其中包括 9 枚金牌(平奥运会夺金纪录),同时,刘易斯 8 次夺世界冠军并 8 次刷新世界纪录。

(四)刘翔(中国)

2003 年 3 月 16 日英国伯明翰第 9 届国际室内田径锦标赛男子 60 米栏,第 3 名,7 秒 52,打破亚洲室内纪录,成为参加本次比赛唯一获得奖牌的亚洲选手,实现中国男选手在该项赛事 18 年来奖牌"零"的突破。

2004 年 8 月 27 日雅典,刘翔在奥运会男子 110 米栏决赛中取得冠军,12 秒 91,平由英国选手科林·杰克逊 1993 年创造的世界纪录,打破 12 秒 95 的奥运会纪录。这枚金牌是中国男选手在奥运会

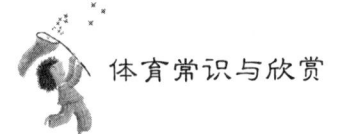 体育常识与欣赏

上夺得的第一枚田径金牌。

2006年7月12日瑞士洛桑田径超级大奖赛上刘翔在男子110米栏比赛中以12秒88夺得冠军，打破尘封13年的12秒91的世界纪录（新的世界纪录是古巴小将罗伯斯的12秒87）。

2007年8月31日在日本大阪世锦赛男子110米栏决赛中以12秒95获得冠军，成为集世界纪录、奥运会冠军、世锦赛冠军于一身的男子110米栏大满贯得主。

四、中国历届奥运会田径运动项目收获

朱建华1984年夺得男子跳高铜牌；

李梅素1988年获得女子铅球铜牌；

陈跃玲1992年夺得女子10公里竞走金牌（44分32秒）；

黄志红1992年获得女子铅球银牌；

李春秀1992年获得女子10公里竞走铜牌；

曲云霞1992年获得女子1 500米铜牌；

王军霞1996年获得女子5 000米跑金牌、10 000米银牌；

隋新梅1996年获得女子铅球银牌；

王 妍1996年获得女子10公里竞走铜牌；

王丽萍2000年获得女子20公里竞走金牌；

刘 翔2004年获得男子110米栏金牌；

邢慧娜2004年获得女子10 000米金牌；

周春秀2008年获得女子马拉松铜牌；

张文秀2008年获得女子链球铜牌。

思考题

1. 简述马拉松运动的起源。

2. 介绍田径明星人物。

第二章

球类运动项目的形成和历史

　　球类是竞技运动的重要一部分,球类运动分两类:非对抗性球类运动和对抗性球类运动。非对抗性球类运动里,选手无法直接阻挠对方得分。对抗性球类游戏里,选手可以设法阻挠对方得分;非对抗性球类游戏的代表是:保龄球、高尔夫球。对抗性球类运动又分三种:① 设法把球送到某处,谁做到了,就得分。② 设法把球送到某处,谁没做到,对方就得分。③ 设法把球弄走,并抓时机攻击对方,成功次数越多得分越多。第一类对抗性球类游戏的代表是:足球、篮球、橄榄球、冰球、曲棍球、水球、桌球。第二类对抗性球类游戏的代表是:排球、乒乓球、网球、羽毛球、壁球。第三类对抗性球类游戏的代表是:棒球、垒球、板球。

第 一 节　足 球 运 动

一、足球运动起源

　　相传足球运动是从英国传入中国的。但国际足协公开确认足球运动起源于中国。早在公元前两千多年我国就已经有了足球游戏。最早的足球是用草或毛制的,叫做"鞠"。从汉代开始,足球改用熟皮制造,内装毛发,又名"蹴"。到了唐代,开始用动物的膀胱放进皮球内作球胆,充气后使用,名为"气趣",它与现代足球已差不多了。早先的球场和现在不一样,球场两个底边各有六个球门,把球踢进去就得一分。到了唐朝双方的球门才由原来的十二个变为两个。欧洲 16 世纪才有纸糊的足球门。1863 年英国成立足协后,在两根顶柱上系一根绳子限制了球门的高度,1891 年以后才改用现在的标准挂网球门。在嵩山的文化古迹里,可以看到女子足球的历史由来。登封现存汉阙三座,其中启母阙系东汉延兴三年(公元 123 年)颖川太守朱宠创建。阙上铭文叙述了夏禹治水的事迹,赞美了启母功绩。阙上雕刻的图案有驯兽、斗鸡、鹤捉鱼、猴逐兔等,还有踢球图。只见图中女子抬起一脚把球高高踢起。另一座汉阙少室阙的图案与启母阙也基本相同,看来,中国不仅是足球的起源国,且那时的女子足球队就很威风了。

二、足球运动历程

　　足球在 1896 年的第一届现代奥运会就被列为正式比赛项目,当时丹麦人以 9∶0 大胜希腊,成为奥运会第一个足球冠军。但是,奥运会足球赛在其发展过程中出现了"职业"选手和"业余"选手之分,而奥运会比赛在当时只允许业余选手参加,因而不少已经有了职业足球俱乐部的国家在选派奥运会国家队时,不能派出自己的最强阵容,因而也就不能如实反映出这些国家足球运动的水平。1928 年奥

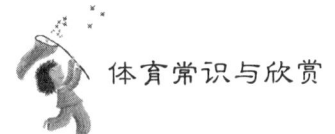

运会,西班牙、奥地利等国拒绝参加,而有的国家则把职业运动员当作业余运动员报名参赛,这样也损害了其他国家的利益。因此,创办一个新的世界性足球比赛的问题迫在眉睫。当然,这个新的比赛必须消除"职业"与"业余"之分,各国可派出最强的选手,决定谁是真正的世界足球冠军。1928年奥运会结束后,国际足联召开代表会议,并通过决议,首届比赛自1930年开始。世界足球锦标赛设金杯一座,用1 800克纯金铸造,杯高130厘米,形状为胜利女神双手托起金杯,因此也叫"女神杯"。1956年国际足联在卢森堡召开代表会议,决定把锦标赛的名称改为"雷米特杯赛"即"大力神杯"这是为了表彰前国际足联主席、法国人雷米特,他在1921年至1954年担任国际足联主席达33年之久,并且是这一大赛的发起者和组织者。后来又有人建议把两个名称联起来,称为"世界足球锦标赛——雷米特杯"。最后在赫尔辛基的代表会议上又一次改名为"世界足球冠军赛——雷米特杯",简称"世界杯"。如今,世界杯赛办得如火如荼,每年都吸引了上亿人关注体育。而且当前喜爱足球的人越来越多,世界杯逐渐成为最受欢迎的竞技运动赛事。

三、足球运动世界组织

国际足球联合会(International Federation of Association Football,FIFA)简称国际足联,由比利时、法国、丹麦、西班牙、瑞典、荷兰和瑞士倡议,于1904年5月21日在法国巴黎成立。现有协会会员204个。

国际足联是国际单项体育联合会总会成员。工作用语为英、法、西班牙和德语,语言冲突时以英语为准。国际足联的任务是:促进足球运动的发展,通过组织各级(业余、非业余、职业)比赛及其他手段发展协会会员,官员和运动员之间的友好往来,贯彻联合会的章程,代表大会决议和比赛规则,禁止种族、政治和宗教信仰歧视。

国际足协由六个地区性足球协会组成,分别是:

亚洲足球联合会—亚洲(AFC)

非洲足球联合会—非洲(CAF)

南美洲足球联合会—南美洲(CONMEBOL)

中北美洲及加勒比海足球联合会—中北美洲及加勒比海地区(CONCACAF)

大洋洲足球联合会—大洋洲(OFC)

欧洲足球联合会—欧洲(UEFA)

四、足球运动明星人物

(一)贝利

贝利1940年10月23日出生于巴西的一个贫寒家庭,是20世纪最伟大的足球明星之一,被尊为"球王"。在足球生涯中共攻进1 281个球,四次代表国家队出战世界杯,三次捧得世界杯(第6、7、9届)。

1980年被欧美20多家报社记者评为20世纪最杰出的运动员之首,1987年6月被授予国际足联金质勋章。1999年被国际奥运委员会选举为"世纪运动员"。

(二)马拉多纳

马拉多纳1960年出生于阿根廷布宜诺利斯费奥里托镇。

1976年代表阿根廷青年人队参加首场顶级联赛。

1979年26场联赛进26球,获最佳射手,作为队长,带领阿根廷夺得了日本世青赛冠军。

1981年作为队长,带领博卡青年队夺得阿根廷联赛冠军。

1985年为那不勒斯队进14球,获意大利联赛季军。

1986年率阿根廷队第二次参加世界杯,在对英格兰队比赛中攻入"世纪之球",首演"上帝之手",最终夺得世界杯冠军,个人独进5球并获最佳运动员;并获得当届世界杯的金球奖。

1987年带领那不勒斯队夺得了球队历史上第一个意甲冠军。

1989年带领那不勒斯首次夺得欧洲级赛事联盟杯冠军。

1990年带领那不勒斯队第二次夺得意大利联赛冠军。

五、足球运动世界杯历届冠军

男子足球世界杯历届冠军：

届次	年 份	冠 军	届次	年 份	冠 军
1	1930	乌拉圭	10	1974	西 德
2	1934	意大利	11	1978	阿根廷
3	1938	意大利	12	1982	意大利
4	1950	乌拉圭	13	1986	阿根廷
5	1954	西 德	14	1990	西 德
6	1958	巴 西	15	1994	巴 西
7	1962	巴 西	16	1998	法 国
8	1966	英格兰	17	2002	巴 西
9	1970	巴 西	18	2006	意大利

女子足球世界杯历届冠军：

届次	年 份	冠 军	届次	年 份	冠 军
1	1991	美 国	3	1999	美 国
2	1995	挪 威	4	2003	德 国

第二节 篮 球

一、篮球运动起源

按正式记载,16世纪阿兹特克人在墨西哥的球类,是篮球的前身。当实心橡皮球投入挂在运动场一边高处的石圈里面,赢队的球员就有资格获得全场观众的衣服;而输队的队长则要被砍头。近代篮球是以投篮为中心的对抗性体育运动之一,1892年1月,由美国马塞诸塞州菲尔德基督教青年会训练学校教师詹姆斯·奈史密斯博士所创。他当时只是为了给国际基督教青年会训练学院的学生们发明一种适合室内进行的运动。最初,他将两个装桃子的篮子,钉在学校健身房楼上看台的两端,以橄榄球作为比赛用具,向篮子内投掷,后来改为铁制的圆圈,挂上线网。再后来剪开网子下口,成为今天篮框的样子。为了完善篮球游戏,他在1892年制定了13条规则,后逐步修改和增加条款,出场人数也逐渐减少,直到规定每队5人,这才成为现代的篮球运动。

二、篮球运动历程

1932年在瑞士成立了国际业余篮球联合会。1936年在第11届奥运会上,男子篮球列为正式比赛项目。除奥运会举行篮球赛外,第1届世界男、女篮球锦标赛分别在1950年、1953年举行,以后每4年举行一次,每2年举行一次各大洲篮球锦标赛。1895年美国各大学开始把它作为一项竞技运动,1898年成立了第一个职业联盟。篮球比赛从1904年圣路易斯奥运会开始成为表演项目,直到1946

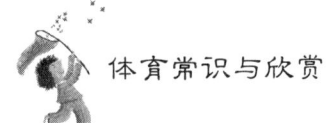

年的柏林奥运会上才成为正式比赛项目。具有讽刺意味的是那年由于缺乏比赛场地,奈史密斯博士为室内比赛而发明的篮球赛被改在室外进行。在那次决赛中,美国队击败加拿大队而夺冠。到 1992 为止,美国已统治奥运会篮球比赛项目达半个世纪之久,期间只在 1972 年有争议地输给了苏联队,1980 年抵制了莫斯科奥运会,1988 年,美国队在汉城奥运会上半决赛负于前苏联,未得到金牌。但从 1992 年这项比赛放开了对职业运动员限制后,谁将夺得男子金牌已经没有悬念,人们考虑的是谁能获得亚军。美国的"梦之队"的确无人能敌,1992 年巴塞罗纳奥运会上,NBA 球星首次参赛并赢得了"梦之队"的美誉。到那次比赛结束时,麦克尔·乔丹、魔术师约翰逊、拉里·伯德和他们的队友的每场得分平均超过对手 40 分以上。2004 年奥运会男子篮球比赛阿根廷击败所有对手获得冠军,2006 年男篮世锦赛中,希腊队以 101∶95 击败美国队晋级决赛。

三、篮球运动世界组织

国际篮球联合会(International Basketball Federation,FIBA)简称国际篮联,是一个国际性的篮球运动组织,由世界各国的篮球协会组成,总部设于瑞士日内瓦。它负责制定国际篮球惯例、制定篮球比赛用的篮球场和篮球规格(例如:篮球框的高度、篮球场的长宽、三分线的距离和比赛用球等)、控制球员的调动、任命可以在国际篮球比赛执法的球证和举办大型篮球比赛。由 1932 年成立至今,共有 213 个会员国家。由 1989 年开始分为 5 个地区委员会,专责处理该地区篮球事务,5 个地区委员会包括:非洲地区委员会、美洲地区委员会、亚洲地区委员会、欧洲地区委员会和大洋洲地区委员会。

国际篮球联合会(FIBA)在 1932 年于瑞士日内瓦成立,刚好在国际奥委会成立的两年后。初期只有 8 名会员,包括:阿根廷、捷克斯洛伐克、希腊、意大利、拉脱维亚、葡萄牙、罗马尼亚和瑞士。国际篮球联合会成功争取到 1936 年于德国柏林和以后举行的奥运会加入篮球这一个项目,进一步推广篮球。FIBA 在 1950 年首次举行世界男子篮球锦标赛,在 1953 年亦首次举行世界女子篮球锦标赛。两项比赛都是 4 年举办一次。在 1989 年,FIBA 准许职业篮球球员参与奥运篮球赛事,例如一些在美国国家篮球协会(NBA)球队效力的美国球员。国际篮联的正式工作用语为法语、英语、西班牙语、德语、俄语。

NBA 和 FIBA 规则的主要区别:

(1) NBA 每场比赛为 48 分钟,分 4 节进行,每节 12 分钟;FIBA 为 40 分钟,分上下半时,每半时为 20 分钟。

(2) NBA 的 3 分线为 6.70 米;FIBA 为 6.25 米。

(3) NBA 球场面积为 90 英尺×50 英尺(27.43 米×15.24 米);FIBA 为 28 米×15 米。

(4) NBA 限制区面积为长方形;FIBA 为梯形。

(5) NBA 每场比赛暂停次数为 7 次;FIBA 为 4 次。决胜期暂停数 NBA 为 3 次;FIBA 为 1 次。

(6) NBA 为场上队员请求暂停;FIBA 则为教练。

(7) NBA 暂停时间每次为 1 分 40 秒;FIBA 为 1 分钟。

(8) NBA 在上半场(前两节)和下半场(后两节)各有一次 20 秒的电视暂停(广告);FIBA 无。

(9) NBA 每次进攻时间为 24 秒;FIBA 为 30 秒。

(10) NBA 个人限犯规次数为 6 次;FIBA 为 5 次。

(11) NBA 罚球时间为 10 秒;FIBA 为 5 秒。

(12) NBA 临场裁判人数为 3 人;FIBA 为 2 人。

(13) NBA 无紧逼防守下的 5 秒违例;FIBA 有。

(14) 每场比赛超过犯规次数的罚球,NBA 为球队第 5 次犯规或每半场最后两分钟犯规;FIBA 为每半场球队第 8 次犯规。

四、篮球运动明星球员

(一)迈克·乔丹

迈克尔·乔丹的声望从打 NCAA(全美大学篮球联赛)时就建立了。1982 年,在他仅 19 岁时,就代表北卡罗纳大学参加了 NCAA 决赛。他使北卡大学成功地捧走了冠军奖杯,同时也使美国人都认识了这个小伙子。1984 年,乔丹被芝加哥公牛队选中。1990 年成熟的乔丹开始带领公牛队进入"公牛王朝"。1990~1991 赛季,乔丹连夺常规赛 MVP(最有价值球员)和总决赛 MVP 称号,并率领芝加哥公牛队首次夺得 NBA 总冠军。之后乔丹连续两年率领公牛队夺得了 NBA 的总冠军,他个人也成为 NBA 历史上首位连续 3 年当选总决赛 MVP 的球员,此时的乔丹已站在了世界之巅。之后乔丹宣布退役。1995 年 3 月迈克尔·乔丹重返赛场。复出之后的乔丹迅速恢复了状态,在 1996 年,他率领芝加哥公牛队第 4 次夺得了总冠军,同时芝加哥公牛队以 70 胜 12 负的战绩刷新了 NBA 的历史纪录,而乔丹本人则第 8 次获得分王称号,并且将常规赛 MVP、全明星赛 MVP、总决赛 MVP 全部囊括怀中。

1998 年,在总决赛的最后一刻,在比赛还剩下 5.2 秒时公牛队落后一分的时候,乔丹从后场断球,摆脱防守,投篮命中,公牛队第二次夺得三连冠,他们在 8 年内获得了 6 次冠军,这也是 NBA 历史上绝无仅有的,乔丹再次证明了他仍然是篮球场上最出色的选手。

(二)姚明

1997 年,获亚洲青年男子篮球锦标赛冠军。1998 年 4 月,入选王非执教的国家队。1999 年 8 至 9 月,参加在日本举行的亚洲男子篮球锦标赛,与全队配合重新夺回亚洲男篮锦标赛冠军宝座。2000 年 2 月,入选 1999 年亚洲全明星队。2002 年 6 月,成为 NBA 历史上第一位外籍状元秀。2003 年 10 月 1 日率领中国男篮拿到亚锦赛冠军,同时获得雅典奥运会入场券。2004 年 2 月 22 日对阵老鹰队获得职业生涯单场得分最高 41 分。2009 年 7 月成为 CBA 上海玛吉斯队老板。

五、篮球运动奥运会历届冠军

男子:

届次	年　份	冠　军	届次	年　份	冠　军
11	1936	美　国	22	1980	南斯拉夫
14	1948	美　国	23	1984	美　国
15	1952	美　国	24	1988	苏　联
16	1956	美　国	25	1992	美　国
17	1960	美　国	26	1996	美　国
18	1964	美　国	27	2000	美　国
19	1968	美　国	28	2004	阿根廷
20	1972	苏　联	29	2008	美　国
21	1976	美　国			

女子:

届次	年　份	冠　军	届次	年　份	冠　军
21	1976	苏　联	26	1996	美　国
22	1980	苏　联	27	2000	美　国
23	1984	美　国	28	2004	美　国
24	1988	美　国	29	2008	美　国
25	1992	独联体			

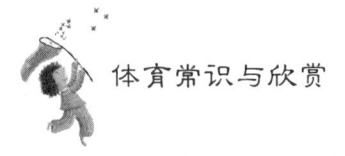

第三节 排 球

一、排球运动起源

1895 年,美国马塞诸塞州霍利奥克城,刚刚迈出大学校门才一年的春田学院毕业生摩根,担当起了霍利奥克城基督教青年会体育干事的工作。在工作中他发现,篮球运动对常坐办公室的人和年龄较大的人来说过于剧烈了,他们不愿在球场上上气不接下气地奔跑、冲撞,他们需要一项新的运动来满足他们既要活动出点儿汗,又要得到身心放松而不太累的需要。威廉·G·摩根没有辜负人们和老师的希望,他根据人们的这一需要,在体育馆内挂上网球网子,用篮球胆在球网上空来回打。打法上采用网球和手球的一些技术,规则类似棒球,由 9 局组成,连胜 3 分为 1 局,双方上场人数不限,但须对等。摩根给这种运动形式取了一个颇为有趣的名字"Mintonette",意即"小网子"。

二、排球运动历程

1896 年,美国马塞诸塞州斯普林菲尔德基督教青年会体育指导大会在霍利奥克城举行。将排球由"小网子"改为"Volleyball","空中飞球"之意。这一提议形象地概括了排球运动的性质,得到与会者一致同意。但球胆又太轻,难以控制方向。摩根找到当时美国较大的斯伯丁体育用品公司,要求他们设计一种用软牛皮包制的球,既不伤手指,又不会一打就跑。就这样,斯伯丁公司按摩根的设计要求做出了第一批排球。球重 255～340 克,圆周 63.5～68.6 厘米,橡皮球胆外面包皮套或帆布套,制成了类似现在的排球。

排球传入亚洲较早。通过基督教青年会的传播,1900 年,排球传入印度、1905 年传入中国、1908 年传入日本、1910 年传入菲律宾。当排球传入亚洲时,规则尚处于不完备的阶段。当 1910 年美国传教士布朗将排球运动介绍到菲律宾时,看到亚洲各国经常在室外进行排球运动,且参与的人很多,考虑到让更多的人能同时参加排球运动,他介绍的是 16 人换发球制的排球。这种 16 人排球又随着 1913 年第一届远东运动会的采用而传播到了亚洲各国。这样,亚洲各国都经历了 16 人、12 人、9 人排球这一过程,直到 50 年代才引进 6 人排球。至今,在亚洲各国还能看到 9 人的排球比赛。

随着基督教青年会的活动,排球在 20 世纪初进入了美洲一些国家。1900 年,加拿大成为第一个在美国之外开展排球活动的国家。接着排球就传入了南美各国。1905 年传入古巴,1909 年传入波多黎各,1912 年传入乌拉圭,1917 年传入巴西。

在我国,排球运动的历史可以追溯到 20 世纪初。作为文化教育的体育,伴随着帝国主义的文化传入我国,美国传教士在传教布道之时把排球队带了进来。1905 年,排球活动首先在广州南武中学和香港皇仁书院盛行,后来主要通过基督教青年会体育部、留学生。外籍人士等以教学、游戏、训练班及表演等方式传播,排球运动逐步在我国部分城市的一些学校中开展起来。人们根据 Volleyball 的译音,把空中飞球称为"华利波"。就这样,"华利波"在中国大地上出现了。

1913 年 5 月,第一届远东运动会在菲律宾首都马尼拉举行。大会原来没有设立排球项目,增设这项锦标是东道主为了多拿金牌在赛前临时决定的。到了开幕那一天,只有菲律宾一国报名,于是怂恿中国参加。当时任中国队总领队的美国人同意了菲律宾的请求,从田径、足球队中临时选人,匆忙上阵,头顶脚踢,结果以 0：2 输掉比赛。这便是我国参加最早的国际排球赛了。

三、排球运动世界组织

国际排球联合会(International Volleyball Federation, FIVB)简称国际排联。1947年根据法国排协倡议在巴黎成立。创办国还有比利时、巴西、意大利、黎巴嫩、波兰、土耳其、捷克斯洛伐克。现在共有218个协会会员,分属欧洲、亚洲、非洲、中北美和加勒比地区、南美5个洲级排球联合会。

四、排球运动明星人物

郎平1960年12月10日出生于天津。

1978年与队友合作,获第8届亚洲运动会女排比赛亚军。

1979年与队友合作,获第2届亚洲排球锦标赛冠军。

1981年参加在日本举行的第3届世界杯女排赛,与队友合作,获冠军。这是中国女子排球队第一次获世界冠军,也是中国三大球运动中第一次获世界冠军,个人获"优秀运动员奖"。

1982年参加在秘鲁举行的第9届世界女子排球锦标赛,与队友合作获冠军。

1982年与队友合作,获第9届亚洲运动会女排比赛冠军。

1983年在世界超级女排赛上获得冠军。

1984年参加在美国洛杉矶举行的第23届奥运会女子排球赛,与队友合作获冠军。

1985年获上海"新民晚报杯"国际邀请赛、"海鸥杯"国际女排邀请赛、第4届世界杯女排赛冠军,并获"优秀运动员奖"和"最佳运动员奖"。

1985年在第4届世界杯女排赛上被评为最佳运动员,荣获国际奥委会纪念1985年国际青年奖牌。

2002年以全票入选排球名人堂,成为亚洲排球运动员中迄今获此殊荣的第一人。

五、排球运动奥运会历届冠军

男子:

届次	年 份	冠 军	届次	年 份	冠 军
18	1964	苏 联	24	1988	美 国
19	1968	苏 联	25	1992	巴 西
20	1972	日 本	26	1996	荷 兰
21	1976	波 兰	27	2000	南斯拉夫
22	1980	苏 联	28	2004	巴 西
23	1984	美 国	29	2008	美 国

女子:

届次	年 份	冠 军	届次	年 份	冠 军
18	1964	日 本	24	1988	苏 联
19	1968	苏 联	25	1992	古 巴
20	1972	苏 联	26	1996	古 巴
21	1976	日 本	27	2000	古 巴
22	1980	苏 联	28	2004	希 腊
23	1984	中 国	29	2008	巴 西

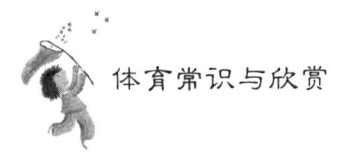

第四节 乒乓球

一、乒乓球运动起源

乒乓球运动的产生纯属偶然,是因两个英国青年玩耍引起的。19 世纪末,一天伦敦两个青年人到一家饭馆去吃饭。在等待侍者送饭时,他们感到无聊,便信手将装雪茄的盒盖拿在手中玩,同时又将酒瓶上的软木塞也拔了下来,两人在餐桌上你来我往,相互打过来打过去,结果,他俩玩得竟入了迷,连吃饭都顾不上了。由此,这项餐桌上的游戏,很快就演变发展成乒乓球赛,并席卷伦敦,一时形成了一股乒乓球热。为了纪念发明国,1926 年,第一届世界乒乓球锦标赛在伦敦举行。由于用拍击球和球碰桌面时发出的是"乒乓"的声音,所以"乒乓"的名字也就由此产生了。最初乒乓球是一种宫廷游戏,是欧洲贵族间的一种娱乐活动,后来逐渐流入民间。

二、乒乓球运动历程

1900 年左右,由于轻工业的发展,球才改成用赛璐珞制成的空心球。此后,乒乓球运动便逐步发展起来。第一次大型乒乓球比赛于 1900 年 12 月在英国伦敦举行,参加比赛的有 300 多人。比赛时,男运动员要穿上浆领子的衬衣和坎肩,女运动员要穿裙子甚至还要戴帽子。

1926 年,国际乒乓球联合会正式成立,并决定举行第一届世界乒乓球锦标赛。50 多年来,乒乓球运动的发展大约经历了三个阶段。初期,运动员使用的球拍形状各异,均为木制,击球速度慢。力量小,谈不上什么旋转;打法也单调,只是把球推来推去。1903 年,英国人古德发明了胶皮球拍,大大促进了乒乓球技术的发展。1926～1951 年,世界各国选手大都使用表面有圆柱形颗粒的胶皮拍。击球时增加了弹性和对球的摩擦,因而出现了削下旋球的防守型打法。这一打法在欧洲流行长久,不少运动员采用这种打法获得了世界冠军。这一时期乒乓球运动的优势在欧洲,其中匈牙利队成绩最突出。50 年代初,奥地利人发明了海绵球拍,日本运动员道德在世界比赛中使用,并一举取得第 19 届世界锦标赛的四项冠军,打破了欧洲运动员的垄断地位。由于日本运动员利用这种球拍创造的远台长抽进攻型打法,具有正手攻球力量大、速度快、发球抢攻威胁大等优点,因而速度慢、旋转弱、攻击力不强的欧洲防守型打法被逐渐取代,使日本夺得了 50 年代乒乓球运动的优势,1952～1959 年,在 49 项次世界冠军中,日本队夺得 24 次项次,占 47%。这是乒乓球运动水平的第一次大提高。1959 年,容国团获得了第 25 届世界乒乓球锦标赛男子单打冠军后,中国运动员开始登上了国际乒坛,逐渐形成了以"快、准、狠、变"为技术风格的直拍近台快攻打法。在 1961 年第 26 届世界锦标赛中,中国队既过了欧洲关,又战胜了"弧圈球"打法的日本选手,第一次夺得了男子团体世界冠军。并连续获得第 27、28 届男子团体冠军。中国近台快攻的优点是站位近,速度快,动作灵活,正反手运用自如,比日本远台长抽打法又大大前进了一步。60 年代,中国乒乓球技术水平位于世界前列,乒乓球运动的优势由日本转移到中国。这是乒乓球运动水平的第二次大提高。在日本、中国乒乓球运动发展的同时,欧洲运动员从失败中总结经验教训,经过近 20 年的努力,终于取日本弧圈球技术和中国近台快攻打法之长,创造出适合于他们的先进打法,即以弧圈球为主结合快攻的打法。代表人物是匈牙利的克兰帕尔和约尼尔。以快攻为主结合弧圈球的打法,是以正反手快攻为主要技术,用反手快拨快攻力争主动,以正手拉弧圈球寻找机会扣杀为得分手段。代表人物是瑞典的本格森、捷克的奥洛夫斯基等。这两种打法的特点是速度快,能拉能打,低拉高打,回旋余地较大。这是乒乓球运动水平的第三次大提高。

70 年代以来,由于国际交往和学习研究的加强,各种打法互取长短,使乒乓球技术得到了更快的发展和提高。比如,我国近台快攻、直拍快攻结合弧圈球、横拍快攻结合弧圈球等打法和技术,均有所发展和创新,在国际比赛中取得了优良的成绩。现在,乒乓球已发展成为各国人民喜爱的运动项目之一。国际乒乓球联合会拥有 127 个会员协会,是世界上较大的体育组织之一。由国际乒联和各大洲乒联举办的世界锦标赛、世界杯赛、洲际比赛及各种规模和形式的国际比赛不胜枚举。1982 年,国际奥委会关于从 1988 年起把乒乓球列为奥运会正式比赛项目的决定,必将激起世界各国对乒乓球运动的进一步重视,推动乒乓球运动更快地发展。

三、乒乓球运动世界组织

国际乒乓球联合会(International Table Tennis Federation,ITTF)简称国际乒联,成立于 1926 年,并于同年 12 月举办了第一届世界乒乓球锦标赛。目前,国际乒联拥有的会员协会为 204 个,分属国际乒联承认的欧洲乒联、亚洲乒联、非洲乒联和南美洲乒联。国际乒联的宗旨是制定乒乓球规则,推动乒乓球运动的发展,以及监督世界级和奥运会级的比赛。

国际乒联是国际单项体育联合会总会成员。1988 年乒乓球被列为奥运会比赛项目;设男、女单打和男、女双打 4 个小项。

四、乒乓球运动明星人物

(一)瓦尔德内尔

瓦尔德内尔 1965 年 10 月 3 日出生在瑞典斯德哥尔摩。父亲是印刷厂的一名印刷工,母亲是商店店员,平常的家境造就了瓦尔德内尔不服输的心态。6 岁,瓦尔德内尔开始和哥哥一起学打乒乓球。12 岁,他获得了第一个冠军。

1989 年第 39 届世乒赛男单冠军;

1990 年世界杯男单冠军;

1991 年第 40 届世乒赛男团冠军、男单亚军;

1992 年第 25 届奥运会男单冠军;

1993 年第 41 届世乒赛男团冠军、男单四强;

1997 年第 43 届世乒赛男单冠军,卡塔尔、日本公开赛男单冠军;

2000 年第 27 届奥运会男单亚军,第 45 届世乒赛男团冠军。

他是唯一同时获得奥运会金牌、世乒赛冠军和欧洲锦标赛冠军的男子选手。

(二)邓亚萍

邓亚萍 1973 年 2 月 6 日出生于中国河南省郑州市。她 5 岁起就随父亲学打球,1988 年进入国家队,先后获得 14 次世界冠军头衔;在乒坛世界排名连续 8 年保持第一,成为唯一蝉联奥运会乒乓球金牌的运动员,并获得 4 枚奥运会金牌。

1989 世乒赛女双冠军;

1990 年世界杯团体赛冠军;

1991 世乒赛女单冠军,女团、女双亚军,世界杯团体赛冠军;

1992 年世界杯双打赛冠军;

1993 世乒赛女双亚军、女团冠军;

1992 年第 24 届奥运会女单、女双冠军;

1995 世乒赛女单、女双、女团冠军,混双亚军,世界杯团体赛冠军;

1996 年第 25 届奥运会女单、女双冠军,国际乒联总决赛女单、女双冠军,世界杯女单冠军;

1997 世乒赛女单、女双、女团冠军,混双亚军。

邓亚萍是至今为止夺取世界乒乓球冠军次数最多的女选手,是名副其实的世界乒坛皇后。

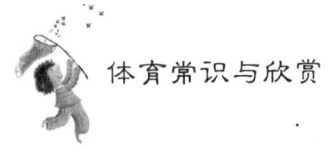

五、乒乓球运动单打奥运会历届冠军

男子:

届次	年 份	冠 军	届次	年 份	冠 军
24	1988	韩国 刘南奎	27	2000	中国 孔令辉
25	1992	瑞典 瓦尔德内尔	28	2004	韩国 柳承敏
26	1996	中国 刘国梁	29	2008	中国 马 琳

女子:

届次	年 份	冠 军	届次	年 份	冠 军
24	1988	中国 陈 静	27	2000	中国 王 楠
25	1992	中国 邓亚萍	28	2004	中国 张怡宁
26	1996	中国 邓亚萍	29	2008	中国 张怡宁

第五节 羽 毛 球

一、羽毛球运动起源

羽毛球运动的雏形,出现在 19 世纪中叶。当时印度的浦那城里,有一种类似羽毛球的游戏开展得十分普遍,它用圆形硬纸板或以绒线编织成球形插上羽毛,练习者手持木拍,将球抛在空中击打。

这项活动在英国驻印度军队里开展得尤其活跃。根据考证,类似羽毛球活动的板羽球游戏在中国古代也早就有了。

现代羽毛球运动起源于 1873 年。那年在英国伯明顿镇,有一位鲍费特公爵,在他的庄园组织了一次游艺活动,由于天公不作美,户外活动只能改在室内进行。应邀来宾中有好几位是英国驻印度的退役军人,他们建议进行"羽毛球"游戏。当时室内场地呈葫芦状,他们在场地中间拉了一根绳子代替球网,每局比赛只能有两人参加,有一定的分数限制,大家打得非常热闹。于是,羽毛球作为一种高雅的娱乐性活动迅速传遍英国,伯明顿 (badminton)这个小镇也因成为羽毛球的英文名字而闻名世界。

二、羽毛球运动历程

1875 年,世界上第一部羽毛球比赛规则出现于印度的普那。3 年后,英国又指定了更趋完善和统一的规则,当时规则的不少内容至今仍无太大的改变。1893 年,世界上最早的羽毛球协会——英国羽毛球协会成立,并于 1899 年举办了全英羽毛球锦标赛。1934 年,由加拿大、丹麦、英国、法国、爱尔兰、荷兰、新西兰、苏格兰和威尔士等国发起了国际羽毛球联合会,总部设在伦敦。从此,羽毛球国际比赛日渐增多。1934～1947 年,丹麦、美国、英国、加拿大等欧美选手称雄于国际羽坛。在 1948～1949 年举行的首届世界男子羽毛球团体锦标赛"汤姆斯杯"赛中,马来亚队荣获冠军,从而开辟了亚洲人称雄国际羽坛的时代。在 1948~1979 年间的 11 届汤姆斯杯赛中,印度尼西亚队夺得 7 次冠军,马来西亚队夺得 4 次冠军。60 年代前期,中国队后来居上,1963 年、1964 年两度打败世界冠军印尼队,1965 年又全胜北欧诸强,被誉为"无冕之王"(因当时我国未加入国际羽联,不能参加世界性锦标赛)。世界女子羽毛球团体锦标赛——"尤伯杯"于 1956 年开始举行,前 3 届冠军均被美国人夺得。从 60 年代后期起,优势转移到了亚洲,日本和印尼队包揽了历届比赛的冠亚军。70 年代以来,男子羽毛球技术处于领先地位的是印尼队和中国队。1982 年中国队首次参加汤姆斯杯赛就荣获冠军。中国队的技术受到了世界羽坛的普遍赞扬。70 年代后期,日本、韩国、巴基斯坦、泰国、马来西亚等国家和地区的羽毛球技术也有了长足的进步,在国际比赛中取得了较好的成绩。欧洲的丹麦、英国、瑞典等国在发挥原有特点的基础上,广泛吸取了亚洲人的技术和经验,技术水平稳步提高,至今仍不失为羽坛劲旅。女子方面,可以说是中国、印尼、日本三强鼎立。1982 年中国队首次参加全英锦标赛,即获得了女子单打冠亚军和双打冠军。到了 80 年代后期,马来西亚队和韩国队有了长足的进步,多次获得国际羽毛球大赛的男子团体冠军和双打冠军。女子方面,中国和印尼继续保持领先,韩国女队迎头赶上,是近年来中国队和印尼队的主要对手。

三、羽毛球运动世界组织

国际羽毛球联合会(International Badminton Federation,IBF)简称国际羽联,1934 年由加拿大、丹麦、英格兰、法国、爱尔兰、荷兰、新西兰、苏格兰和威尔士等发起成立,现有 147 个协会会员,现任主席是泰国人达巴兰西,正式工作用语为英语。

国际羽联的任务是:普及和发展世界羽毛球运动,加强各国羽毛球协会之间的联系,举办奥运会、世界锦标赛、世界杯赛和其他国际比赛。

羽毛球在 1996 年亚特兰大奥运会上被列为正式比赛项目。国际羽联是国际单项体育联合会总会的成员。国际羽联的最高权力机构是代表大会,每年召开一次。大会的任务是:吸收新会员,审议会员提出的有关修改章程和规则的建议,选举领导机构和专门委员会,听取主席和秘书长的总结报告。代表大会闭会期间,由理事会负责各项工作,理事会由不超过 7 人的官员(主席、前任主席、下任主席、若干副主席)、5 个大洲联合会代表和 12 个委员组成。国际羽联下设非洲、亚洲、欧洲、美洲和大洋洲 5 个地区联合会。

国际羽联举办的主要赛事有:汤姆斯杯赛(男子)从 1949 年起每 3 年举行一届,从 1982 年起改为每两年一届;尤伯杯赛(女子)从 1956 年起每 3 年举行一届,从 1982 年起改为每两年一届;世界羽毛球锦标赛,1977 年开始举行;奥运会羽毛球赛、汤姆斯杯和尤伯杯都要求先按地区进行预选赛,优胜者参加决赛阶段的比赛。

四、羽毛球运动明星人物

(一)林丹

林丹 1983 年 10 月 14 日出生于福建龙岩上杭,客家人。林丹 5 岁开始练习羽毛球,自 2004 年至 2008 年,林丹在羽联超级系列赛和各项国际大赛中获得大量冠军,长时间占据男单世界排名第一的宝座,曾被称为"超级丹"。

2006 年、2007 年、2008 年、2009 年连续 4 年获得世界羽联颁发的"年度最佳运动员"奖。

2000 年亚洲青年锦标赛男团、男单冠军,世青赛男团冠军,男单第 4 名。

2001 年荷兰、德国青年公开赛男单冠军,九运会男单亚军,亚洲锦标赛男团冠军、男单亚军,丹麦公开赛男单亚军。

2002 年全英公开赛男单第三名,韩国公开赛男单冠军。

2003 年日本公开赛男单亚军,新加坡公开赛四强,丹麦、德国、中国香港、中国公开赛冠军。

2004 年汤姆斯杯冠军。

2005 年第 9 届苏迪曼杯冠军。

2005 年中国大师、香港、日本、德国公开赛冠军。

2006 年汤姆斯杯冠军。

2006 年西班牙世界羽毛球锦标赛男单冠军。

2006 年日本公开赛男单冠军、全英、中国台北、中国香港、中国澳门、日本公开赛男单冠军,马来西亚公开赛男单亚军,益阳世界杯冠军,多哈亚运会男团冠军,中国公开赛、中国大师赛、德国公开赛男单四强。

2007 年全英羽毛球公开赛男单冠军。

2007 年韩国超级赛,中国羽毛球大师赛,丹麦超级赛男单冠军。

2007 年第 10 届苏迪曼杯冠军。

2007 年马来西亚世界羽毛球锦标赛男单冠军。

2007 年香港羽毛球公开赛冠军。

2008 年瑞士羽毛球公开赛男单冠军。

2008 年汤姆斯杯冠军。

2008 年北京奥运会男单冠军。

2008 年中国羽毛球公开赛男单冠军。

2009 年全英公开赛男单冠军,中国羽毛球大师赛男单冠军。

(二)陶菲克

陶菲克 1981 年 8 月 10 日出生于印度尼西亚,1996 年陶菲克被一个伯乐慧眼识中,此后不久便闯入国际羽坛。1999 年赢得亚洲青年锦标赛冠军,同年仅 17 岁的陶菲克便在全英羽毛球公开赛决赛中显示出了他不俗的才能。虽然决赛中陶菲克以败于世界头号选手丹麦的皮特·盖德拍下,但比赛打得异常艰苦,同时这场比赛陶菲克被世人瞩目。

陶菲克被认为是当今羽坛男子单打项目中的天才选手,他技术全面、在场上充满了创造力和想象力,网前的小球技术及反手技术更是出神入化。他是世界羽坛男单运动员中第一位也是迄今为止唯一的一位集奥运会、亚运会、世锦赛、汤姆斯杯冠军于一身的大满贯球员,也是印度尼西亚公开赛六冠王得主。

1999 年印度尼西亚公开赛男单冠军;亚青赛男单冠军;新加坡公开赛男单亚军;全英公开赛男单亚军。

2000 年印度尼西亚公开赛男单冠军;马来西亚公开赛男单冠军;全英公开赛男单亚军。

2001 年新加坡公开赛男单冠军。

2002 年印度尼西亚公开赛男单冠军;中国台北公开赛男单冠军;亚锦赛男单亚军;中国广州第 22 届汤姆斯杯冠军队成员;2000 年马来西亚吉隆坡第 21 届汤姆斯杯冠军队成员。

2003 年印度尼西亚公开赛男单冠军。

2004 年雅典奥运会男单冠军;印度尼西亚公开赛男单冠军;亚锦赛男单冠军。

2005 年新加坡公开赛男单冠军。

2006 年印度尼西亚公开赛男单冠军;日本公开赛男单亚军。

2007 年亚锦赛男单冠军;日本公开赛男单亚军;中国台北公开赛男单亚军;澳门公开赛男单亚军。

五、羽毛球汤姆斯杯、尤伯杯历届冠军

汤姆斯杯历届冠军:

届次	年　份	冠　军	届次	年　份	冠　军
1	1948～1949	马来西亚	14	1986	中　国
2	1951～1952	马来西亚	15	1988	中　国
3	1954～1955	马来西亚	16	1990	中　国
4	1957～1958	印度尼西亚	17	1992	马来西亚
5	1960～1961	印度尼西亚	18	1994	印度尼西亚
6	1963～1964	印度尼西亚	19	1996	印度尼西亚
7	1966～1967	马来西亚	20	1998	印度尼西亚
8	1969～1970	印度尼西亚	21	2000	印度尼西亚
9	1972～1973	印度尼西亚	22	2001～2002	印度尼西亚
10	1975～1976	印度尼西亚	23	2004	中　国
11	1978～1979	印度尼西亚	24	2006	中　国
12	1981～1982	中　国	25	2008	中　国
13	1984	印度尼西亚			

尤伯杯历届冠军：

届次	年　份	冠　军	届次	年　份	冠　军
1	1956～1957	美　国	12	1988	中　国
2	1959～1960	美　国	13	1990	中　国
3	1962～1963	美　国	14	1992	中　国
4	1965～1966	日　本	15	1994	印度尼西亚
5	1968～1969	日　本	16	1996	印度尼西亚
6	1971～1972	日　本	17	1998	中　国
7	1974～1975	印度尼西亚	18	2000	中　国
8	1977～1978	日　本	19	2001～2002	中　国
9	1980～1981	日　本	20	2004	中　国
10	1984	中　国	21	2006	中　国
11	1986	中　国	22	2008	中　国

第六节　网　　球

一、网球运动起源

古老的国家都曾有过类似网球的游戏,有的是一人对墙用手打,有的是二人对打。网球运动的起源及演变可以用四句话来概括:网球孕育在法国,诞生在英国,开始普及和形成高潮在美国,现盛行全世界。

网球运动起源于法国。早在12～13世纪,法国的传教士常常在教堂的走廊里,用手掌击打一种类似小球的物体,以此来调剂刻板的教堂生活。渐渐地这种活动传入法国宫廷,并很快成为当时贵族

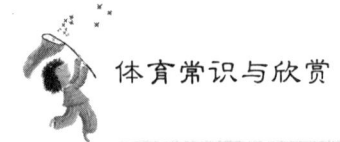

的一种娱乐游戏。开始时场地中间架起一条绳子为界，利用两手作球拍，把球从绳上打过来打回去。今天网球（Tennis）一语即来源于此。不久，木板的球拍被用来代替两手拍球。开始，他们是在室内进行这种游戏，后来移向室外，在一块开阔的空地上，将一条绳子架在中间，两边各站一人，双方用手来回击打一种裹着头发的布球。

二、网球运动历程

14 世纪中叶，法国王储将这种游戏使用的球赠送英皇亨利五世，于是这种游戏便传入英国。这种球的表面使用埃及坦尼斯镇所产的最为著名的绒布——斜纹法兰绒制作的，英国人将这种球称为"Tennis"（网球），并流传下来，直到现在，我们使用的球还保留着一层柔软的绒面。15 世纪，这种游戏由用手掌击球改为用拍板打球，并很快出现了一种用羊皮制作拍面的椭圆形球拍。同时，场地中央的绳子也改为了网子。16～17 世纪是这种活动的兴旺时期，逐渐形成了一种比赛。在这之前，由于这种活动只是在法国和英国的宫廷中流行，所以网球运动又成为"宫廷网球"和"皇家网球"。1873 年，英国的温菲尔德少校更新了早期网球的打法，并将场地移向草坪地，同年出版了《草地网球》一书，提出了一套接近于现代网球的打法。1874 年，又规定了球网的大小和高低，在英国创办了简易的草地网球比赛。至此，现代网球正式形成，并很快在欧美盛行起来，成为一项深受欢迎的球类运动。随着网球运动的发展，在器材和场地设置等方面也在不断地发展变化。网球拍由笨头笨脑的木质拍，发展到制作精细的圆头拍。此外在重量、材料、质量、形状等方面都有很大的变化。球由原来的小布球，发展到胶皮球、橡皮球。

1896 年在雅典举行的第一届奥运会上，网球的男子单打与双打被列为正式比赛项目。后来，由于国际奥运会和国际网球联合会在"业余运动员"的定义上有分歧，已经连续七届奥运会都进行的网球比赛被取消，直到 1984 年的洛杉矶奥运上，网球被列为表演项目，1988 年的汉城奥运上，网球重又被列为正式比赛项目。

三、网球运动世界组织

（一）国际网球联合会

国际网球联合会（International Tennis Federation，ITF）简称国际网联。ITF 是最早的国际网球组织，成立于 1913 年 3 月 1 日。国际网联是世界网球组织的最高权力机构，其职责是：负责有关网球比赛的一切事务；负责制定网球规则；为发展中国家的网球教练开设培训班；推进各国网球协会搞好本地区网球运动的普及；提高人们对网球的兴趣，吸纳更多的人参与网球运动，促进世界网球运动的发展。

（二）世界男子职业网球协会

世界男子职业网球协会（Association Tennis Professionals，ATP）成立于 1972 年，是世界男子职业网球运动员的"自治机构"。其任务是协调职业运动员和赛事之间的伙伴关系，并负责组织和管理职业选手的积分排名、奖金分配，以及制定比赛和给予或取消选手的参赛资格等工作。

（三）国际女子职业网球协会

世界女子职业网球协会（Women's Tennis Association，WTA）成立于 1973 年，它是世界女子职业网球选手的"自治组织"，其主要任务是组织由职业选手参加的各种比赛。WTA 负责的比赛有：WTA 的年终总决赛、各项公开赛、巡回赛等，如意大利公开赛、德国汉堡公开赛、法国斯特拉斯堡公开赛等全年 60 个左右的赛事。WTA 管理职业选手的积分、排名、奖金分配，负责协调与赞助商、赛事主办者之间的关系等与选手有关的一切事务。WTA 年终排名，由在美国纽约举行的 WTA 世界锦标赛最终确定,世界上只有 16 位选手有资格参加。

四、网球运动明星人物

（一）桑普拉斯

桑普拉斯 1971 年 8 月 12 日出生于美国。桑普拉斯是世界网坛传奇人物,也是 20 世纪 90 年代男子网坛天王级人物。1990 年,他在费城和曼彻斯特夺得第一个 ATP 冠军头衔。19 岁那年,他在美网击败伦德尔、麦肯罗和阿加西,成为最年轻的美网男单冠军,那年他的世界排名达到第五位。1993 年,桑普拉斯又一次在美网夺冠,并登上了温布尔登网球公开赛冠军的宝座,后来连续两年卫冕成功,成为博格之后的第一位温布尔顿锦标赛"三连冠"得主。

桑普拉斯拿了 14 个大满贯单打冠军。1994 年和 1997 年两次夺得澳网冠军;匪夷所思地 7 次捧起温网金杯以及美网的 5 次封王。这个记录直到 2009 年 7 月 5 日才被网坛新一代传奇费德勒打破（16 个大满贯单打冠军）。

自从 1993 年以来,除 1996 年在四分之一决赛中被淘汰外,他夺取了另外所有年度温布尔登公开赛的冠军,直至退役。

桑普拉斯是希腊移民的后裔,对他成长影响最深的是他的启蒙教练菲舍尔,桑普拉斯正统的全能型打法正是菲舍尔当初意图的完美体现。桑普拉斯是世界公认技术最全面的选手之一。发球、正手攻击和上网截击是他得分的三大法宝。他的发球技术出众,能用一样准备动作及抛球动作发出平击、侧旋球及美式强烈旋转球,发球球速能达时速 200 公里。他的正、反手击球及上网截击都很出色,使对手难以找到击败他的弱点。而且,他能适应不同材质的网球场,使他在大满贯赛事中连连夺冠,共 14 次获得大满贯赛事的冠军(1990 年、1993 年、1995 年、1996 年以及 2002 年获得美网冠军,1993 年、1994 年、1995 年、1997 年、1998 年、1999 年以及 2000 年获得温网冠军,1994 年和 1997 年获得澳网冠军)。从 1993 年至 1998 年连续 102 周在世界排名第一,职业生涯共夺得过 60 个冠军,是名副其实的网球皇帝。

（二）费德勒

费德勒 1981 年 8 月 8 日出生于瑞士。费德勒作为瑞士新一代球员的领军人物,19 岁时就被很多网坛前辈看好有能力在世界男子网坛做出一番惊天动地的成绩出来,甚至还被球迷冠以"桑普拉斯"接班人的称号。毫无疑问,这个瑞士人已经在当今的网球世界中拥有了至尊地位。自 2003 年温网以来,他已经获得了 16 个大满贯冠军,并四度在年终大师杯里夺冠,更为重要的是,他曾在积分榜上比第 2 名纳达尔多出将近 2 500 分,其球王地位无可撼动。

2004 年是这位 23 岁的网球天才个人职业生涯成绩最好的一个赛季,以 10 项冠军头衔,其中包括三项大满贯和三项大师系列赛的桂冠,在男子职业网坛中傲视群雄。

2005 年,费德勒的战绩是 81 胜 4 负,这个成绩也是仅次于麦肯罗单赛季创造的 82 胜 3 负的成绩。这一年费德勒拿到了 11 个单打冠军头衔,其中有两个大满贯冠军,四个大师系列赛冠军,成绩十分骄人,这一成绩也让他连续两年成为世界第一的选手。

2006 年,费德勒在所参加的 17 项赛事中,惊人地 16 次杀入决赛,夺得 12 个冠军,其中 3 个为大满贯冠军,总战绩达到惊人的 92 胜 5 负,超过麦肯罗所创造的单赛季 82 胜 3 负的成绩。在年终大师杯决赛中以 3：0 完胜美国名将布雷克夺得本年度个人第 12 冠后,其个人职业生涯达到巅峰。

2007 年,成绩为 69 胜 9 负,共获得 8 个单打冠军头衔。

2007 年美网男单决赛以 7：6(4)/7：6(2)/6：4 击败德约科维奇之后,费德勒捧起了自己的连续第四个美网桂冠,同时亦是自己的第 12 座大满贯冠军,距离桑普拉斯的纪录只有两座之遥。

2008 年以后,其战绩变为 66 胜 15 负,总共获得 4 个单打冠军,获得了美网冠军,成就了美网五连冠的辉煌。

2009 年法国网球公开赛结束压轴大戏男单冠军争夺战,瑞士球王费德勒凭借完美无缺的发挥,直

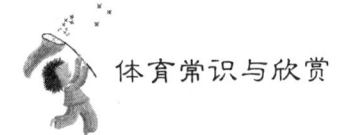

落三盘以总比分 6∶1/7∶6/6∶4 轻取本届赛事狂奔的黑马、瑞典大炮索德林,在过往三届决赛接连负于纳达尔后,终于首次在罗兰加洛斯捧起象征冠军至高荣誉的火枪手杯。

自此,费德勒已经在短短 6 年时间中先后捧起 14 座大满贯桂冠,追平此前由老球王桑普拉斯独自保持的夺冠纪录。不过相比起这位同样伟大的前辈巨星,费德勒首次夺得桑普拉斯从未染指过的法网男单冠军,还使得他成为继 1935 年的弗雷德·佩里、1938 年的唐·巴奇、1962 年和 1969 年的罗德·拉沃尔、1964 年的罗伊·埃莫森,以及 1999 年的阿加西之后,网球运动历史中仅有的第 6 位独揽全部四大满贯赛男单桂冠的选手。

2009 年温布尔登网球公开赛,费德勒在决胜盘 16∶14,大比分 3∶2 战胜罗迪克夺得温网冠军,以 15 个大满贯头衔超越桑普拉斯晋升网坛第一人。

2010 年澳大利亚网球公开赛,费德勒以 3∶0 完胜穆雷,赢得个人第 16 座大满贯冠军。

2005 年、2006 年、2007 年、2008 年连续四次荣获劳伦斯世界体育男子最佳运动员奖。

五、网球运动大型赛事的单打冠军

网球男子大师杯历届冠军:

年 份	地 点	冠 军	年 份	地 点	冠 军
2000	里斯本	库尔滕(巴西)	2005	上 海	纳尔班迪安(阿根廷)
2001	悉 尼	休伊特(澳大利亚)	2006	上 海	费德勒(瑞士)
2002	上 海	休伊特(澳大利亚)	2007	上 海	费德勒(瑞士)
2003	休斯敦	费德勒(瑞士)	2008	上 海	德约科维奇(塞尔维亚)
2004	休斯敦	费德勒(瑞士)			

ATP 终总决赛历届冠军:

年 份	地 点	冠 军	年 份	地 点	冠 军
1970	东 京	斯坦·史密斯(美国)	1985	纽 约	伦德尔(捷克斯洛伐克)
1971	巴 黎	纳斯塔斯(罗马尼亚)	1986	纽 约	伦德尔(捷克斯洛伐克)
1972	波士顿	纳斯塔斯(罗马尼亚)	1987	纽 约	伦德尔(捷克斯洛伐克)
1973	波士顿	纳斯塔斯(罗马尼亚)	1988	纽 约	贝克尔(德国)
1974	墨尔本	维拉斯(阿根廷)	1989	纽 约	埃德伯格(瑞典)
1975	斯德哥尔摩	纳斯塔斯(罗马尼亚)	1990	法兰克福	阿加西(美国)
1976	休斯敦	欧兰提斯(西班牙)	1991	法兰克福	桑普拉斯(美国)
1977	纽 约	康纳斯(美国)	1992	法兰克福	贝克尔(德国)
1978	纽 约	约翰·麦肯罗(美国)	1993	法兰克福	斯蒂希(德国)
1979	纽 约	比约博格(瑞典)	1994	法兰克福	桑普拉斯(美国)
1980	纽 约	比约博格(瑞典)	1995	法兰克福	贝克尔(德国)
1981	纽 约	伦德尔(捷克斯洛伐克)	1996	汉诺威	桑普拉斯(美国)
1982	纽 约	伦德尔(捷克斯洛伐克)	1997	汉诺威	桑普拉斯(美国)
1983	纽 约	约翰·麦肯罗(美国)	1998	汉诺威	克雷特加(西班牙)
1984	纽 约	约翰·麦肯罗(美国)	1999	汉诺威	桑普拉斯(美国)

WTA 年终总决赛历届冠军：

年　份	冠　　　军	年　份	冠　　　军
1972	埃弗特（美国）	1991	塞莱斯（南斯拉夫）
1973	埃弗特（美国）	1992	塞莱斯（南斯拉夫）
1974	古拉贡（澳大利亚）	1993	格拉芙（德国）
1975	埃弗特（美国）	1994	萨巴蒂尼（阿根廷）
1976	古拉贡（澳大利亚）	1995	格拉芙（德国）
1977	埃弗特（美国）	1996	格拉芙（德国）
1978	纳芙拉蒂诺娃（捷克）	1997	诺沃特娜（捷克）
1979	纳芙拉蒂诺娃（捷克）	1998	辛吉斯（瑞士）
1980	奥斯汀（美国）	1999	达文波特（美国）
1981	纳芙拉蒂诺娃（美国）	2000	辛吉斯（瑞士）
1982	汉妮卡（德国）	2001	小威廉姆斯（美国）
1983	纳芙拉蒂诺娃（捷克）	2002	克里斯特尔斯（比利时）
1984	纳芙拉蒂诺娃（捷克）	2003	克里斯特尔斯（比利时）
1985	纳芙拉蒂诺娃（捷克）	2004	莎拉波娃（俄罗斯）
1986	纳芙拉蒂诺娃（捷克）	2005	毛瑞斯莫（法国）
1986	纳芙拉蒂诺娃（捷克）	2006	海宁（比利时）
1987	格拉芙（德国）	2007	海宁（比利时）
1988	萨巴蒂尼（阿根廷）	2008	扬科维奇（塞尔维亚）
1989	格拉芙（德国）	2009	大威廉姆斯（美国）
1990	塞莱斯（南斯拉夫）		

第七节　手　　球

一、手球运动起源

　　手球是一种起源自德国的球类运动。接触过手球的人都知道，基本上，手球就好似篮球加足球的混合物。手球似篮球，除了其中一个原因系大家都需要用手去打之外，另外亦因为在手球的发展过程中，有一些规则是由篮球的规则转变而成的。

二、手球运动历程

　　19 世纪末，捷克斯洛伐克、德国、丹麦等国出现类似手球的游戏。1917 年德国柏林体育教师海泽尔为女子设计了一种集体游戏，规定运动员只能用手传递或接抛球，双方身体不得接触。1919 年柏林另一位体育教师舍伦茨对海泽尔的游戏有所改进，规定持球者传球前可跑 3 步，允许双方身体接触。1920 年制定竞赛规则，1925 年德国

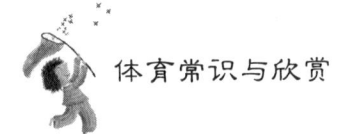

与奥地利举行首次国际手球赛,后逐渐在世界各国开展。1928年举行首届世界男子手球锦标赛,1957年起举办世界女子手球锦标赛,手球比赛最初每队运动员为11名,又称十一人手球,1965年改为每队7名运动员。男、女手球分别于1936年和1976年被列为奥运会比赛项目。

三、手球运动世界组织

国际手球联合会(International Handball Federation,IHF)简称国际手联。手球是一个出现较晚的运动项目,最初没有自己的国际组织,由国际田联代为管理。随着手球运动的发展,国际手球联和会于1946年为该项目设置了一个专门委员会。1928年11个国家的手球协会在奥运会期间聚会,成立了国际业余手球联合会(International Amateur Handball Federation)并首次印发了该项目正式的国际规则。二战结束后,1946年在丹麦首都哥本哈根重新组建国际手球联合会,创办国有丹麦、荷兰、挪威、波兰、芬兰、法国、瑞士和瑞典。目前已有147个协会会员,分属国际手球联和会承认的亚洲、非洲、欧洲、大洋洲和泛美地区共5个地区手球联合会。

四、手球运动明星球队

韩国女子手球队

1984年以来,韩国就是世界上女子手球最强的国家之一。奥运会一直是韩国人的亮点。这支队伍有着辉煌的奥运会参赛纪录,自1984年以来,她们参加了每届奥运会,且每次至少打进了半决赛。1988年和1992年韩国都获得了奥运会金牌。在亚洲,韩国女子手球已经连续20余年稳居第一,只有在2002年和2004年未获得金牌。

世锦赛:1995年金牌。

奥运会:1984年银牌,1988年金牌,1992年金牌,1996年银牌,2004年银牌,2008年铜牌。

亚锦赛:1987年金牌,1989年金牌,1991年金牌,1993年金牌,1995年金牌,1997年金牌,2000年金牌,2002年银牌,2004年铜牌,2006年金牌,2008年金牌。

五、手球运动奥运会历届冠军

男子:

届次	年 份	冠 军	届次	年 份	冠 军
11	1936	德 国	25	1992	独联体
20	1972	南斯拉夫	26	1996	克罗地亚
21	1976	苏 联	27	2000	俄罗斯
22	1980	民主德国	28	2004	克罗地亚
23	1984	南斯拉夫	29	2008	法 国
24	1988	苏 联			

女子:

届次	年 份	冠 军	届次	年 份	冠 军
21	1976	苏 联	26	1996	丹 麦
22	1980	苏 联	27	2000	丹 麦
23	1984	南斯拉夫	28	2004	丹 麦
24	1988	韩 国	29	2008	挪 威
25	1992	韩 国			

第八节 曲 棍 球

一、曲棍球运动起源

曲棍球这一名称起源于法语,意思是牧羊人的棍杖。作为世界上历史最悠久的体育项目之一,曲棍球的出现要比最初的奥林匹克运动会早1 200年或者更多。最早的"考证"可以追溯到公元前2000年。在埃及尼罗河流域的贝尼·哈桑发现的第十六个坟墓的壁画上,有两人相对而立,且手持弯曲木棍彼此交互接触,这很可能就是现代曲棍球运动的前身。另一个"证据"是1922年在雅典海岸防波堤上发掘的古代遗迹中,雕刻在坡壁上的一幅浮雕,描绘着6个球员参加一种类似曲棍球的游戏。浮雕中,4人持棍在旁站立中央两位似做着曲棍球的争球动作,与现代曲棍球的争球方式十分类似。

历史学家认为,曲棍球运动在许多国家的古文明时期就已经出现。在中国、印度、波斯等国也有历史记载。依据推论,古代人类就曾以树枝和棍棒打击或滚动球状物,用以庆贺凯旋;或用棍打弄圆石滚转自娱。这些活动经过漫长岁月的演变和不断改进,渐渐演化成现在的曲棍球运动。

二、曲棍球运动历程

19世纪曲棍球运动在英国已非常盛行。大约在1861年,英国第一个曲棍球俱乐部——布莱克赫思俱乐部成立总部设在伦敦东南部。1886年1月18日,英国曲棍球协会由英格兰、苏格兰等7个俱乐部联合组成,这是世界上第一个有组织的国家曲棍球协会。同年出版了《曲棍球规则》一书。19世纪后期由于工业革命的兴起,英国积极拓展其殖民地,曲棍球运动也随着英国军队传播到印度、巴基斯坦、南非等世界各地。

三、曲棍球世界组织

国际曲棍球联合会(International Hockey Federation,FIH)简称国际曲联是曲棍球运动在世界上最权威的组织。曲棍球是较早进入奥运会的项目,但其地位却十分不稳。1908年的伦敦奥运会和1920年的安特卫普奥运会都有曲棍球比赛,而1912年的斯德哥尔摩奥运会和1924年的巴黎奥运会却不设此项目。巴黎会组委会拒绝曲棍球的理由是该项目没有国际组织。这极大地刺激了曲棍球运动的爱好者,于是由法国人莱奥泰倡议1924年在巴黎成立了国际曲棍球联合会,成员国有奥地利、比利时、匈牙利、西班牙、法国、捷克斯洛伐克和瑞士。

国际女子曲棍球联合会(IFWHA)于1927年由澳大利亚、丹麦、英格兰、爱尔兰、苏格兰、南非、美国和威尔士共同发起成立。1982年,这两个组织合并为现在的联合会。女子曲棍球于1980年首次被列为奥运会正式比赛项目。国际曲棍球联合会现有协会会员118个,分属国际曲棍球联合会承认的亚洲、非洲、泛美地区、欧洲和大洋洲共5个大洲联合会。国际曲棍球联合会设在布鲁塞尔。

四、曲棍球运动明星球队

澳大利亚女子曲棍球队是澳大利亚最成功的运动队之一,1991年到2000年间该队称霸世界曲棍

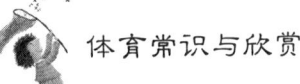

球界。该队四次参加奥运会获得三次冠军,还有两次世界杯冠军,冠军杯五连冠,并赢得了首届英联邦运动会冠军。她们五次被评为澳大利亚年度最佳球队,并毫无争议地被评为 2000 年澳大利亚最佳奥运代表队。

五、曲棍球运动奥运会历届冠军

男子:

届次	年 份	冠 军	届次	年 份	冠 军
4	1908	英格兰	20	1972	联邦德国
7	1920	英格兰	21	1976	新 西 兰
9	1928	印 度	22	1980	印 度
10	1932	印 度	23	1984	巴基斯坦
11	1936	印 度	24	1988	英 国
14	1948	印 度	25	1992	德 国
15	1952	印 度	26	1996	荷 兰
16	1956	印 度	27	2000	荷 兰
17	1960	巴基斯坦	28	2004	澳大利亚
18	1964	印 度	29	2008	德 国
19	1968	巴基斯坦			

女子:

届次	年 份	冠 军	届次	年 份	冠 军
22	1980	津巴布韦	26	1996	澳大利亚
23	1984	荷 兰	27	2000	澳大利亚
24	1988	澳大利亚	28	2004	德 国
25	1992	西班牙	29	2008	荷 兰

第九节 冰 球

一、冰球运动的起源

冰球运动起源于加拿大。1855 年加拿大金斯顿流行一种冰上游戏,参与者脚绑冰刀,手持曲棍,在冰冻的湖面上追逐拍击用木片制成的冰球。当时参加人数和场地均无限制,只立两根木杆作为球门,这就是现代冰球的前身。据记载,在英、法移民和英国殖民主义者到加拿大以前,当地的印第安人已在冰上做一种有趣的游戏了。后来,英殖民者占据北美洲以后,英国驻加拿大士兵受印第安人的启发,悠悠闲暇之余,常在冰上打罐头盒。正当各国冰上活动还处于游戏阶段时,加拿大留学生乌·罗伯逊把在英国学习期间了解的曲棍球打法用于冰上,并结合印第安人的"拉克罗斯"球的特点,创立了一种新型的冰上运动,这就是冰球运动的雏形。

二、冰球运动的历程

1858 年,这种运动从蒙特利尔和魁北克等地迅速遍及整个加拿大。所以,原始的冰球运动也有"加拿大球"之称。1875 年,相关组织制定了简单的冰球比赛规则。1879 年,冰球比赛正式开始。1890 年,第一个冰球组织——安大略冰球运动协会成立。最初规定双方参加者各为 11 人,后改为 9 人,又改为 7 人,最后改为 6 人。球杆与球也不断改进。后来,这项运动逐渐发展到美国与欧洲。1908 年在巴黎成立了国际冰球联合会,总部设在奥地利首都维也纳。1920 年冰球运动在第 7 届奥运会上被列为比赛项目。1924 年第 1 届冬季奥运会在法国举行,加拿大队以绝对优势获得冠军。1924～1953 年,加拿大冰球在世界上常处于领先地位,多次赢得世界冠军。1954 年,苏联队战胜加拿大队,获得第 21 届世界冰球锦标赛冠军,加拿大独占冰球优势的局面被打破。冰球运动在中国已有 60 余年的历史。1935 年在北平举行的第 1 届华北冰上运动表演会上,第 1 次举行了冰球比赛。

三、冰球运动世界组织

经比利时、英国、法国、瑞士和波希米亚等国倡议,国际冰球联合会(International IceHockey Federation, IIF)于 1908 年在巴黎成立,现有协会会员 63 个。国际冰联的任务是在世界上领导并开展冰球运动,发展协会会员间和运动员间的友好关系;监督运动员在协会间或国家间的交流,处理协会会员间的冲突等。国际冰联的主要赛事有:世界锦标赛、欧洲锦标赛、奥运会冰球赛、欧洲少年锦标赛、世界少年锦标赛、亚太地区锦标赛、世界女子锦标赛、欧洲女子锦标赛、欧洲杯、联合会杯等。国际冰联总部设在瑞士苏黎世。

四、冰球运动明星人物

韦恩·格雷茨基1961 年 1 月 26 日出生于加拿大的布兰特福德。在沃尔特·格雷茨基和菲利斯·格雷茨基的五个孩子当中,韦恩·格雷茨基排行老大。从儿子学习走路开始,老格雷茨基就朦胧感觉到,儿子拥有超人的体育天才。身为业余冰球队员的老格雷茨基在儿子 3 岁时,就将儿子带上了滑冰场。6 岁时,格雷茨基已经参加了布兰特福德当地儿童全明星冰球比赛。1977 年,世界青年冰球锦标赛在布兰特福德举行。在家乡父老面前,格雷茨基表现突出,当选为最佳射手,也是世锦赛上最为年轻的最佳射手。1978 年,仅仅 17 岁的格雷茨基就进入了职业冰球界,他加盟了世界冰球协会(WHA)印第安纳波利斯的竞赛者队。赛季末,格雷茨基转至 WHA 的埃德蒙顿油工队。从此开始,格雷茨基与埃德蒙顿结下了不解之缘。1979 年,WHA 与美国全国冰球协会 NHL 合并,韦恩成为合并之后的 NHL 的最年轻的最有价值球员。1980 年,格雷茨基代表加拿大冰球队参加国际比赛。在 NHL 的头 8 年时间里,格雷茨基每年得分均名列联盟第一。在 20 世纪 80年代,格雷茨基率领球队 5 年中获得了 4 次斯坦利杯冠军,从 1985 年到 1988 年连续 4 年获得最有价值球员称号。人们叫他"伟大的冰球手"。10 岁的时候,格雷茨基就已经在 85 场比赛中完成了 378 个进球和 120 次助攻。格雷茨基 14 岁时就签约参加职业联赛。到 1999 年退役时,格雷茨基已经拥有了 61 项美国冰球职业联盟纪录,而其在职业生涯中的总得分数达到了惊人的 2 857 分。

五、冰球运动奥运会历届冠军

男子:

　第二章　球类运动项目的形成和历史

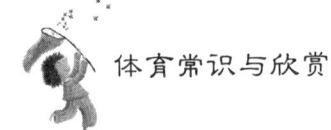

届次	年 份	冠 军	届次	年 份	冠 军
1	1924	加拿大	12	1976	前苏联
2	1928	加拿大	13	1980	美 国
3	1932	加拿大	14	1984	前苏联
4	1936	英 国	15	1988	前苏联
5	1948	加拿大	16	1992	前苏联
6	1952	加拿大	17	1994	瑞 典
7	1956	前苏联	18	1998	捷 克
8	1960	美 国	19	2002	加拿大
9	1964	前苏联	20	2006	瑞 典
10	1968	前苏联	21	2010	加拿大
11	1972	前苏联			

女子：

届次	年 份	冠 军	届次	年 份	冠 军
18	1998	美 国	20	2006	加拿大
19	2002	加拿大	21	2010	加拿大

第十节 台 球

一、台球运动起源

台球运动已有近 600 年的历史了。据作家、台球史学家亨德利克斯考证，世界第 1 张台球桌的出现是在公元 1400 年，当时的球桌无袋，只有拱形门或柱状门。后来人们在桌子中心开了一

个圆洞，继而又在桌子四角开了四个洞，洞的增加同时也激发了人们的玩球兴趣，直到在桌子开了六个圆洞，才演变成了今天落袋式台球球台的雏形。

关于台球的起源有如下几种说法：

1. 起源于法国。1904 年美国人道逊在他的著作中说，法王查理七世时期，已经有台球运动了。台球的名称来自法语，早在 15 世纪法国已出现了"台球"一词。

2. 起源于中国。英国诗人科顿 1674 年所著之书中，描写了有关台球的历史。

书中谈到台球是十字军东征时，从东方带到欧洲的一种古老的游戏，后经意大利和西班牙改进而成。

3. 起源于英国。英国人很喜欢这一运动，1836 年 12 月，第一家台球馆在伦敦开办，第一个台球协会也是在英国自发成立。

二、台球运动历程

最早的台球游戏,桌面上只有两个球。法国人又加入了一个红球,英国人也跟着模仿。17世纪末,法国路易十四的随身医生要求国王每天饭后必须打台球,随之,台球游戏在法国流行起来。最初台球是用木料制成的,以后出现了象牙制造的。台球从最早的两个球开始,逐渐演变成现在的英式台球、法式台球等。比较流行的英式斯诺克台球,起源于1885年,当时英国的主要球桌制造商及职业选手组成了第一个台球协会,并制定了受到普遍承认的球例(规则)。协会同时邀请球桌制造商制作球桌作为参考,球的尺寸亦在这时开始统一,袋口的尺寸及形状由协会供应模型,统一控制。20世纪初,英国的戴维斯开始致力于推广落袋式台球并在1927年至1946年间,他15次获世界冠军,对台球运动作出了巨大贡献。由于他技艺高超,人们常专程到伦敦瑟斯顿大厅欣赏他的球技。另外,世界职业台球锦标赛也在戴维斯的提议下于1927年正式创立。20世纪,台球运动被引入中国。20世纪80年代,随着改革开放人民生活水平日益提高,这项运动悄然在中国兴起,它作为体育文化的一朵奇葩,广受国人欢迎,如今,该项运动已成为广大运动爱好者喜闻乐见的文娱活动。台球运动不受年龄和性别限制,入门容易,却又深不可测,讲究力与力的碰撞,注重点与点的接触,给人以文明、高雅的享受,其丰富的哲理深受大众喜爱。在这种大背景下一批中国小将也成为世界超一流选手,其中最具代表的是丁俊晖(在2009年末单赛季排名世界第一)。

三、台球运动世界组织

英式台球和斯诺克台球的最高组织为台球联合会(International Billiard and Snooker Federation,IBSF),成立于1940年,由台球协会和台球俱乐部合并而成,负责组织这两种台球的比赛和制订规则。

国际开伦台球的最高组织是世界台球联盟(Union Modiale de Billiard,UMB-Carom)于1940年成立,总部设在比利时首都布鲁塞尔,行政中心在西班牙的巴塞罗纳,有30个会员国,它负责开伦台球的世界比赛。

美国台球协会(World Pool Association,WPA)成立于1948年,是美式台球的最高组织机构,总部设在芝加哥,并于1965年创立了一座美国台球协会名人馆,保存台球史上的重要资料及杰出人物的纪录。

1990年,以上三个世界性台球组织:国际台球联合会、世界台球联盟和世界美式台球协会被奥委会正式承认。经过协商,它们组织了一个统一的台球运动管理机构:世界台球运动联盟(World Confederation of Billiard Sports,WCBS)。1996年,世界台球运动联盟完成了合并3个不同台球组织的任务。1996年,奥委会批准了奥委会执行委员会关于同意承认世界台球运动联盟作为一个国际性联合组织的决定。1998年在奥运会年度会议上世界台球运动联盟被永久性承认。同年在泰国曼谷举行的第13届亚运会中,台球项目成为正式的比赛项目。而在2000年悉尼奥运会上,台球已经被列为表演项目。

四、台球运动明星人物

亨德利是世界公认的有史以来最伟大的斯诺克球手,缔造了一个又一个令后人难以企及的神话。

亨德利,来自苏格兰的爱丁堡地区。1983年,他初露锋芒,获得了全国16岁以下青少年锦标赛的冠军。一年以后,他又成为苏格兰业余锦标赛历史上最年轻的冠军得主。1985年,在赢得苏格兰业余锦标赛冠军后,他转为职业选手。

73个赛事冠军,其中36个排名赛冠军,7次世界锦标赛冠军,6次大师杯和5次英国锦标赛冠军。

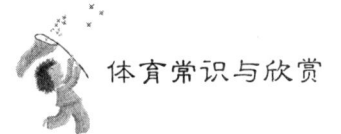

获得世界台球锦标赛冠军最年轻的选手,当时是 21 岁。

第一个在记分排名赛中打出 147 分最高分超过两次的选手。

唯一可以在职业赛同一个赛事中打出 7 个单杆过百的选手(1994 英国锦标赛),而且是第一个在连续 7 局中打出 5 个百度杆的选手。

最长的不败纪录:从 1990 年 3 月 17 日到 1991 年 1 月 13 日输给怀特,赢得 5 次排名赛冠军和 36 个连续排名赛比赛。

在同一赛季中同时拥有世界锦标赛冠军和英国锦标赛冠军的选手之一。

排名赛冠军 36 个冠军。

大奖赛(Grand Prix)1987 年,1990 年,1991 年,1995 年四个冠军。

英国公开赛(British Open)1988 年,1991 年,1999 年,2003 年四个冠军。

亚洲公开赛(Asia Open)1989 年,1990 年二个冠军。

迪拜精英赛(Dubai Duty Free Classic)1989 年,1990 年,1993 年三个冠军。

英国锦标赛(UK Championship)1989 年,1990 年,1994 年,1995 年,1996 年四个冠军。

世界职业锦标赛(Embassy World Championship)1990 年,1992 年,1993 年,1994 年,1995 年,1996 年,1999 年七个冠军。

威尔士公开赛(Regal Welsh)1992 年,1997 年,2003 年三个冠军。

国际公开赛(International)1993 年冠军。

苏格兰公开赛(Regal Scottish)1997 年,1999 年两个冠军。

欧洲公开赛(European Open)1993 年(12 月),1994 年,2001 年三个冠军。

泰国大师赛(Thailand Masters)1998 年冠军。

马耳他杯(Malta Cup)2005 年冠军。

亨德利被公认为历史上最好的斯诺克球员,他统治了 90 年代的斯诺克运动。

1990～1999 年,他共获得 7 个世锦赛冠军头衔,并连续 8 年获得世界排名第一。这些纪录一再地延续:36 个排名赛冠军、超过 800 万英镑的职业生涯总奖金、超过 700 次单杆过百、9 次正式比赛的 147 分。1994 年他被女王授予 MBE 爵士勋章并且两度被 BBC 选为苏格兰最佳运动员,他是名副其实的台球皇帝。

五、台球世锦赛历届冠军

年 份	冠 军	年 份	冠 军
1927 年	乔·戴维斯	1938 年	乔·戴维斯
1928 年	乔·戴维斯	1939 年	乔·戴维斯
1929 年	乔·戴维斯	1940 年	乔·戴维斯
1930 年	乔·戴维斯	1946 年	乔·戴维斯
1931 年	乔·戴维斯	1947 年	沃尔特·唐纳森
1932 年	乔·戴维斯	1948 年	佛雷德·戴维斯
1933 年	乔·戴维斯	1949 年	佛雷德·戴维斯
1934 年	乔·戴维斯	1950 年	沃尔特·唐纳森
1935 年	乔·戴维斯	1951 年	佛雷德·戴维斯
1936 年	乔·戴维斯	1952 年	贺瑞斯·林祖姆
1937 年	乔·戴维斯		

注:1941～1945 年间比赛中断。

World Matchplay 阶段：

年　份	冠　军	年　份	冠　军
1952 年	佛雷德·戴维斯	1985 年	丹尼斯·泰勒
1953 年	佛雷德·戴维斯	1986 年	乔·约翰森
1954 年	佛雷德·戴维斯	1987 年	史蒂夫·戴维斯
1955 年	佛雷德·戴维斯	1988 年	史蒂夫·戴维斯
1956 年	佛雷德·戴维斯	1989 年	史蒂夫·戴维斯
1957 年	约翰·普尔曼	1990 年	斯蒂芬·亨得利
1964 年	约翰·普尔曼	1991 年	约翰·帕洛特
1965 年	约翰·普尔曼	1992 年	斯蒂芬·亨得利
1966 年	约翰·普尔曼	1993 年	斯蒂芬·亨得利
1968 年	约翰·普尔曼	1994 年	斯蒂芬·亨得利
1969 年	约翰·斯宾塞	1995 年	斯蒂芬·亨得利
1970 年	雷·里尔顿	1996 年	斯蒂芬·亨得利
1971 年	约翰·斯宾塞	1997 年	肯·达赫蒂
1972 年	亚历克斯·希金斯	1998 年	约翰·希金斯
1973 年	雷·里尔顿	1999 年	斯蒂芬·亨得利
1974 年	雷·里尔顿	2000 年	马克·威廉姆斯
1975 年	雷·里尔顿	2001 年	罗尼·奥沙利文
1976 年	雷·里尔顿	2002 年	彼得·艾伯顿
1977 年	约翰·斯宾塞	2003 年	马克·威廉姆斯
1978 年	雷·里尔顿	2004 年	罗尼·奥沙利文
1979 年	特里·格里菲斯	2005 年	肖恩·墨菲
1980 年	克里夫·索本	2006 年	格雷姆·多特
1981 年	史蒂夫·戴维斯	2007 年	约翰·希金斯
1982 年	亚历克斯·希金斯	2008 年	罗尼·奥沙利文
1983 年	史蒂夫·戴维斯	2009 年	约翰·希金斯
1984 年	史蒂夫·戴维斯		

注：1958～1963 年间比赛中断。

思考题

1. 简述足球运动的起源。
2. 简述篮球运动的历程。
3. 简述排球运动世界组织。
4. 介绍乒乓球明星人物。
5. 介绍羽毛球明星人物。
6. 简述网球运动世界组织。
7. 简述手球运动历程。
8. 简述曲棍球运动起源。
9. 介绍冰球明星人物。

第三章

其他竞技项目的形成和历史

第一节 体 操 运 动

一、体操运动起源

体操是一种徒手或借助器械进行各种身体操练的体育项目。"体操"源于古希腊语,其意大利语为"裸体技艺",因为他们当时都是赤身裸体进行操练的。最初,古希腊运动会的参赛选手并不赤

身裸体,后因一位选手在比赛时不慎将衣服脱落,露出了健美的肌肉。人们发现裸体更能体现人体的健美,以后便形成了选手参赛必须赤身的传统。古希腊人把很多锻炼身体的方法,如跳跃、攀登、摔跤、拳击、舞蹈、骑马、军事游戏等统称为体操。这种概念被沿用了许多世纪。后来,希腊体操中的许多练习被西方国家的一些学校列为教材。17~18世纪,在西方教育中又增加了爬山、游泳、跳跃等锻炼身体的活动。现代体操的正式名称是竞技体操,它是体操的一个分支,又简称为体操。这是一项在

规定的器械上,完成复杂、协调的动作,并根据动作的分值或动作的难度、编排与完成情况等给予评分的运动。

二、体操运动历程

现代体操起源于 18、19 世纪。当时欧洲先后出现德国、瑞典、丹麦等体操流派,它们不仅推动了体操运动的进一步发展,也为现代体操的形成奠定了基础。1952 年赫尔辛基奥运会把体操列为正式比赛项目。目前,国际上的大型体操比赛有世界杯赛、世界锦标赛和奥运会体操赛。国际和国内的大型体操比赛一般包括三种相互区别又相互联系的比赛,即团体赛、个人全能赛和单项赛。

体操成为专门的体育比赛活动,特别是成为竞技性体操,经历了一段发展与完善的过程。

以奥运会体操比赛记载为例,1896 年第一届雅典奥运会,设立了鞍马、吊环、跳马、双杠和单杠项目,还有爬绳。但没有自由体操项目,也只有男子体操比赛。

在以后的奥运会上,体操比赛先后增设了火棒操(后改为轻器械体操)、瑞典式体操、欧洲式体操等体操比赛。1932 年洛杉矶第 10 届奥运会上,增设了自由体操,使竞技体操初具规模。1936 年的柏林第 11 届奥运会上,体操比赛才真正形成目前的男子 6 项比赛;轻器械体操、瑞典式、欧洲式等体操比赛则从男子体操比赛中取消。这次奥运会还开设了女子体操比赛项目,但女子比赛项目的完善与定型是在 1960 年的第 17 届罗马奥运会才完成的。

1984 年第 23 届洛杉矶奥运会,艺术体操被列为正式比赛项目。2000 年第 27 届悉尼奥运会,蹦床被列为正式比赛项目。按照教科书的分类,体操包括竞技体操、艺术体操、蹦床、健美操、技巧 5 个

竞技性项目。多年来,人们仍习惯称"竞技体操"为体操。目前,竞技体操、艺术体操、蹦床同属奥运会体操项目。

三、体操运动世界组织

国际体操联合会(International Gymnastics Federation,FIG)简称国际体联,世界历史上最悠久、规模最大的国际单项体育组织之一。

国际体操联合会于1881年7月23日在比利时的安特卫普成立,当时的名称是欧洲体操联合会(FEG),只有3个协会会员。1921年4月7日更名为国际体操联合会,现有协会会员130个。1999年,随着国际技巧联合会和蹦床联合会的并入,增加为7大运动项目。国际体操联合会是国际单项体育联合会总会成员。

四、体操运动明星人物

拉莉莎·拉蒂莉娜从小就学芭蕾舞蹈,后来改练体操之后,由于有深厚的芭蕾舞基础,对于她在体操场上的表现有很大的助益。她在奥运会中总共夺得9金5银4铜共18块奖牌。

13岁第一次参加比赛,她就获得冠军。

1954年她第一次在世界体操锦标赛中,成为团体冠军的一员。

1956年世界体操锦标赛,她更进而夺得全能、高低杠、跳马和团体4个冠军。当年墨尔本奥运会是她首次参加奥运会,就夺得个人全能冠军和团体金牌。

1960年和1964年奥运会,她再度参赛,又夺得多块奖牌,总共3届奥运会,夺得9金5银4铜总共18块奥运奖牌。

1962年世界体操赛,是她风光的一次,6项比赛她夺得5项的金牌,只有平衡木的金牌落空。

第二节 射 击 运 动

一、射击运动起源

根据史料上的记载,射击运动最早起源于狩猎和军事活动。15世纪,瑞士曾经举办过火绳枪射击比赛。500多年前,斯堪的纳维亚半岛兴起了射击跑动鹿的游戏活动。19世纪初期,欧洲一些国家还举行过对活鸽子射击的游戏,这些都包括在现代射击比赛的雏形的范围里面。

二、射击运动发展

世界上第一个射击俱乐部于13、14世纪时成立,早期的欧洲俱乐部比赛通常在新年、宗教节日和一些特殊场合举行。15世纪,瑞士举办过火绳枪射击比赛。19世纪30年代早期,美国出现了飞碟射击比赛。大约1710年,打靶射击随着来复枪传入美国。1897年,第一届世界射击锦标赛举行。1907年,8个国家组成了国际射击联盟。如今,这一有100多个成员国的组织被称为"国际射击运动联合会"。

男子射击于1896年被列为首届奥运会比赛项目。1972年起开始允许女子参加奥运会射击比赛,但不设女子项目,与男子同场竞技。1984年奥运会开始设部分女子射击项目,1996年奥运会起男、女比赛完全分开。在现代奥运史上,除了1904年第3届奥运会和1928年第8届奥运会外,射击在其余

各届奥运会中都是正式比赛项目。1896 年在雅典举行的第 1 届奥运会上,射击比赛设 5 个项目。1920 年第 7 届奥运会上增加到 21 个项目,也是迄今为止历届奥运会中射击设项最多的一次。2008 年北京奥运会,射击项目将设置 15 个比赛项目。

射击项目在世界上居于领先地位的国家有中国、美国、俄罗斯和德国等国家。我国射击健儿在奥运会上成绩斐然,在已参加的奥运会中一共获得了 14 枚金牌。尤其值得一提的是,1984 年第 23 届奥运会上,射击运动员许海峰获得冠军,取得了中国奥运史上的第一枚金牌。

三、射击运动世界组织

国际射击运动联合会建立于 1907 年,原名为“国家射击联合会和协会的国际联盟”。期间数次更名。1998 年 7 月 15 日正式命名为“国际射击运动联合会”(International Shooting Sport Federation, ISSF)。国际射联是国际奥委会正式承认的国际业余射击运动在国际和世界水平比赛中唯一的管理机构。

第三节　游泳运动

一、游泳运动起源

游泳的起源很早。远古时代,人类在布满江、河、湖、海的环境中生活,不可避免地要和水发生关系。在生产劳动和同大自然作斗争的过程中,就产生了游泳,并不断创造和发展了游泳的多种技能和方法。

二、游泳运动发展

蛙泳是一种古老的泳姿,据有关资料记载,早在 2 000 到 4 000 年前的中国、罗马、古埃及,就有类似这种泳姿。例如埃及人曾在草纸上描绘过游泳的人像。从画像的动作结构来看,这是蛙泳的

技术动作。1875 年 8 月 24 日著名游泳运动员马修·韦布采用蛙泳姿势横渡英吉利海峡,历时 21 小时 45 分。19 世纪初蛙泳是第一种在游泳比赛中被采用的泳式。由于蛙泳速度慢,所以在比赛中游蛙泳的人越来越少了。直到 1904 年第 3 届奥运会才把蛙泳和其他泳姿分开,并沿袭至今。1924~1933 年期间,蛙泳最大的革新是划水结束后两臂由水中前移改为由空中前移,但仍采用蛙泳的蹬夹动作,出现了蛙泳的变形——蝶泳。

1936 年国际游联对蛙泳规则作了补充,允许在蛙泳比赛中采用蝶泳技术,于是蝶泳取代了蛙泳。第 16 届奥运会后,国际泳联重新修改制定了规则,宣布取消“潜水蛙泳”,只允许在出发和转身后做一次划水和一次蹬水的潜水动作,而整个游程中禁止在正常水面下潜泳。于是水面蛙泳又得到了恢复和新的发展。

蝶泳在 4 种竞技游泳姿势中是最年轻的项目。蝶泳出现在 1933 年,美国人亨利·米尔斯在布鲁克林青年总会比赛中,首先采用两臂从空中移向前方,下肢做蛙泳蹬水动作。当时并没有单独的蝶泳比赛项目,而是在蛙泳比赛中出现的。直到 1952 年第 15 届奥运会后,才将蛙泳和蝶泳分开,于是产生了正式蝶泳项目。蝶泳与蛙泳分开后,蝶泳技术得到了很快的发展。1953 年 5 月 31 日匈牙利运动员乔治·董贝克首先创造了蝶泳世界纪录,他的技术动作目前被许多优秀运动员所采用。

仰泳是在蛙泳之后产生的。在长距离游泳中有人发现只要把身体仰卧在水中,手臂和腿稍加动作就可以自然地漂浮在水面和向前前进,并可以借此在水中休息。1794 年就出现了原始的仰泳技术。以后在很长的时间里仰泳均采用两臂同时在体侧向后划水,两腿做蛙泳的蹬水动作,所以当时也叫做反蛙式仰泳。1936 年第 11 届奥运会上,美国选手克菲尔以 1 分 5 秒 9 的成绩获得 100 米冠军,他的技术动作比较完善合理,奠定了现代仰泳的基础。

自由泳出现也很早,在公元前 1000 年的一个亚述浮雕上,以及公元前 750 年的一个希腊花瓶上,就发现了两臂轮流划水的游法。据现有的记载,较早采用两臂轮流划水的是一个英国人丁·杜鲁穗金。以后又相继出现了配合两腿的上下打水动作,两次打腿和拖腿的自由泳技术。1900 年举行的第 2 届奥运会上,匈牙利人哈尔曼就是采用两臂轮流划水、拖腿的方法获得了 200 米的铜牌,400 米比赛的金牌。接着他在第 3 届奥运会上又取得了 50 码和 100 码自由泳比赛的金牌。后来一个英国人查·卡维尔创造了两腿轮流打水的方法,为自由泳技术的发展开辟了新的道路。1922 年美国人韦斯摩勒用两臂轮流划水各一次、两腿打水六次的方法,创造了新的世界纪录,成为第一个突破 100 米自由泳 1 分大关的运动员。他的技术被认为是奠定了现代自由泳技术的基础。30 年代,两臂前交叉的技术在泳坛上盛行,并一直流传到 50 年代。随着运动成绩不断的提高,出现了四次打腿的技术,然而,随着游泳运动的迅速发展,人们又不满足于四次打水技术。1964 年在东京举行的第 18 届奥运会上,澳大利亚运动员温德尔采用两次打腿的自由泳技术,获得了 1 500 米冠军,并把这个项目的世界纪录提高到 17 分 01 秒 7;1968 年在墨西哥举行的第 19 届奥运会上,有 7 名运动员是采用两次打腿技术的。

三、游泳运动世界组织

国际游泳联合会(International Swimming Federation,FINA)从 1896 年第一届奥运会起,游泳就是奥运会的竞赛项目。国际游泳联合会成立于 1908 年,总部设在瑞士。国际泳联的任务是确定奥运会和其他国际比赛中游泳、跳水、水球和花样游泳的规则,审核和确认世界纪录,指导奥运会中的游泳比赛。

国际游泳联合会是管理国际游泳运动的机构。国际泳联在所有领域都代表游泳项目,已在国际体育运动中确立了自己的地位和作用。国际泳联的工作目标之一是支持和协调其会员协会的工作或需求,在全世界推动游泳运动的发展。

国际泳联负责主办的赛事除了奥运会游泳比赛外,还有世界锦标赛(1973 年始)、世界杯赛(1979 年始)、世界短池锦标赛(1993 年始)、跳水大奖赛(1994 年始),跳水世界杯中增加花样跳水(1994 年始),在世界水球锦标赛中增加少年女子水球比赛(1995 年始)。

第四节 冬 季 运 动

一、冰 上 运 动

(一)冰上运动起源

人类最早的冰上运动可追溯到远古新石器时代。拒考证,冰上运动起源于荷兰。当时人们以木制的爬犁作为冰面上的运输工具,后来更易于滑行的兽骨替代了木头作为滑行工具。荷兰人将马骨磨成光滑的底面,用皮带将两头钻孔并打磨后的马骨绑在鞋上,借助手杖支撑滑行,这就是人类最原始的冰上滑行工具——骨制冰刀。

(二)冰上运动发展

不但在荷兰,而且在瑞士、英国和斯堪的纳维亚等一些国家 11、12 世纪的早期文献中,也有关于

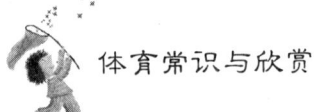

将野兽骨绑在脚上滑行于冰面的记载。虽然这些活动在当时只是一种游戏或简单的工作方式，但却为现代冰上运动的形成奠定了基础。现代冰上运动主要包括速度滑冰、短道速度滑冰、花样滑冰、冰球和冰壶等。通常，人们所提及的滑冰运动是指速度滑冰、短道速度滑冰和花样滑冰。而且各项目的规则日趋完善，技术也愈加完美。目前，速度滑冰、短道速度滑冰、花样滑冰、冰球和冰壶已被列为冬奥会项目。

（三）冰上运动国际组织

国际滑冰联合会（International Skating Union, ISU）从1850年钢制冰刀问世后，速度滑冰如虎添翼，得到了飞速的发展。到了19世纪早期，荷兰人开始把速度滑冰的概念传输到欧洲各国。1863年，首次官方的速滑比赛在奥斯陆进行，而在1885年，第一项重要的国际性赛事——首届欧洲冠军赛在德国汉堡举行。正式的世界锦标赛是在1892年国际滑冰联合会成立后确立的。接着，1893年在荷兰的阿姆斯特丹举行了第一届男子速滑锦标赛。

从1924年首届夏蒙尼（Chamonix）冬奥会开始，速度滑冰就是奥运正式项目，但当时还只允许男子参加。冬奥会的首枚金牌就来自速度滑冰，美国男子速滑运动员查尔斯·朱特劳以44秒的成绩在500米速滑中取胜。女子速滑在1932年冬奥会上被列为试验项目，直到1960年冬奥会才成为正式竞赛项目。由于花样滑冰的发展，于1892年在荷兰的阿姆斯特丹举行了一次国际滑冰届的会议，决定在当年创建国际滑冰联合会，简称国际滑联。总部设在荷兰的斯奇威尼根，这是冬季运动中最早成立的国际联盟。在本次会议上还制定了国际滑联宪章和竞赛规则。规定每两年召开一次国际滑联代表大会，对主席、副主席、理事会和各技术委员会进行改选，并对宪章和规则进行修改，同时还要研究讨论滑冰运动的发展方向等有关问题。以上许多规定沿用至今。

经过筹备，在国际滑联成立后的第四年，即1896年2月，在俄国的彼德堡举行了首次世界花样滑冰锦标赛。当时，只有来自3个国家（德国、奥地利和俄国）的4名男选手参加了比赛。德国的福科斯取得了第一名，成为第一个花样滑冰世界冠军。更有趣的是，于1902年在英国伦敦举行的第7届世界花样滑冰锦标赛上，一位名叫玛杰·塞耶斯的女选手报名参加了当时只有男选手参加的比赛，并取得了第二名，因为当时规则尚不健全，无法拒绝她。赛后，裁判员对她说："以后你不能再来参加比赛，因为裁判员看不清楚盖在长裙子下面脚部的动作。"此后，规则进行了修改和补充。并于1906年1月在瑞士达沃斯举行的世界花样滑冰锦标赛上，首次举行了女子单人滑的比赛。当时有来自4个国家的5名选手参加了比赛。英国的麦奇·希尔斯·凯弗取得了第一名，并成为第一位女子单人滑世界冠军。早在1868年就有了双人滑，创始人是美国的丹尼·梅尔和乔治·梅阿，当时的双人技术动作比较简单。直到1908年，也是在俄国的彼德堡举行的世界花样滑冰锦标赛上，首次将双人滑列入比赛项目，当时只有三对选手参赛。德国的胡伯勒和伯格尔组合取得了第一名。成为第一对双人滑世界冠军。

由于花样滑冰的飞速发展，已逐步成为一个具有世界性的冰上竞技项目。1920年在比利时安特卫普举行的奥运会上，首次将花样滑冰列入正式奥运会比赛项目。次年在瑞士洛桑举行的奥林匹克代表大会上，经过投票通过了单独举行冬季奥林匹克运动会的决议。规定每四年举行一次冬奥会，当时只把男、女单人滑和双人滑列入冬奥会比赛项目。

二、雪上运动

（一）雪上运动起源

滑雪运动产生于人类征服自然的实践过程中，产生的条件是寒冷、多雪、多山、多林木、人类文明起源早等。最早的滑雪活动是人们为了利用雪、征服雪而作为行走、狩猎、运输、战争等内容的手段，大约开始于公元前2500年以前。滑雪的踪迹最早可以在西伯利亚贝加尔湖以南的阿勒泰地域的历史记载中见到。在挪威的山洞岩石上也发现了刻有穿滑雪板的人体雕刻。最早的滑雪器具可能是人们把"雪踏"形状的器具，用皮条绑在脚上，这主要是为了不陷进雪中，进而作为在雪面上走路的用具，滑雪杖的使用是从一只滑雪杖开始。最初，人们也许是用皮带把大片兽骨绑在皮靴上，作为滑雪的工具。1896年，奥地利人发明了一种将一个雪橇以某种倾斜角度推入雪坡，以控制滑降速度的方法。20世纪初期，奥地利人又发展出崭新的转弯和刹车技巧。

（二）滑雪运动发展

1924年国际滑雪联合会成立。同年北欧滑雪项目列入了1924年在法国举行的第一届冬季奥运会。自此以后，滑雪运动日渐风行。滑雪器材也日益更新，目前流行由木材、金属材料和塑料混合制成。而滑雪运动也随着时代的发展分化成两种：北欧滑雪和高山滑雪。高山滑雪由滑降、小回转和大回转（障碍滑雪）和高山滑雪混合项目组成。北欧滑雪比赛项目包括越野滑雪、跳台滑雪和北欧混合项目。目前主要的国际滑雪竞赛有世界滑雪锦标赛和滑雪世界杯赛。在世界滑雪运动中居领先地位的国家有斯堪的纳维亚各国，如挪威、瑞典、芬兰，还有西欧的阿尔卑斯山脉周围的国家，法国、意大利、奥地利、德国和瑞典，以及美国、俄罗斯等。因为传统和地理的关系，斯堪的纳维亚国家在北欧滑雪项目上占优势，阿尔卑斯山脉国家在高山滑雪项目上占优势。

英国人阿诺德·卢恩爵士和奥地利人海因斯·施奈德发明了现代高山滑雪比赛。1922年，卢恩在瑞士组织了历史上最早的一次高山滑雪比赛。高山滑雪项目进入奥运会是从1936年开始的，当时只有男女快速降下和回转障碍下两项。从1952年开始，高山滑雪才固定为三个比赛项目：大回转障碍降下、回转障碍降下和快速降下。其线路的长度、高度差，以及检查门数都是不固定的，以后逐渐发展到目前的10个竞赛项目。奥地利一直是冬奥会高山滑雪项目的最大赢家，总共获得77块奖牌。高山滑雪主要分速度系列和技术系列两部分。速度系列分速降和超级大回转。比赛按一次滑行成绩决出名次。滑降落差最大，距离也最长，最高时速达130公里。超级大回转由于旗门数较多，速度稍慢。技术系列分为大回转和回转，名次按两次成绩合计来计算。大回转距离是回转的两倍以上，对速度和技术都有要求。回转旗门数男子为55至75，女子为45至65。此外，高山滑雪还有速降和回转两项综合赛。高山滑雪比赛均在海拔1 000米以上的高山进行。比赛要求起点和终点的垂直高度为800～1 000米。

速降（又称滑降）要求运动员从山顶按规定线路穿过用旗插成的门形向下滑行，是竞速滑雪比赛项目。线路长2 000米以上，坡度5～35度，平均20度，起点到终点高度男子为500～700米。线路两旁插旗杆作为各种门形。男子比赛插红色旗，女子比赛插红蓝两色旗。旗门间距为4～8米，上下旗门间距一般为30米左右，以滑降两次的时间计算成绩，决定名次。身体姿势分为高、中、低三种，该项运动是速度和技巧的结合，运动员在滑行过程中左右盘旋，非常精彩。

（三）滑雪运动世界组织

国际滑雪联合会（International Ski Federation, ISF）成立于1924年，是在1910年国际滑雪委员会的基础上改组成立。现有协会会员101个。工作用语为英、德、法、俄语，出现争议时，以英语为准。滑雪自1924年首届冬季奥运会起就是奥运会正式比赛项目，国际滑雪联合会是国际单项体育联合会总会的成员。

国际滑雪联合会的任务是促进滑雪运动的发展并把握其方向，在协会会员间及各国运动员之间

建立和保持友好关系,在其能力所及的范围内支持协会会员实现其目标,组织世界滑雪锦标赛、世界杯赛以及联合会批准的其他比赛,制定并监督规则的执行,作为终审机关处理与联合会比赛及规则有关的抗议与法律问题,促进以增进健康为目的的娱乐滑雪,采取国际滑雪联合会会标各种措施,避免事故发生,保护环境。

思考题

1. 简述体操运动历程。
2. 简述射击运动发展过程。
3. 介绍游泳运动明星人物。
4. 简述冰上运动国际组织。

第三篇
社会、休闲体育项目

　　社会体育,指公民自愿参加的,以增进身心健康为主要目的的,内容丰富、形式灵活的群众体育活动。它是我国社会体育的基础组成部分,也是我国体育事业的重要组成部分。

　　休闲体育是社会体育的一部分。特点是具有自由性、文化性、非功利性和主动性等。对增进健康、强健体魄,预防疾病与康复,提高文化素养与精神文明建设,丰富生活内容与加强人际关系,以及促进人的社会化与个性形成等都有重要意义和作用。

第一章

轮 滑 运 动

轮滑也叫"滚轴溜冰"、"溜旱冰",它是水冰在陆上辅助训练过程中逐渐演变形成的运动项目。同水冰相比,它更刺激、惊险和时髦,而且四季皆宜。旱冰和水冰的技术动作要求基本相同,不同的是场地和器械(鞋)有所不同,现在,轮滑已成为广大青少年喜爱的娱乐休闲运动了,有时,我们常常能在街上看到背着书包的追风少年驾着"风火轮"从身边飞驰而过。

第一节 轮滑运动的起源

最早的轮滑运动组织是 1866 年在美国成立的"纽约轮滑运动协会",后来由德国、法国、英国和瑞士 4 个国家发起,于 1924 年成立了国际轮滑联合会。目前,全世界已有 60 多个国家和地区加入该协会。轮滑作为一种娱乐项目在 19 世纪末传入我国,而作为一种体育项目来发展还是在 20 世纪 80年代初,作为体育项目,轮滑在我国还处于发展阶段,但作为一种休闲运动,早已在全国各地普及了。轮滑是借助半机械性轮滑鞋在路面上展示自己体能与风采的运动,深受青少年的喜爱。

具体地讲,它有如下特点: ① 娱乐性:轮滑有很强的娱乐性和趣味性,通过这项运动,可使人们从平时紧张、压力繁重的学习和工作中解脱出来,达到身心放松的目的。② 健身性:轮滑是一项全身性运动,它能促进心脑血管系统和呼吸系统机能的改善和代谢作用的加强,能增强臂、腿、腰、腹等肌肉的力量和身体各个关节的灵活性,特别是对人掌握平衡能力上有很大作用。

除了上述两个特性外,轮滑还具有很多体育项目所不具备的一个特性,就是它可以当做交通工具。一般情况下,在平整的路面上,轮滑都可以代步成为交通工具。在交通越来越拥挤的今天,轮滑不啻为一种流行和时髦的交通工具。不过,在你滑着轮滑穿梭于车来人往的大街上时,一定要注意交通安全。

第二节 轮滑的初步入门

轮滑是一项极易掌握的体育运动,任何人都能很快地学会它。但对很多人来说,初次接触轮滑时,心理上会产生一种畏惧感——担心摔跤。其实,只要简单地掌握一些轮滑的方法和技巧,就能把这项运动变成乐趣。平衡是掌握轮滑的基础。由于轮滑鞋与地面接触面积小,加之滑轮与地面摩擦后的滚动,所以就不易掌握平衡。

练习平衡是非常重要的,具体的做法是:

1. 原地踏步,练习静平衡,熟悉轮滑的性能。

2. 用互助法和扶助法练习平衡,两个人相互扶助或双手扶在身边的横杆或其他物体止,前后左右移动,练习平衡技术。

3. 牵引法,借助外力练习平衡,比如可以通过对静止物体的反作用力使自己滑动;让别人用力将自己推动;抓住正在移动的人或其他物体上,使自己前进或后退。

在初步掌握了上述的平衡技巧后,你就可以自己滑行上路了。之后你可以进一步掌握急停、转弯和后退等技巧。轮滑虽然是一种容易掌握的休闲运动,但危险随时存在,它很容易导致外伤,因此必须要有安全意识。一般情况下,手掌、肩肘、膝部、脚踝及头部容易受伤。所以,在轮滑时,必须佩戴护具,常见的护具有头盔、护肘、护膝等。

第三节　轮滑运动的种类

现在,大家所知的轮滑项目主要有:双排花样轮滑、单排花样轮滑、速度轮滑(直排)、轮滑球(直排为主)、极限轮滑(街区和 U 池)、轮舞、自由轮滑 FSK(休闲与野街)、平地花式(速度过桩、花式过桩、平地刹停)、速降、跳高(平地、抛台)。

在世界各地的参与者中,有热衷于其中一项的,也有参与其中几项的。虽说都是轮滑,但不同项目给参与者带来的感觉是不同。轮滑是一项休闲运动,但同时也是竞技项目,随着它的不断完善,目前已形成多项轮滑竞技项目,目前的奥运会已出现轮滑的身影了。

1. 速度轮滑:以单排、双排轮滑鞋为比赛工具的竞赛项目,具体项目有场地赛和公路赛。

2. 轮滑球:看上去像是冰球和曲棍球的结合体,双方各出 5 人在 44 米×22 米的场地上进行比赛,规则类似冰球,但不允许身体冲撞或阻挡,一场比赛为 2～3 节,每节 15～20 分钟,进球多者为胜方。

3. 花样轮滑:分为单人、双人轮滑舞和圆形轮滑舞(规定动作)。根据动作的难易程度、舞姿的优美程度打分确定胜方。

4. 极限运动和技巧:利用 U 形台做各种各样的惊险、复杂技巧表演动作,它也是轮滑竞技项目中最吸引人的一项。

5. 平地花式:包括自由式轮滑、花式跳高、花式绕桩、速度过桩、平地刹停等。是轮滑运动中新兴且人气较高的一项。

第四节　轮滑运动的前景

一、速度轮滑是人类追求速度的体现

它永远都有发展空间,并且它是最主要的轮滑竞技项目,比赛成绩很直观,不像其他项目有一定的人的主观因素。

二、单双排花样轮滑项目的艺术性是各轮滑项目中最高的

与花样滑冰相比,它们除了场地与器材的区别造成了技术动作的些微差别。但它们的优势在于,场地的局限性要小得多。不管将它们作为纯运动而参与的人再少,他们都是有较长远的发展空间的。就像芭蕾舞一样,参与者少,但它不会轻易消失,因为它本身就是与众不同的高雅,不是让多数人来参与及掌握的,多数人只需要欣赏就行了。

三、极限轮滑

是少数人的运动,不管极限者再怎么宣传,它都不可能普及,它也是像花样轮滑一样,是让多数人欣赏的。虽不能靠它来普及轮滑,但它会长远发展,因为多数人是需要这种刺激的,它有足够的观众。

四、轮舞与平地花式

在国内,这是新兴事物,参与者更多是年轻人,将它做为一种时尚来跟风,说它们是运动,倒不如说他们是一种广场文化,是一种娱乐。"眩"是年轻人的特权,但年轻人终会老去,只能靠后来的年轻人来继续。所以说,就目前来说,这两个项目要说普及也最多是在年轻人中,又因为要想练习它们到相当的水平,要想"眩"出水平,少不了投入大量的时间、精力与金钱。恐怕在少男少女中普及也是不太可能的,多数练习者最终成为休闲轮滑,就算你会几招几式轮舞或平花动作,但你成不了高手,就只能算是休闲了,也别太着急或太过勉强地把自己先纳入轮舞一派或是平花一派。

五、速降与跳高

在国内参与的人不多,也有危险性,但不同于极限,也是人们对速度与高度的两种追求,他们目前在国内还不是主要的轮滑项目。但今后,会有一定的发展空间。

六、自由轮滑(FSK)

在这里,还是将一般初级技术水平的FSK及多数人的刷街行为作为休闲轮滑看(即把休闲作为自由轮滑来看),也许一些自己把自己划入FSK的人不高兴。所以将FSK分为休闲和野街两种,其他自以为自己是速滑、花样、平花、轮舞派的还处于初级水平的也是休闲。FSK野街作为街头运动要想普及也是不可能的。因为真正的野街不但要有技术,还要有你的反主流思想意识(就算它是潜在的,只有有这种意识,你才会无视危险,甚至以伤痛为乐,以自己的伤痛去从内心轻视胆小的大多数人)。所以野街者是很孤独的,是让别人看了吐舌头的,甚至自己是孤芳自赏的。

最后,就只有休闲轮滑了,不需要太高技术,只要有最基本的基础,又不是多危险,又不需要投入过多时间与金钱,男女老少都可以。在广场,在郊外的平坦马路,在小区内,甚至在房间里,你都能自由地安排你的时间,爱滑多长时间就滑多长时间。把它作为代步工具,轮滑去上班。不为了"眩",只为了自得其乐,这才是多数人能做到的,才是轮滑普及宣传的最佳着力点。不同类型的参与

者,需要不同层次的基础,有较高追求的当然要有更好的基础,对于多数的休闲者,不要太过苛求。我们大家都期盼万人轮滑的大场面,这万人中一定是轮滑技术一般的休闲者占多数,而不会是花样高手、平花高手或是极限高手 FSK 野街高手占多数。

思考题

简述轮滑运动的特点与种类。

第二章

攀 岩 运 动

关于攀岩运动有一个美丽的爱情故事:在欧洲阿尔卑斯山区悬崖峭壁的绝顶上,生长着一种珍奇的高山玫瑰。相传只要拥有这种玫瑰,就能获得美满的爱情。于是,勇敢的小伙子便争相攀岩,摘取花朵献给心爱的人。

第一节 攀岩运动的起源

有一种说法是,攀岩运动是从登山运动中衍生出来的竞技运动项目。20 世纪 50 年代起源于苏联,是军队中作为一项军事训练项目而存在的。1974 年列入世界比赛项目。进入 80 年代,以难度攀登的现代竞技攀登比赛开始兴起并引起广泛的兴趣,1985 年在意大利举行了第一次难度攀登比赛。1988 年 6 月国际竞技攀登比赛在美国举行。1989 年首届世界杯分阶段在法国、英国、西班牙、意大利、保加利亚和前苏联举行。运动员参加各地比赛,最后累计总成绩,进行排名。世界杯攀登比赛每年举行一次。

随着攀岩运动的蓬勃发展,国际攀联在各大洲成立委员会,组织洲内地区性大赛。亚洲攀岩委员会于 1991 年 1 月 2 日在香港成立,第一届亚锦赛 1991 年 12 月在香港举行。1993 年 12 月在我国长春举行了第 2 届亚锦赛。

攀岩技术的出现,迄今已有 100 多年的历史。早在 1865 年,英国登山家埃德瓦特,就首次使用钢锥、铁链和登山绳索等简易装备,成功地攀上险峰,从而成为攀岩技术和攀岩工具,发明了打气用的钢锥和钢丝挂梯,以及各种登山绳结,使攀岩技术发展到了更加成熟的阶段。20 世纪 60 年代初,前苏联最早倡导这项运动。当时的评判标准是在同样的条件下,攀登峭壁的速度最快者为优胜。70 年代初,前苏联形成了一年一度定期举行的全国联赛。1974 年 9 月,前苏联和捷克斯洛伐克的登山组织,率先在前苏联和捷克斯洛伐克发起举办了首届“国际攀岩锦标赛”。后由前苏联提议,经国际登山联合会决定,每两年举行一次国际攀岩锦标赛。中国于 1987 年在北京怀柔登山基地举办了第一届全国攀岩邀请赛,此后每年一届。

第二节 攀岩运动的种类

一、难度攀岩

是以攀岩路线的难度来区分选手成绩优劣的攀岩比赛。难度攀岩的比赛结果是以在规定时间里

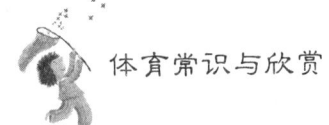

选手到达的岩壁高度来判定的。在比赛中,队员下方系绳保护,带绳向上攀登并按照比赛规定,有次序地挂上中间保护挂索。比赛岩壁高度一般为15米,线路由定线员根据参赛选手水平设定,通常屋檐类型难度较大。

二、速度攀岩

如同田径比赛里的百米比赛充满韵律感和跃动感,按照指定的路线,以时间区分优劣。

三、室内攀岩

是在一个高而大的房间内设置不同角度、不同难度的人工岩壁,在上面装有许多大小不一的岩石点,供人用四肢借助岩点的位置,手攀脚登。室内攀岩的难易程度可由人直接控制。岩壁也分为人工岩壁和天然岩壁。人工岩壁是人为设置岩点和路线的模拟墙壁。可在室内和室外进行攀岩技术的训练,难易程度可随意控制,训练时间比较机动,但高度和真实感有限。天然岩壁是大自然在地壳运动时自然形成的悬崖峭壁,给人的真实感和挑战性较强,可自行选择攀岩的岩壁和攀岩路线及攀登地点,而且天然岩壁的路线变化丰富,如凸台、凹窝、裂缝、仰角等,让你体会"山到绝处我为峰"的感受。

攀岩按器械分类使用可分为两类:

1. 器械攀登(aid climbing)

指直接拉或站在人工支点上。人工支点包括梯子、软梯、岩塞、钩子等。器械攀登的好处是可以让人登上很难的路线,与攀登者的体力关系不大。

2. 自由式攀登(free climbing)

器械完全是起保护作用,目的是尽量减少攀登者在有失误后的伤害后果。自由式的目标是靠攀登者手脚的能力,使用自然支点来完成一条路线。自由式虽然允许器械保护,但自然是掉下来越少越好。

自由式按攀登的风格又细分为:on sight,就是只在下边看然后一次没掉下来就上去了,没有尝试或演习,也没从顶上滑绳下来仔细研究路线,这是攀登者能力的最好说明。red point,就是允许在练习时多次坠落,但你能至少有一次做到从底爬到顶一次也没掉下来。red point路线说明攀登者的自由先锋攀登能力最高能到多少。

(1)基本的动作要领

抓,用手抓住岩石的凸起部分。抠,用手抠住岩石的棱角、缝隙和边缘。拉,在抓住前上方牢固支点的前提下,小臂贴于岩壁,抠住石缝隙或其他地形,以手臂和小臂使身体向上或向左右移动。推,利用侧面、下面的岩体或物体、以手臂的力量使身体移动。张,将手伸进缝隙里,用手掌或手指屈曲张开,以此抓住岩石的缝隙做为支点,移动身体。蹬,用前脚掌内侧或脚趾的蹬力把身体支撑起来,减轻上肢的负担。跨,利用自身的柔韧性,避开难点,以寻求有利的支撑点。挂,用脚尖或脚跟挂住岩石,维持身体平衡使身体移动。踏,利用脚前部下踏较大的支点,减轻上肢的负担,移动身体。

(2)日常锻炼建议

引体向上可增加臂力和手指的力量;跳绳可以锻炼身体的柔韧和协调性;乒乓球和棋类对培养判断力大有益处;游泳可锻炼心肺功能、全身力量和耐力。

四、攀岩个人所需的技术装备

攀岩鞋、绳子、主锁、单锁、头盔、绳套、安全袋、上升器、下降器、扁袋、快挂、粉袋等。

五、户外攀岩运动注意事项

(一)技术装备

攀岩是一项具有一定危险性的运动,但可以使其在安全的范围内进行。安全保证来自以下三个方面：

1. 合格的装备

由于攀岩是项具有一定危险性的运动，从此项运动诞生之日起，人们就开始在不断地研制生产各种为攀登者提供安全保证和便于此项运动开展的各种装备和器械。

攀岩装备分保护性和辅助性两大类：保护性装备包括主绳、安全带、铁索、绳套、头盔、下降器及上升器等，因所有这些装备涉及攀登者的生命安全，在购买和选用时必须注意其质量，一般地，有国际攀登委员会(UIAA)认证标记或欧洲标准(CE)标记的都能保证安全；辅助性装备包括攀岩专用鞋、防滑粉袋等，这类装备可凭自己的感觉去挑选。

2. 正确的操作方式

这包括怎样正确地使用各种装备、怎样规范地去为伙伴做技术保护、怎样合理有效地进行攀登等。

3. 丰富的经验

参与者在进行攀登的过程中，应不断地积累攀登、保护等各方面的经验，并培养对可能产生危险情形的预见性，如脱落的过程中怎样进行自我保护、在自然岩壁攀岩要注意有没有可能被上面掉下的碎石击中等。

（二）装备介绍

1. 主绳

攀岩最直接的危险来自冲坠，主绳是解决这一问题的最主要手段。

用途：为攀登者与保护者之间建立一种可靠的远程连接，或为操作者提供安全的平衡过渡。

分类及适用范围：动力绳主要用于攀岩，静力绳主要用于探洞。

性能指标：直径：9.5～12毫米，常用的为10毫米或10.5毫米。

使用注意事项：

（1）应经过国际攀联(UIAA)的认可。

（2）个人装备，不准转借。

（3）存放于阴凉、干燥处。

（4）每次使用前进行检查，当被落石击中立即进行检查。

（5）使用时，绝对避免放在锐利的岩角上进行横向切割。

（6）使用时，不准踩、拖或当坐垫，以防岩屑、细沙留在纤维里面，缓慢切割绳子，这种伤害是肉眼无法看到的。

（7）避免接触油类、酒精、汽油、油漆、油漆溶剂和酸碱性化学药品。

（8）严禁购买旧绳子。

2. 安全带

用途：为攀登者和保护者提供一种舒适、安全的固定。

分类及适用范围：

（1）可调式：用于登山、攀冰、攀岩场馆。

（2）不可调式：用于个人攀岩。

使用注意事项：

（1）分清上下、里外、左右，不可颠倒、扭曲。

（2）选择大小相配，松紧适度。

（3）腰部带子必须反扣回去，反扣的带子长度大于8厘米。

（4）穿好后必须进行检查。

（5）攀登过程中不能解开安全带。

（6）装备挂环不能用于任何形式的保护。

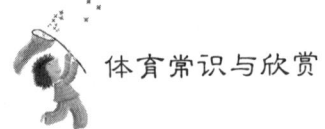

（7）尽量不购买二手货。

3. 铁锁

用途：在保护系统中作刚性连接。

分类及适用范围：

（1）丝扣锁：用于相对永久的保护点。

（2）简易锁：用于临时性的保护点。

使用注意事项

（1）保证纵向受力。

（2）丝扣锁在使用过程中要拧紧丝扣。

（3）尽量避免坠落，若坠落高度超过8米，并撞击到硬物，就要报废。

4. 绳套

用途：在保护系统中作软性连接。

5. 下升器（保护器）

用途：在保护和下降中，通过它与保护绳产生的摩擦力来减小操作者所需的握力。

分类及适用范围

（1）"8"字环：最常用的下降器。

（2）GRIGRI：可以自锁的下降器。

6. 攀岩鞋：辅助装备，鞋底采用特殊的橡胶，摩擦力大。使用时应选择小得足以让脚感觉到很紧，这样能使脚成为一个整体，有利于用力。

7. 镁粉及粉袋：辅助装备，吸收手上的汗液和岩壁表面的水分，以增大摩擦力。

第三节　攀岩运动的作用

攀岩的兴起可追溯到18世纪欧洲的登山运动，为了克服登山中的困难，人们摸索了一套手脚并用的攀登方法，后来逐步发展成今日攀岩运动的雏形。

攀岩的六大好处：

1. 增加身体柔软度与协调感：这是攀岩的关键能力，其重要性更胜于体力；国外已有医疗机构将攀岩用在矫治孩童肌肉发展及手、眼、身体之协调训练上。

2. 增强体力：攀岩运动要的是手脚均衡的力与美，并且足以负荷自己的体重、对抗地心引力。

3. 集中力：脚下全神贯注地踏着岩块，留意身体在岩块上位移的每个细节，可以培养一个人对事物的专注程度。

4. 进取心：当自己靠着攀登绳承受体重、"挂"在高高的岩壁或岩塔上时，是放弃还是继续坚持？已经不只是勇气可形容，还有意志力、荣誉感，及自我超越的决心。

5. 自信心：面对比自己身高还高至少3、4倍的岩场，要战胜它，心性自然要比常人自重与自信。

6. 平衡感：被称为在岩壁上行走的"蜘蛛人"，行走的基本姿势是"三点不动一点动"，靠的就是平衡感！

思考题

攀岩运动对身体健康有哪些促进作用？

第三章

户 外 运 动

第一节　户外运动的起源

　　户外运动的历史，最早可追溯到 18 世纪的欧洲。在那以前，人们很怕接近山区，总认为那是魔鬼一样的地方，一直到 18 世纪，才开始有一些传教士为了传教，不得不穿越山区。科学家开始走入山区，做一些自然生态的研究，除了这些人外，还有一些因拜工业革命所赐而形成的实业家和企业家等社会新阶层，这些人有了一定的资金后同时也为了追求另一种刺激，就开始把登山当成另一种休闲方式。在当时，首登（某座山头被人类第一次登顶）就成为所有登山者追求的目标，当那些在阿尔卑斯山区中，比较平缓而容易到达的山头都被首登过后，剩下的就是有着相当难度的大山了。当时的登山者，为了克服这些终年积雪的冰岩地形，进而发展出一整套技术。只是此时无论技术上还是装备上都还相当简陋。一直到第二次世界大战前后，为了符合特种地形作战上的需求，军队开始发展了这些技术，攀岩和野营才逐渐有了雏形，而真正形成分类的体育项目还是在 20 世纪 70 年代以后了。这些项目的历史虽然很短，但在后几十年中已经成为各个发达国家里很普及的运动了，同时野外露营更是欧美国家上至老人下至童子军都十分喜爱的活动。

　　早期的户外运动其实是一种生存手段，采药、狩猎、战争等活动无一不是人类为了生存或发展而被迫进行的活动。二战期间，英国特种部队开始开始利用自然屏障和绳网进行障碍训，其目的是为了提高野外作战能力和团队合作能力，这是人类第一次系统地把户外活动有目的地运用到实际中。二战中发生多起海难，后来经过统计发现在海难中能逃生的人群年龄分布在 28～38 岁之间最多，经过专家研究发现，这一年龄群中的人员大多心理成熟，有丰富的生活经历，有良好的团队精神，而恰恰是这些因素能帮助他们逃生。

　　二战后，随着战争的远离和经济的发展，户外活动开始走出军事和求生范畴，成为人类娱乐、休闲和提升生活质量的一种新的生活方式 1989 年新西兰举办的首次越野探险挑战赛后，各种各样形式的户外活动和比赛在全世界如火如荼地开展起来。目前在欧洲每年都有众多的大型挑战赛举行。在美国，户外运动的参与人数和产值都位居所有体育运动的第三位。户外运动的概念：户外活动是指以自然环境为场地的，带有探险性质或体验探险性质的体育活动项目群。

　　户外运动是一项在自然场地举行的一组集体项目群。其中包括：

　　① 登山：体育运动的一类。运动员徒手或使用专门装备攀登各种不同地形的山峰或山岭。

　　② 穿越：主要靠行走去完成起点到终点的穿越里程。中间可能要跨越山岭、丛林、沙漠、雪原、溪流、峡谷等地貌的一种户外活动。

　　③ 徒步：是户外运动的基本构成。可以简单地理解为长途步行。

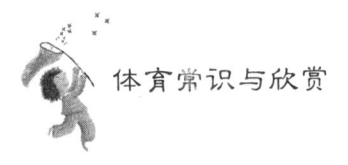

第二节　户外运动的种类

一、攀岩

分为自然场地攀岩和人工场地攀岩,是一项刺激且很有挑战性的活动。

二、攀冰

攀冰由攀岩运动发展而来,是攀登高山、雪山的必修科目,更是登山运动的基本技能之一。目前攀的冰主要是自然冰,分为冰瀑和冰挂两种。攀冰是一项借助于装备、器械而进行的运动,要求装备质量高且经久耐用。

三、速降

悬崖速降,在教练的指导与保护下,运用各种专业登山器材,由教练现场指导器材的使用及技术动作,在天然陡壁上凌空飞步,利用绳索由岩壁顶端下降到地面。

四、野营

在野外露营、野炊。学习各种野外生活技能。在自然的环境下,人与人之间的关系变得紧密、融洽。露营是一种休闲活动,通常露营者携带帐篷,离开城市在野外扎营,度过一个或者多个夜晚。露营通常和其他活动联系,如徒步、钓鱼或者游泳等。

五、定向运动

定向运动也是竞技体育项目之一,类似于众所周知的寻找宝藏。分为野外定向和城市定向。

（一）野外定向

又名定向越野,是指在旷野、山丘和丛林或近郊公园等优美的自然环境中,事先隐藏好数个点,参加者手持地图和指南针,采用徒步、奔跑等形式依次找出点的所在位置,并在检查点为控制卡(记录卡)打上印记的活动。此项运动有机地将个人休闲、娱乐与团队熔炼、协作融为一体。

1918年由瑞典童军领袖侨兰特(Major Evnst Killander)发明一种"寻宝活动",训练童军在野外辨别方向及体能,经过不断发展,成为今天的野外定向。

（二）城市定向

是在各大城市内举行,其复杂性和难度小于定向越野。通常城市定向以比赛形式出现,一般强调文化性和娱乐性,要求类似"寻宝"游戏。

六、溯溪

是在峡谷溪流的上下游之间,克服地形上的各处障碍,穷水之源而登山之巅的一项探险运动。其特点与乐趣在于不断克服一个接一个的急流、瀑布、跌水、旋涡,急流勇进、逆水前行。当然专门的器械、技术必不可少,但更要依靠队友之间的倾力配合。由于自始至终在水中行进,时而淌、时而游,往往不长的一段溪谷也要历尽艰辛才能穿过。

七、探险

户外休闲运动中多数带有探险性,属于极限和亚极限运动,有很大的挑战性和刺激性。拥抱自然,挑战自我,能够培养个人的毅力、团队之间合作精神,提高野外生存能力。

八、徒步

亦称作远足、行山或健行,并不是通常意义上的散步,也不是体育竞赛中的竞走项目,而是指有目的的在城市的郊区、农村或山野间进行中长距离的走路锻炼。短距离徒步活动比较简单,不需要专门

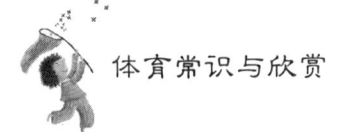

的设备,是一种休闲活动。

九、潜水

泛指所有的水面下活动。包含使用压缩机由水面供气的潜水;由潜水员自行携带呼吸系统的水肺潜水;以及不携带呼吸系统,仅使用轻装备的自由潜水。

十、冲浪

是一种冲浪者利用冲浪板越过涌起浪头的水上运动。主要的配备是冲浪板和系在脚上的安全绳。

十一、钓鱼

是捕捉鱼类的一种方法。钓鱼的主要工具有钓竿和鱼饵。钓竿一般由竹子或塑料等轻而有力杆状物质制成,钓竿和鱼饵用丝线连接。一般的鱼饵可以是蚯蚓、米饭、菜叶、苍蝇、蛆等,现代有专门制作好的鱼饵出售。鱼饵可以直接挂在丝线上,但有个鱼钩会更好,对不同的鱼有特殊的专制鱼钩。

十二、小轮车

小轮车(BMX)起源于20世纪60年代美国的加利福尼亚,年轻人从摩托车越野赛中得到启发,在自建的场地上比赛自行车,很快有了第一批拥护者。1978年,小轮车传入欧洲;1982年,第一届小轮车世界锦标赛举行;1993年,国际自行车运动联盟接纳小轮车成为新成员;2003年,国际奥委会通过决议,将小轮车列为北京奥运会正式比赛项目。年轻人的惊险游戏,就这样登上了运动世界的最高殿堂。

思考题

    1. 简述户外运动的种类与特点。

    2. 简述户外运动的发展趋势。

第四章

高尔夫球运动

第一节 高尔夫球运动的起源

高尔夫球,又称高球,哥尔夫球,俗称小白球,是一种室外体育运动。个人或团体球员以不同的高尔夫球杆将一颗小球打进果岭的洞内。大多数比赛每一轮有18洞,最终杆数越少的越优胜。

打高尔夫球是一项具有特殊魅力的运动。它是人们在天然优雅的自然的绿色环境中,锻炼身体、陶冶情操、提高技巧的活动。

率先涉及打高尔夫球的是苏格兰北海岸的士兵,后来逐渐引起宫廷贵族和民间青年的浓厚兴趣,最终成为苏格兰的一项传统项目。尔后传入英格兰。19世纪末传到美洲、澳洲及南非,20世纪传到亚洲。由于打高尔夫球最早在宫廷贵族中盛行,加之高尔夫球场地设备昂贵,故有"贵族运动"之称。高尔夫运动的起源一直以来关于高尔夫起源的说法可谓众说纷纭,结合高尔夫历史的发展,关于高尔夫起源有以下几种说法。

一、荷兰起源说

荷兰人一直都不认同高尔夫起源于苏格兰的说法,他们认为最早的高尔夫是起源于荷兰的。荷兰人把一个名叫"kolven"的古老运动称为最早的高尔夫,而且他们认为这个运动是通过两国的商品贸易传进苏格兰的。但是,很多人并不认同这种说法。反对者指出:"kolven"是一种室内运动,而高尔夫是一种户外运动,这是两者最基本最本质的区别。而且,"kolven"运动所使用的球要比一般的高尔夫球大,球杆要比高尔夫球杆重,更重要的是这项运动所使用的杆是没有角度的!所以,人们并不认同高尔夫起源于荷兰的说法。

二、苏格兰起源说

流传最广的一种是古时的一位苏格兰牧人在放牧时,偶然用一根棍子将一颗圆石击入野兔子洞中,从中得到启发,发明了后来称为高尔夫球的运动。因此,高尔夫这个词最早出现在14世纪苏格兰议会中的文件中。

这是唯一一个有议会文件记录的说法,而且得到了世界大部分高尔夫热爱者的认同。其中圣安德鲁斯球场被认为是高尔夫的圣地。每一个高尔夫球手最大的愿望就是能亲身在圣安德鲁斯球场打一场高尔夫球。它还是高尔夫规则的制定机构，所有的大型比赛规则都必须符合它的基本要求。相对来说，苏格兰起源说是最权威最有说服力的一种说法。

三、中国起源说

公元前二三百年时，中国有种被形象地称为"捶丸"的球戏，而公元前 27 年至公元 395 年的古罗马有一种以木杆击打用羽毛充塞制成的球的游戏。

相传在明朝，皇室有一种类似高尔夫运动的游戏，叫"捶丸"。它被描述为：在走路的过程中用棍子击球的运动。之所以有这样的说法是因为在我国至今仍保存着关于这种运动的壁画。这也是高尔夫起源于中国的唯一证据。

四、法国起源说

正如我们今天所了解的，这项运动的历史就是苏格兰高尔夫的纪录。但是在欧洲也有反对这种说法的，主要是法国和荷兰。荷兰宣称他们的证据是，他们的杆和球的运动叫"kolven"；法国是"jeu de mail"。但是他们唯独没有最简单，也是高尔夫最独一无二的因素：洞。高尔夫运动是将球在球场上驱动，球场上分布着设计的障碍物，这些障碍物阻止球从开始点飞向空中，而后到另一个点的前进，以球进入洞中而告结束。这是高尔夫运动独一无二之处。

第二节　世界著名高尔夫球赛事

目前世界上较为知名的高尔夫球个人比赛有：英国公开赛、英国业余高尔夫球锦标赛、美国公开赛、美国业余高尔夫球锦标赛、美国大师赛和美国职业高尔夫球协会锦标赛。最有名的团体比赛有世界杯赛、莱德杯欧美对抗赛和沃克杯美英爱尔兰系列赛。

英国公开赛、美国公开赛、美国大师赛（美国名人赛）和美国职业高尔夫球协会锦标赛是高尔夫球界的四大大满贯赛事。

一、英国高尔夫公开赛

英国公开赛（British Open）的全称是英国公开锦标赛，由皇家古代高尔夫俱乐部主办。于每年 7 月的第三个周末举办。英国公开赛是四大满贯赛事中历史最悠久的一项赛事，于 1860 年开始举办。它的地位之高在于它是高尔夫史上最古老的也是最负声望的大赛。英国圣安德鲁斯皇家古代高尔夫俱乐部、普雷斯特维克高尔夫俱乐部和爱丁堡高尔夫球员贵友联合会（Honourable Company of Edinburgh Golfers）捐赠的"葡萄壶奖杯"（Claret Jug Trophy）从 1872 年起成为英国公开赛的正式奖品，也成为 100 多年以来世界一流高球手们最朝思暮想的奖杯。

英国公开赛始终都是杆数赛，1892 年举行的第 32 届起由打 36 洞改为打 72 洞至今。

二、美国高尔夫球公开赛（United States Open Championship，简称 U. S. Open 及美国公开赛）

是每年一度的高尔夫球四大满贯赛事之一。由美国高尔夫协会（USGA）主办。该赛于每年的 6 月中旬举办，如果没有恶劣天气影响，最后一轮决赛将于该月第三个星期日（即父亲节）进行。第一届美国高尔夫公开赛于 1895 年 10 月 4 日举办。每年的举办地点都不相同。美国公开赛并没有固定的比赛场地，而是每年选择美国境内的一个著名球场作为主办地，这是为了避免选手通过研究熟悉场地

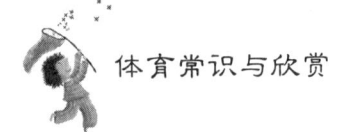

而产生不公平的竞争。这项赛事以难度大著称。

三、美国大师赛（美国名人赛）

第一届的名人赛是在 1934 年开打，迄今已有 66 年的历史，其间仅有 1943～1945 年三年未举办，其余的 63 届皆有冠军产生。

四、美国职业高尔夫协会锦标赛（PGA）

通常简称 PGA Championship。成立于 1916 年，美国 PGA 锦标赛是四大满贯赛事之一，创立于 1916 年。PGA 锦标赛在四大满贯赛事中奖金总额居第二位，冠军奖金额仅次于美国大师（名人）赛。每年 8 月举行，是四大赛的最后一项。

第三节　中国高尔夫球运动的发展

高尔夫球运动在中国的发展起步虽晚，发展却相当迅速。

高尔夫球首次传入中国是在 1916 年，1917 年时上海虹桥高尔夫总会开始投入运营，这家球场是一个九洞的球场，不过后来有很长时间这项运动在中国大陆无声无息了。到了 20 世纪 80 年代中期，高尔夫再次在中国大陆兴起，并以惊人的速度发展起来。

1985 年 5 月 24 日，中国高尔夫协会正式在北京成立，这是一家全国性的群众体育组织，是中华全国体育总会的团体会员，其职能是宣传、组织广大群众积极参加高尔夫球运动；组织举办国际性比赛，促进国际交流；组织全国性的各类、各级竞赛和训练工作；拟定有关管理制度、竞赛制度和运动员、教练员、裁判员技术等级制度；组织教练员、裁判员、运动员的培训工作；选拔和推荐国家队教练员、运动员，负责组织国家队集中和参加比赛；组织科学研究工作等。到现在，高尔夫在中国的发展仍然与世界相差非常远，这与中国的经济状况固然有一定的关系，但高尔夫在中国目前还不能形成产业化的原因则有很多，包括成本、管理、市场定位、经营等方面都很不成熟。虽然如此，但是 13 亿人的市场潜力是非常大的。而且近年来高尔夫在中国的发展呈现出加速的趋势，因此可以说这是一个非常有前景的行业。

第四节　中国高尔夫球之最

一、海拔最高、球道最长的球场

丽江玉龙雪山，海拔 3 100 米。这座直面玉龙雪山的 18 洞球场，平均海拔接近 3 000 米，第 15 洞发球台海拔达到 3 100 米。

3 100 米的海拔和更稀薄的大气，给击球平添了 15% 的距离，这样的优势让玉龙雪山可以设计出低海拔球场无法企及的超远距离球道。8548 码，已经证实是一项世界高尔夫之最。

二、空气最纯净的球场

长春净月潭国家森林公园是国有 4A 级名胜景区,净月潭球会就坐落在景区内。80 平方公里的森林种植于 20 世纪 30 年代,拥有长白落叶松、冷杉等 30 多个树种,平均树高达到 30～40 米。根据当地环境部门的测算,这里空气中的负离子含量是长春城区的 400 倍。

三、最环保的球场

博鳌乡村 1 500 亩的沙坡岛位于万泉河入海口处,富含矿物的沙质土壤给草坪提供了丰富的营养,让化肥毫无用武之地;农药似乎更派不上用场,岛上近十万只鸟儿,球场长出多少虫子也不够它们一顿早餐。

四、最早的 18 洞球场

1984 年,由香港著名商人霍英东投资的中山温泉高尔夫球会开业,设计师是美国高坛名宿阿诺·庞玛。第 1 洞发球台旁“天下第一洞”的石碑,标志着它是中国高尔夫开山之作的历史意义。

五、最早承办国际大赛的球场

1990 年夏,北京亚运会高尔夫球项目在顺义区潮白河畔的北京高尔夫俱乐部拉开战幕,个人金牌被当时年仅 21 岁的日本球员丸山茂树摘走。

六、最早由中国人设计的球会

北京乡村高尔夫俱乐部是最早由中国人自主完成设计、建造、管理和经营的球场,至今仍然是唯一一个。

第四章　高尔天球运动

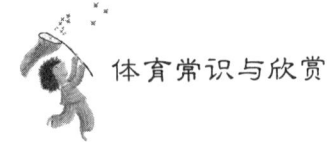

体育常识与欣赏

七、最昂贵的个人会籍

　　截至 2009 年 1 月,内地个人会籍售价的标王仍然属于上海佘山国际高尔夫俱乐部。2007 年 9 月,以 168 万元售出最后一张个人会籍。佘山会籍 2002 年起售时,售价 3 万美元。2005 年,伍兹驾临成了最好的炒作元素。此后,会籍售价月月升级,直到 168 万。

八、最先赢得国家公开赛球员

　　早在 1997 年,程军便赢得 VOLVO(沃尔沃)中国公开赛,他也是中国第一个赢得自己国家公开赛的球员。

九、最优秀中国高尔夫球员

梁文冲
籍贯:中国广东
出生日期:1978 年 8 月 2 日
身高:176 厘米
体重:72 公斤
转入职业:1999 年

1. 欧巡赛冠军

2007 年,梁文冲在新加坡大师赛上夺冠,成为第一个赢得欧巡赛的中国大陆球员。

2. 最先获得亚巡赛奖金王

2007 年亚巡赛,梁文冲出战 19 场,1 次冠军,8 次进入前十,1 次未晋级,总奖金 532 590 美元,最终荣膺亚巡赛奖金王,创造了中国高尔夫的新篇章。

　　3. 最先晋级大满贯

2008 年英国伯克戴尔,梁文冲征战英国公开赛,便历史性地晋级,由此成为第一个在大满贯上晋级的中国大陆球员。

　　4. 单轮最低杆数

2008 年印度公开赛首轮,梁文冲射下 12 个小鸟,打出 60 杆,刷新了亚巡赛单轮最低杆数纪录,也创造了个人最好成绩记录。

十、最早获得亚运会奖牌的球员

　　1994 年,张连伟在广岛亚运会上夺取奖牌。

十一、最先登陆中国的 LPGA(世界女子职业高尔夫巡回赛)

2008 年,总奖金 180 万美元的大新华航空 LPGA 落户中国。

十二、奖金最高的国际大赛

欧米茄观澜湖世界杯,550 万美元的奖金总额,使得世界杯成为中国大陆奖金最高的高尔夫赛事。

思考题

1. 简述高尔夫球运动的发展历史。
2. 简述高尔夫球运动在中国的发展特点。

第五章

轮 滑 球 运 动

2005 年，一种名为"轮滑球"（Roller ball）的新兴竞技运动以其超乎寻常的惊险、刺激吸引了大众的注意力，成为一大体育娱乐热点。

第一节　轮滑球运动简史

轮滑球源自称做 bandy 的草地轮滑球，bandy 用的棍子较粗短，击球的杆面也跟球差不多大。1890 年第一个轮滑球协会 Ontario Hockey Association 正式成立。

1893 年，加拿大总理 Lord Stanley 为提倡这项运动，颁发奖金给当时业余轮滑球联盟比赛的冠军队，此后蒙特利尔体协成立 Stanley Cup 轮滑球奖，颁予最杰出的队伍。目前，这一奖励仍是轮滑球界无上的光荣，只颁给 National Hockey League（NHL）的冠军队伍。

1893 年美国 Yale 大学和 John Hopkins 大学的轮滑球赛事，引起了美国人民对轮滑球的兴趣，从此这项运动便开始在美国扎根。

1904 年第一个职业轮滑球联盟 International Hockey League 成立，由加拿大队及美国队共同参与组成。可惜因比赛的场地太小，无法自门票筹措足够的经费维持联盟的运作，终于在三年后瓦解，此后就只剩下一些分散的协会。

一直到 1917 年，两大组织 National hockey Association 和 Pacific Coast League 合并，组成了 National Hockey League(NHL)，成为世界轮滑球运动的最高指导单位，几乎所有轮滑球协会的成立和训练，都可以向它申请指导与支持。在美国 4～18 岁的孩子可以参加社区轮滑球协会（Community Hockey Association)学习轮滑球，协会里甚至有所谓的 Initial Programs，专门教 4～8 岁的小朋友。

第二节　轮滑球运动简介

轮滑曲棍球是一项不直接接触球的运动。比赛队员穿着双排轮或单排轮进行比赛。比赛双方各上 4 名场上队员和一名守门员。该项运动起源于 1896 年的英格兰。

比赛中双方队员持曲棍，通过传球、控球，最终将一个小而硬的圆球射入对方球门里得分获胜。

轮滑球运动比赛规则：

1. 每队 14 个选手，每次有 5 个选手上场，其中一个是守门员。

2. 随时可以换人。

3. 替补守门员上场后，受伤退场的守门员不准再上场，直到第一个终场。球员受伤退场时球赛继续进行而不中断，除非该球队为优势或有进球机会才可中断。

4. 球杆多为木制、碳纤维或铝制。

5. 必须着直排四轮或五轮溜冰鞋，没有刹车器，轮子有 55 毫米、72 毫米或 76 毫米。

6. 守门员需穿五轮溜冰鞋、保护头部和身体的护具。但不得携带器械。

7. 选手必须穿长袖针织制服、长裤。背号不得相同。

8. 每个球门后必须要有一个裁判。每场比赛要有场中裁判、一个计时员、计分员。

9. 处罚分为六类：

(1) 轻微处罚(Minor Penalty)

(2) 板凳轻微处罚(Bench Minor Penalty)

(3) 主要处罚(Major Penalties)

(4) 不端行为处罚(Misconduct Penalties)

(5) 竞赛处罚(Match Penalties)

(6) 射门处罚(Penalty Shot)

10. 禁止身体阻挡。

11. 边界线。（视联盟而定）

12. 禁止搏斗。

第三节　轮滑球运动的特点

这项运动的比赛场面速度快，精彩激烈。而且其运用的掩护、阻挡战术和队员配置跟篮球很相近。场地是平整坚硬的水泥、木或砖面地板，就是所说的溜冰场。理想的场地面积是 20 米×40 米或 15 米×30 米。

轮滑球运动融合了冰球和马球两种运动项目的特点，以个人技巧和团体协作为基础，比赛规则宽松，具有很强的对抗性。

尽管轮滑曲棍球起源于英格兰，但这项运动在一些拉丁语系国家例如西班牙、葡萄牙和阿根廷更加流行。这些国家都有职业俱乐部，如巴塞罗那、波尔图和拉科鲁尼亚，有超过 5 000 名的职业球员从事这项运动。

轮滑球运动由 Fédération Internationale de Roller Skating（国际轮滑联合会，简称 FIRS）通过其下的 Comité Internationale de Rink-Hockey（CIRH）管理，而且得到了国际奥委会（The International Olympic Committee，IOC）的承认。各国协会组织归

　　　　　　　　　　　第五章　轮滑球运动

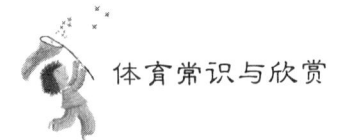

体育常识与欣赏

口于CIRH的管理，可以组队参加世界和区域性质的冠军赛。如欧洲冠军杯赛就是由 Comite European de Rink Hockey(CERH)组织举行的。

轮滑球运动分为两大流派，一派是以北美国家为主，主要是单排轮滑球运动，而另一派是以欧洲国家为主，主要是双排轮滑球运动。

第四节　轮滑球运动相关器材

一、球杆(Stick)

传统的球杆是木杆，由榉木、枫木或榆木刻成，近来则因材料的进步，而有不同的组合：杆身(铝/木/碳纤维/纤维强化复合树脂)＋杆面(木/玻璃纤维/强化树脂)。

守门员的球杆和一般球员是不同的，拿法也不一样。

球杆的长度依每个人的身高而定，原则是穿上溜冰鞋后将球杆竖直在身前，杆尾在下巴与鼻尖之间最理想，太长可自行锯短。后卫可以长一点，防守范围较大，前锋则可短一点，运球、射门较为灵活，可依个人喜好而定。球杆可以在杆面和杆尾缠上专用的布胶(hockey tape)，但是一般医疗用的布胶用起来也差不多，而且更耐用。缠在杆尾的好处是可以增加摩擦力，戴手套握球杆是很滑的，而且杆尾缠上厚厚一团，球杆掉在地上也比较好拿起来。

二、轮滑球鞋

轮滑球鞋又俗称球刀，这是由冰上曲棍球沿用过来的名词。

其实打轮滑球，鞋子不用太讲究，有一般合用的轮刀就相当够用了。单排轮或双排轮均可。

三、球(Puck & Ball)

在冰面的 Puck 是橡皮做的，在地面(Roller Hockey)初始也是橡皮的，并在底下装了 3 颗铁氟龙珠子以利滑动，但场地必须非常平滑，不然会像轮子一般滚动，后来便脱离了传统试以"球"替代，目前最常见的是橘色的球，不同的颜色用在不同温度的环境。

理想上用在轮滑球的"球"是不要有弹性的。现在的球还在中间灌了约半满的水，增加球的重量，同时降低球的弹跳性。

第五节　轮滑球运动的国际组织

国际轮滑球委员会(Comité International de Rink Hokey)是国际轮滑联合会下设的三个项目国际委员会之一，主管轮滑球的有关事务。在遵守国际轮滑联合会章程的前提下定有自己的章程和竞赛规则，安排世界锦标赛，推动轮滑球运动的发展。

国际轮滑球委员会常设一个执委会，由一名主席、一名副主席、四名委员组成。其中一名委员担任仲裁委员会(Commission International Arbitres)主席，主管有关规则和裁判方面的事务。国际轮滑球委员会每两年召开一次会员代表大会，由执委会决定时间和地点以及主持会议人选。

在国际轮滑联合会的总共49个成员中，有45个国家和地区开展了轮滑运动，包括：安道尔、安哥拉、阿根廷、澳大利亚、奥地利、比利时、巴西、加拿大、智利、中国、哥伦比亚、哥斯达黎加、古巴、丹麦、厄瓜多尔、埃及、法国、德国、英国、香港、印度、爱尔兰、以色列、意大利、日本、韩国、澳门、墨西哥、莫桑

118

比克、荷兰、新西兰、巴基斯坦、葡萄牙、波多黎各、南斯拉夫、孟加拉等。

正式的世界锦标赛始于1936年。1939年举行了第2届;第二次世界大战后,于1947年举行了第3届。其后一直到1956年是每年一届,从1956年开始改为每两年一届。由于参赛队数的不断增多,从1984年起分为A、B两组,在同年比赛。1988年起决定A组锦标赛在单数年举行,B组锦标赛在双数年举行,采取升降级制度。A组的第10~12名下一年参加B组的比赛,B组的前三名下一年参加A组的比赛。

思考题

1. 简述轮滑球运动的发展概况。
2. 简述轮滑球运动的技术特点。

第六章

空　手　道

第一节　空手道概述

　　空手道(Karatedou)，是由距今500年前的古老格斗术和中国传入日本的拳法糅合而成的。那时，在硫球上层阶级间，暗中参考中国的拳法创出了独特的唐手，即最初的"空手道"。而在"唐手"之

前，已有"那霸手"和"首里手"两种名称是根据地域分别的，成为现今空手道各流派的渊源。

　　空手道原称作唐手，含有"源自中国的武术"的意思。空手道源于中国古时候的少林武术。

　　1922年5月冲绳尚武会会长、船越义珍赴东京，在文部省主办的体育展览会上表演唐手以后，唐手就在日本迅速普及。

　　1935年船越义珍大师出版了《空手道教学方式》一书，唐手正式改名为"空手道"。空手道发展到了现代已成为一项正式体育比赛项目。

　　自从1970年成立了"世界空手道联盟"，并举办了第一届世界空手道锦标赛。当前空手道正式的国际组织为世界空手道联盟(WKF)。

第二节　空手道的基本技术

　　空手道的基本进攻技术分为手技和足技。手技是击、打，足技是踢。击又分为拳击、平拳击、指击和掌底击。打分为拳打、掌劈、平掌打和臂打等。踢分为脚尖踢、脚掌踢、脚踵踢、脚外侧踢和膝撞等。另外还有头击、肩击等技术。运动员根据对方身体姿势和动作变化，使用上述基本进攻技术，向对方头部、颜面、颈、胸、腹、背等部位进攻，但不准直接击触到对方身体。击和踢都可以采用直线、螺旋和弧形等进攻形式。击又可分为单手击和双手击，踢也有单脚踢和双脚起飞踢等方式。把这些复杂的击、打、踢动作交织在一起，就构成了巧妙的进攻技术。

　　针对上述各种进攻方法，也有各种不同的防守方法，如弧形防、旋形防、合掌防、掌劈防、交叉防等。

空手道比赛分个人赛和团体赛。

比赛时，主裁判 1 人在场上，副裁判 4 人在场外四角执行裁判工作。运动员着空手道服(同柔道服)，赤脚，一方系红腰带，另一方系白腰带。比赛场地 8 米×8 米。比赛时间一般为 2 分钟。任何一方运动员在 2 分钟内用手击、脚踢对方的面、颈、胸、腹、背等部位(不得接触，保持一定距离)，经裁判判定为正确而有效，则得一分，为胜利。如未击或踢至规定部位，根据技术高低、精神和态度好坏等来评定胜负。有严重犯规行为者，即取消其比赛资格。

第三节　空手道的流派

正统空手道主要有松涛馆流、刚柔流、和道流、系东流四大流派。世界空手道联盟的型(套路)的比赛标准仅以松涛馆等四大流派的指定型为标准。

一、松涛馆流

松涛馆流的创始人即为现代空手道始祖船越义珍(1870～1957 年)，该流派是目前世界上最大的空手道流派。松涛馆流空手道系空手道中的所谓"南舟北马"中的北派功夫。松涛馆流空手道共有 26 个规定型(套路)。其技术特征为大开大阖，动作走直线，多用弓步大马，注重腿法运用，是刚猛型空手道的典范。类似中国武术中的北派少林拳。因为其动作幅度大且简洁深受欧美空手道爱好者的喜爱，在世界空手道强国法国、德国、英国、美国等空手道的市场占有率达到 80%以上。随着空手道运动的全球化，刚猛直接的松涛馆流空手道的优势则更为明显。

该流派的代表团体有日本空手道协会(JKA)，国际松涛馆空手道联盟(SKI)，国际松涛会(ISKF)等数个国际性联盟及松涛会、松涛同盟、松涛馆、松涛联合会、三田会、稻门会、拓空会等。其中 JKA 是日本最大也是世界上最具规模的空手道流派团体。目前全世界共有 80 余个国家地区的空手道团队加盟 JKA，每两年举行世界比赛。该团体由船越义珍所开创，于日本昭和 23 年正式成立，日本文部省于昭和 33 年 4 月 10 日正式登记认可。

二、刚柔流

刚柔流空手道的创始人是宫城长顺。宫城于明治 21 年(1888 年)出生于琉球，14 岁加入那霸手名师东恩纳宽量的门下，18 岁赴中国福建省，学习中国拳法。归国后将独特的技法系统化。该流系"南舟北马"中的南派功夫，受系统来自南少林拳白鹤门。其流派的名称就来自白鹤门流传秘书《武备志》中拳八句中的一句"法刚柔吞吐身随时应变"因此得名刚柔流。该流派空手道有明显的南拳特色，以小架三战步、猫足立为主，讲究刚柔并济。在修行时注重"气"、"息"、"体"的锻炼。刚柔流共有 13 个规定型。

刚柔流的代表团体有全日本空手道联盟刚柔会、世界刚柔流空手道联盟、刚柔馆、刚柔联盟、正刚会等，该流派在东南亚地区有相当大的影响，也是最早传入中国的空手道流派之一。另外要注意的是，目前世界上另一大空手道体系即全接触式硬式空手道的代表——极真会的创始人大山倍达即是日本刚柔会开祖山口刚玄的弟子曹宁柱的学生。

三、和道流

和道流空手道的创始人为大冢博纪，大冢博纪出生于明治 25 年(1892 年)。6 岁起学习柔道。于大正 9 年(1920 年)到船越义珍的明正塾学习空手道及日本神道扬心流柔术。大正 13 年(1924 年)，在皇居济宁馆道场举行的舞蹈演武会中参加琉球唐手术表演，大冢博纪表演自创的"唐手术乱取形"

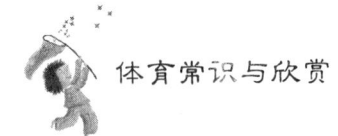

（现代空手道中的约束对打），以及"捕短刀"、"捕真剑白刃"博得好评。以此为契机，大冢博纪在昭和8年5月创设"和道流"，即将空手道与日本柔术合而为一的意思。该流派受到"神道扬心流"柔术的影响颇深，其中"别"、"流"、"押"、"引"、"入身"、"转身"等更是柔术的技法特征。和道流最具特色的是格斗技术，是极少数在格斗中能体现流派特征的空手道，该流派出现了许多空手道格斗比赛冠军。同时该派空手道也属松涛馆一系，因此在套路上深受松涛馆流的影响，但也有自身的特色。

和道流空手道的代表团体有全日本空手道联盟和道会，世界和道流空手道联盟等，和道流最大势力是在日本的大学和学校，以东京大学、东京农业、明治、日本、立教、日本齿科、东京工业、东京外语、北海道、熊本工业、福冈等高校体育联盟中空手道强校为中坚力量。

四、系东流

系东流的创始人摩文仁贤和生于明治22年(1889年)琉球首里市，13岁时成为首里手名家系州安恒的嫡传弟子，20岁时投入那霸手名师东恩纳宽量的门下。后又学习了松村派、新垣派等空手道，更学习了空手道以外的日本古武道器械。摩文仁贤和于昭和3年(1928年)上京，在到达日本本土的琉球唐手家中，完全学会首里手和那霸手的仅摩文仁贤和一人而已。

昭和9年摩文仁贤和在大阪开设养秀馆道场，以自己两位恩师名字的开头各取一字当成流名，成为系东流。系东流的特点是以"守、破、离"三字来总结，即对型的忠实遵守而后应用最后独立，以此独特的方法来修行空手道。

而且系东流空手道极其重视空手道精神的修养，开祖摩文仁贤和极强调系东流空手道为"君子的拳"，是为修行圆满的人格和崇高的人生目的而进行空手道修行。系东流空手道一共有47个规定型，是四大流派中规定型最多的，也是排选手代表日本参加世界空手道比赛中型比赛最多的流派。系东流的型是其流派的一大特色。

系东流的代表团体有全日本空手道联盟系东会、世界系东流空手道联盟、林派系东流、正气会、修交会、修道会、圣心会、明武会等。自1989起每两年举办一次世界级空手道比赛。

五、极真会

极真会馆由大山倍达于1965年于东京创立。大山倍达于1923年生于东京。9岁时在其姊居于满洲的农场内，首次接触到武术，并学习到中国南方拳法"十八手"。1938年，15岁的大山移居日本，并加入日本空军之列，成为空军飞行员。其时，他开始接受柔道和拳击的训练。后来，他跟随松涛馆空手道创立人船越义珍学习冲绳空手道。醉心武学的大山，进步神速，17岁时已取得松涛馆空手道黑带二段，20岁时更考取四段之佳绩同时亦成柔道黑带四段之高手。

极真会世界性总部于1963年开始建立。于1965年于东京正式启用。并命名为"极真"，全名为"国际空手道联盟，极真会馆"，自1969年起，每年主办全日本空手道大赛及每隔四年主办全世界空手道大赛，至今从未间断，并以全接触式赛例闻名于世。亦因为极真空手道的训练严格，努力不懈，不屈不挠的斗志精神。令极真派得到全球武术界之认同。在短短的30多年间，极真会馆在全球120多个国家都设立了分部，学员超过1 200万人，成为世界上最大的武术组织之一。

第四节　空手道的技术等级和在我国的发展意义

一、空手道带位

空手道带位分初学（白带）、10级橙带、9级橙带1杠、8级蓝带、7级蓝带1杠、6级黄带、5级黄带1杠、4级绿带、3级绿带1杠、2级棕带、1级棕带1杠、黑带初段～黑带10段。

二、空手道在中国的发展意义

空手道项目重回我国,其意义远非几千人的身体得到锻炼,它可以对社会风气,精神文明建设形成相当的积极影响。现代空手道继承了实用性、观赏性的特点,以严格的训练,使学员达到一定的自控水平,使人的精神和肌体更协调。空手道如同书法、音乐、美术一样要求自我修养,它具有精辟的哲学理论、科学系统的训练;它所追求的是一种身心的统一,内与外的统一,精神和力量的统一和人真善美的艺术修养。它不仅培养个体,形成个人优秀品质,还培养团结、友爱、互助的集体意识。在学习过程中,大家通过共同的真心付出,刻苦的身心训练,在人与人之间、人与学校之间形成了一种亲密无间,同心同德,共同前进的关系。这就是空手道的魅力!

目前,世界已拥有空手道联盟组织近百个,1 700 万名会员(含集体会员),在日本的大中小学校都开设空手道选修课和成立俱乐部。

思考题

1. 空手道运动的发展历史与流派。
2. 空手道运动的健身价值。

第七章

橄　榄　球

第一节　橄榄球运动的起源与发展历程

橄榄球起源于英国,原名为拉格比足球(Rugby football)。因为其球形很像橄榄,在中国即被称为"橄榄球",拉格比(Rugby)其实是一个英格兰小镇的名字,在这个小镇上有一间叫 Rugby School 的公学,那是橄榄球运动的诞生地。

据传说,在 1823 年的时候,该学校举行了一次足球比赛,当时比赛十分的激烈,其中有一个名叫威廉·韦伯·埃利斯(William Webb Ellis)的 16 岁的小男孩,因为比分落后,情急之下,他竟然抱起地上的球就向对方的球门跑去。以后在学校的足球比赛中,抱球跑的情况经常发生。虽然在当时这个举动违反了足球的规定,却给人们一个新的启示,这种抱球跑的现象,给比赛增加了激烈竞争的对抗气氛,也逐渐被人们接受了,成为一种合法的动作。就这样,一项新的有利于身体全面发展,具有很高锻炼价值的运动——橄榄球运动,渐渐地从足球运动中派生出来了。

但是,后来的历史学家经过仔细考证,发现这个故事纯属子虚乌有,但是传说的力量是强大的,它已经深入人心,如今在 Rugby School 还树立着一块石碑,上面刻着: This stone commemorates the exploit of William Webb Ellis(此碑纪念 W·W·埃利斯的勇敢行动)。甚至连 Rugby football 的最高荣誉,Rugby World Cup 的奖杯也是以 Webb Ellis 命名,称为 Webb Ellis Cup。

1839 年以后,这项运动在剑桥大学等大学逐渐开展起来,并相继成立了拉格比俱乐部。1871 年正式成立了英式橄榄球协会,经常进行比赛,此后,英式橄榄球很快传入了欧美国家。1890 年,建立了国际橄榄球组织,1906 年,在法国举行了国际橄榄球比赛。自此以后,英式橄榄球运动,在不少国家都开展起来了,并不断不发生变化,许多国家都创造出了适合自己国家的橄榄球运动,其中最为著名的就是美式足球(American Football)。现今世界上,有 94 个之多的国家流行橄榄球运动,国际最高的组织机构是国际橄榄球理事会(I·R·B),它是由英格兰、苏格兰、爱尔兰和威尔士 4 个国内协会加上新西兰、澳大利亚和南非三个国外协会所组成的;它的主要任务在于制定橄榄球比赛规则以及橄榄球运动的开展政策。

美式橄榄球联盟(National Football League,缩写为 NFL)是世界最大的职业美式橄榄球联盟。联盟由 32 支来自美国不同地区和城市的球队组成。联盟最早在 1920 年以美国职业美式足球协会(American Professional Football Association)的名义成立,后来在 1922 年改名为国家美式足球联盟(National Football League)。国家美式足球联盟是北美四大职业运动之一。NFL 的球队有时候也被称为特权会员队(franchise),因为他们都是私人投资、按照公司模式运作。NFL是美国最著名的职业橄榄球联盟,所以也拥有最多球迷。其他联盟也试图和NFL竞争,但都没能像NFL那样获得这么大的支持,拥有这么多的球迷。无论是球衣或者产品销量还是收视率,NFL都是其他体育联盟不能相比较的,NFL是当之无愧的美国体育界老大。

第二节　橄榄球运动的基本规则

橄榄球(美式)正式比赛每队15人,前锋8人,后锋7人。比赛在长方形平坦的场地上进行,比赛场地是由比赛区域和达阵区域组成。比赛区域长100米,宽70米,位于球门后的达阵区域长至少有5米长,但至多不能超过22米。

全场比赛时间为80分钟,分上、下两半时,中场休息5分钟。下半时开始双方互换场地。

一、得分方法

1. 达阵得分(一次达阵得6分)。

2. 达阵后的射门,即一次达阵得分后,在达阵地点所在的平行于边线上任意选一点,将球定踢进入横梁上方球门得1分。

3. 因对方犯规,罚踢进入横梁上方球门得3分。上述情况以外的反弹踢进入横梁上方球门得3分。

二、美式橄榄球联盟(NFL)中得分方式

1. 达阵＝6分

达阵是比赛中一次得分最多的方式。达阵一方还有一次得附加分的机会。要想达阵,球必须越过端区的得分线,在端区中接住传球,在端区内抢到丢球。

2. 附加分和两分转换＝1分或2分

达阵后,得分方将球放在对方2码线处,有两个选择。通常是踢一个附加分,也叫达阵后得分,PAT。如果达阵方成功将球踢进球门,得1分。进攻方也可以通过跑球或冲球再次达阵取2分。由于得2分比得1分的方式要困难很多,达阵方通常选择踢1分。

3. 点球＝3分

如果进攻方没能达阵,它可以尝试点球得分。点球可取3分,通常比赛最后时刻,一个点球就决定了比赛胜负。进攻方可在任何时候,在场地的任何地方踢点球。但通常是在第四次进攻机会,并且球推进到防守方的45码线内,才选择踢点球。踢球手必须将球踢进球门的两个立杆之间,横杆之上,才算得分。防守方要尽可能挡住对方的点球。

第三节　橄榄球运动的特点

橄榄球运动是一项两队相互对抗的,剧烈而且又富有欣赏性的球类运动项目。橄榄球比赛时通过运用个人技术的相互配合,以达攻守的目的,他的特点是参加比赛的人数最多,是所有球类项目无

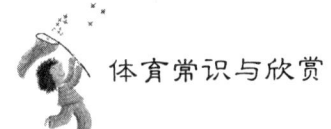

法比拟的。一场比赛有 30 人在场上奔跑争夺,场面十分壮观;其次场地最大、技术复杂、战术多样。在比赛中,不仅要求运动员有强壮的体魄,高大的身材,快速的奔跑能力和勇敢顽强的意志,而且还要求运动员在有对手阻拦的情况下完成复杂的身体接触的技术动作和战术配合。它要求运动员要有篮球运动员的手法灵活性和弹跳能力,又要有足球运动员娴熟踢球脚法的功夫,还要有田径短跑运动员的快速敏捷的速度。它是一项集篮球、足球、田径为一体的综合体育项目,具有很高的趣味性和观赏性。

经常参加橄榄球运动能有效地发展身体素质,增强体质,提高人体各器官系统的功能。长期参加橄榄球运动,不仅能培养勇敢顽强、机制果断、坚韧不拔、勇于克服困难、团结协作的优良品质和集体主义精神,还可以培养高尚的人格、绅士的风度。

第四节　重大国际橄榄球比赛项目简介

世界杯:4 年一次。

奥运会:每 4 年一次。橄榄球在 20 世纪的前四届奥运会上均为正式比赛项目。在 1924 年,美国队获得最后一块橄榄球金牌。现已中断了 84 年。

世界杯七人制橄榄球锦标赛:每 4 年一次,是世界七人制赛的最高赛事。第一届于 1993 年 4 月 16 日~18 日在苏格兰的爱丁堡举行。

六国赛(Six Nations):每年法国与英伦四国的对抗赛,后来又加入了意大利,是欧洲最高级别的比赛。

三国赛:南半球最高水平的赛事,由澳洲、新西兰、南非参加。

Bledisole Cup:澳洲与新西兰每年一度的对抗赛,是南半球最重要的比赛。

亚洲橄榄球锦标赛:每 2 年一次,是亚洲橄榄球界的盛大赛事。

香港国际七人制橄榄球邀请赛:每年一次,由香港橄榄球总会主办,是国际上最负盛名的七人制橄榄球赛。

思考题

1. 橄榄球运动的发展历程。
2. 橄榄球运动的竞赛规则。

第八章

跳 伞 运 动

跳伞运动是指跳伞员乘飞机、气球等航空器或其他器械升至高空后跳下，或者从陡峭的山顶、高地上跳下，并借助空气动力和降落伞在张开降落伞之前和开伞后完成各种规定动作，并利用降落伞减缓下降速度在指定区域安全着陆的一项体育运动。它以自身的惊险和挑战性，被世人誉为"勇敢者的运动"。

第一节　跳伞运动的起源

一、欧洲起源说

相传，公元 1628 年，在意大利的一座监狱中，有一位名叫拉文的囚犯，他几次酝酿越狱，但不得其计，因为不但警察看守很严，而且监狱围墙有好几丈高，倘若从上面跳下，不死也残。有一次，亲友在探监时给他送来一把雨伞，这就成了他越狱的工具。他偷偷把一根根细绳的一端拴在雨伞的伞骨上，另一端握在手中，在一个月黑风高的夜晚，拉文避过看守，爬上高高的围墙，抱着那把雨伞往下跳，着地后竟然毫无损伤。但拉文后来又给抓回监狱，他的越狱供词却引起了航空专家的兴趣。1785 年，法国的白朗沙尔受这次冒险越狱的启迪，把狗和重物运上半空，然后乘降落伞下降获得成功。1797 年，法国的一位飞行员乘气球升上高空，使用自己的降落伞下跳成功。

二、中国起源说

翼形伞出现以前，降落伞的一般原理，可见于司马迁《史记·五帝本纪》所记载的舜手持遮阳的圆形斗笠，从着火的粮仓顶上跳下而平安落地的故事。这虽然算不上跳伞，但至少可以说明，早在公元前 2000 年左右，我国就已经有了跳伞运动的雏形，甚至可以说，中国就是原始降落伞的发源地。

相传刘伯温在辅助朱元璋夺取天下后，朱元璋在一座高阁大宴群臣，暗藏杀机。酒席过半，刘伯温情知有变，借故离席，打开一把事先带去的雨伞，跳楼而去，安全逃生，从此隐居山林。这段传说虽不见于史书，但在明朝，跳伞确实已成为一种民间杂技。

三、现代跳伞运动

第一个真正从天空跳伞成功的人是法国青年加勒林。1797 年 10 月 22 日，加勒林在巴黎乘一个巨大的热气球升至 100 米的天空。他砍断系绳，将气球放走。吊篮脱离气球后，朝地面急速坠落。游览的人们发出一片惊叫。正当人们为他的生命担忧之际，突然连在吊篮上的一块白色大帆布蘑菇般地张开，载着加勒林摇摇摆摆地落在地面。这就是人类跳伞运动的开始。

1911 年，俄国退役炮兵中尉克杰尼柯夫发明了世界上第一个能折叠的、固定在人身上的背包式降落伞，经过改进，这种伞就系在飞行员身上，供危急时刻使用。根据不同需要，可使用不同类型的降落伞。

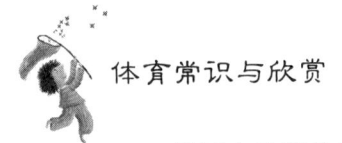

体育常识与欣赏

美国人圣路易首次成功实现了飞机跳伞。

20世纪初以来,飞艇、飞机广泛用于民航事业和军事方面,降落伞被实际用为飞行人员的救生器具,并逐渐发展为体育活动。

第二节 跳伞运动的发展

从18世纪末开始,跳伞在欧美各国迅速发展,并逐渐流行于世界上许多国家。1926年,美国率先将跳伞运动正式列为空中比赛项目。20世纪50年代,跳伞由起初的救生和利用于军事,发展成为一项国际性体育竞赛项目。1951年在南斯拉夫举行了第一届世界跳伞锦标赛,这种竞赛从1954年起每两年举行一次。

跳伞的升空方式也从最早的从热气球上跳伞发展为飞机跳伞、伞塔跳伞、牵引升空跳伞,当今喜爱冒险运动的人们又发明了从悬崖和摩天大厦跳伞等。现在,跳伞项目除了传统的特技、定点、空中造型、空中踩伞等项目外,又新增添了空中自由式跳伞和空中滑板跳伞,从单纯的竞技型向休闲、娱乐和极限运动演变。

80年代,base跳伞比赛兴起(base是建筑物、天线、跨距、地表四个英文单词的首写字母缩略词),这种从陡峭的悬崖或建筑物等固定物体上跳伞的比赛危险性极大,被人们称为"死亡比赛"。90年代,一种空中滑板的极限运动开始在欧美一些国家流行起来,运动员除配备降落伞外,脚上还穿有一种特别的滑板。运动员在自由降落阶段利用空气的动力完成旋转、翻腾和滑行等高难度动作。目前这一项目已正式被列为espn极限运动会项目。

目前,跳伞运动已经成为全球最为普及的航空体育项目之一,也成为年轻人最时髦的极限运动之一,甚至被发展成为一种技巧高超的体育活动。旋转、翻筋斗、转向、特技编队表演、传递接力棒,甚至不带降落伞从飞机上跳下,在半空中从另一位跳伞者那里取得降落伞等。

一、中国跳伞运动的发展

我国民间跳伞运动开始于20世纪40年代,1942年在重庆建立了第一座跳伞塔,1949年以后,跳伞运动发展较快,中国运动员曾多次打破跳伞世界纪录。1958年9月在北京举行的首届滑翔、跳伞运动会中,赫建华等3人以9.817米的成绩创造了女子1000米集体定点跳伞的世界纪录。1978年我国加入国际航联后开始参加世界性的比赛。到1978年止,有70人41次打破21项世界纪录。1980年、1983年中国4人造型跳伞队先后以16分(一次跳伞完成16个图案)、22分破世界纪录。1983年9月在意大利举行的第二届世界杯跳伞比赛中,我国李荣荣夺得女子世界杯冠军。迄今为止中国跳伞运动处于世界领先水平。

二、国际跳伞赛事

1951年2月在荷兰海牙举行的国际航空联合会代表大会上,决定举行第一届世界跳伞锦标赛,同年8月在南斯拉夫举行由6个国家17名运动员参加的比赛。1954年在法国举行了第二届锦标赛,此后每两年举办一次。

国际航空运动联合会每两年举行一次特技、定点项目的世界跳伞锦标赛和一次世界造型跳伞锦标赛,由于这两项比赛不安排在同一年,这样每年都会有一项世界大赛举行。世界跳伞锦标赛设个人定点跳伞、个人特技跳伞和4人集体定点跳伞3个项目,要求个人定点跳伞高度不低于700米;个人特技跳伞高度2000米,最低不低于1800米,有4个规定特技动作,每套由4个360°水平盘旋和2个360°的后筋斗组成。

128

世界造型跳伞锦标赛设 4 人连续造型和 8 人连续造型两个项目。4 人连续造型的跳伞高度为 2 750 米,规定时间为 35 秒。8 人连续造型的跳伞高度为 3 500 米,规定时间 50 秒。比赛的图案动作单数轮为规定动作,双数轮为自选动作。

第三节　跳伞器材设备

一、基本装备保证跳伞的安全和成功

对于所有跳伞人来说,装备主要包括四个部分:

1. 背带,抓住跳伞人的身体。
2. 容器,放置主伞盖和备用伞盖。容器连接到背带上。
3. 主伞盖,存放在容器中。通常先打开该伞盖。
4. 备用伞盖。该伞盖与主伞盖类似,但是仅在主伞盖无法正常使用时才使用。

二、辅助装备

除了上述四个主要部分外,还通过装备的其他部分来确保整个系统正常工作。其他装备包括以下部分:

1. 固定开伞索和挂钩(仅限固定开伞索跳伞)或主开伞索,用于打开主伞盖。
2. 切断手柄,用于使主伞盖与跳伞人分离。只有主伞盖无法正常打开时,才使用该手柄。该手柄清除跳伞人上方的空气,使备用伞盖可以打开并保证不会与主伞盖缠绕。
3. 备用手柄,用于打开备用伞盖。
4. 前后升降器,用于操纵伞盖。
5. 自动激活设备(ADD)。该设备是一种大气压设备,不断分析周围的压力,确定高度以及下降的速度。当高度低于 984 英尺(300 米)、垂直速度超过每秒 125 英尺(38 米)时,该设备将激活,打开备用伞盖。
6. 高度计,用于在跳伞时测量高度。
7. 护头装置,以便在坚硬的地面上着陆时保护跳伞者的安全。要求坚固轻便,内部有缓冲点,为减少阻力,应具流线外形,视野开阔,尺寸要与头型吻合。初次跳伞的人可能要使用坚硬的头盔。经验丰富一些的跳伞人可能希望使用皮质的帽子;尽管保护性能差些,但是更加灵活。
8. 卫星定位仪(GPS)

GPS 除能准确确定飞行中的位置外,其最有用之处是可以将飞行航线以程序形式输入仪表,在空中可指示你如何去飞行,显示飞行平均速度和到达下一站的预计时间。对在比赛和长途越野飞行中寻找目标转弯点,准确控制飞行航线有很大帮助。国际航联近年才批准将 GPS 应用于航空运动中。

第四节　跳伞赛事种类

跳伞运动按载人器具分为包括从飞机、直升机、滑翔机、飞艇、气球等各种航空器上的跳伞和地面跳伞塔跳伞。国际上分为伞塔跳伞、氢气球跳伞和飞机跳伞三种。其中飞机跳伞是我国开展跳伞运动的主要形式。飞机跳伞竞赛项目很多,国际上开展的项目有定点跳伞、特技跳伞、造型跳伞、踩伞造型跳伞和表演跳伞;此外,还有在 7 000 米以上高度进行的高空跳伞;日落后一小时至日出前一小时内

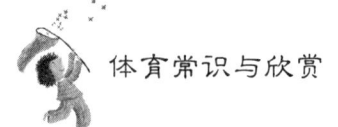

的夜间跳伞;在江、河、湖、海等水域上进行的水上跳伞等。

一、定点跳伞

跳伞员在规定高度跳离航空器,操纵降落伞在预定区域内着陆。跳伞高度不低于700米。跳伞时,地面设跳靶,为着陆区的标志。以跳伞员身体首先接触地面的一点至靶心最近边缘的距离测量,距靶心愈近,成绩愈好。踩中靶心为0米(俗称"踩点"),成绩最好。有个人和集体之分,其中集体指多人在飞机进入跳靶上空同一航线上跳离飞机,并在同一跳靶内着陆。比赛进行数轮,各轮定点距离总和为该跳伞员(或队)的成绩,少者为优胜。个人定点纪录指一人连续踩点的次数加上另一次未踩点的距离;集体定点纪录指全组连续踩点的次数加上另一次未踩点的距离。分四人组和八人组两项。此外,伞塔跳伞还设双人定点项目,即两名运动员相继从相同高度的两支钢臂上脱钩,分别乘伞着陆于同一跳靶。成绩按同组每人定点距离的总和计算。

二、特技跳伞

飞机跳伞项目。跳伞员在跳离飞机后至打开降落伞前的自由坠落阶段,借助空气动力的作用,在空中完成规定特技动作的跳伞。跳伞高度为2200米。有四套规定动作,每套都由四个360度盘旋和两个360度后筋斗组成。比赛一般进行3~5轮,每跳一次做一套动作。裁判记录全套动作的完成时间(精确到1/100秒),并对不标准的动作根据程度给予不同的"罚秒"。每次的成绩为完成动作的时间加

"罚秒"。各轮成绩的总和为个人总成绩,时间少者为胜。特技纪录成绩是准确完成一套规定动作的时间,不允许其中有不标准动作。

三、造型跳伞

飞机跳伞项目。2名以上跳伞员,乘一架或数架飞机,于同一航线上跳下,在开伞前的自由坠落中,借助空气动力作用相互靠拢,彼此拉住手、臂或腿,组成各种规定图案。项目有十人竞速组星跳伞(原纪录项目)、最大造型跳伞(纪录项目)和连续造型跳伞(比赛、纪录项目)等。

四、踩伞造型跳伞

数名跳伞者在降落伞张开后,调整好高度差,相互靠拢,上面的跳伞者用手抓住或用脚钩住下面跳伞者的伞衣或伞绳,依次连成一串,呈垛型或组成各种规定图案。踩伞造型跳伞项目有四伞循环造型、八伞速度造型、连续踩伞造型以及由数十人一同参与的最大踩伞造型。

五、高空跳伞

飞机跳伞项目。指在7000米以上高度的跳伞。跳伞员事先经过气压舱训练,以适应高空气压变化;跳伞时佩戴氧气设备和气压自记器。有个人和集体、男子和女子之分。以运动员跳离飞机至打开降落伞之间的自由坠落距离计算成绩。个人高度纪录是一名运动员一次跳伞自由坠落的距离(以米为单位);集体高度纪录是全组成员一次自由坠落的平均距离。一组至少3人。

六、夜间跳伞

在日落后1小时至日出前1小时内进行的跳伞,才能被称为夜间跳伞。跳伞时,除飞行所需夜航设备外,跳伞区还设置灯光信号,标明跳靶、工作区和障碍物等位置。夜间定点跳伞是原纪录项目,跳

伞高度。跳靶设置及成绩的计算都与日间定点跳伞相同。

七、空中飞伞

跳伞者在张开降落伞下降过程中,扔掉伞衣,急速自由坠落,如从伞上掉下来一般。待到一定高度后,再打开第二顶降落伞。也可用同样方法扔掉第二、第三顶伞衣。

八、水上跳伞

飞机跳伞项目。指在江、河、湖、海、水库等水域上空进行的跳伞。跳伞员降落于水面上,故需穿救生背心,携带橡皮船。在水域上空作定点跳伞时,水面设浮靶,跳伞员触水后,以抓住浮靶的速度计算成绩,时间越短越好。

表演跳伞:飞机跳伞表演项目。跳伞员使用各种结构独特、形状美丽、色彩鲜艳的降落伞进行跳伞。

第五节　跳伞极限之美

作为极限运动的一种,从高耸垂直且建筑物相对密集的城市高处跳下,极限跳伞运动确实有其与众不同的精彩之处。

跳伞的升空方式很多,最早是从热气球上跳伞,然后发展为飞机跳伞、伞塔跳伞、牵引升空跳伞,当今喜爱冒险运动的人们又发明了从悬崖和摩天大厦跳伞等。目前跳伞项目除了传统的特技、定点、空中造型、空中踩伞等项目外,又新增添了空中自由式跳伞和空中滑板跳伞,从单纯的竞技型向休闲、娱乐和极限运动演变。

目前,跳伞运动已经成为全球最为普及的航空体育项目之一。在上海金茂大厦的这次跳伞在国外被称为BASE jump,由高楼(Building)、高塔(Antennae)、大桥(Span or bridge)和悬崖(Earth)这四个英文单词的开头字母组成,而它们就是适合开展这项运动的四种固定地点。作为极限运动的一种,从高耸垂直且建筑物相对密集的城市高处跳下,极限跳伞运动确实有其与众不同的精彩之处,在叠伞方式、开伞程序以及降落伞器材等方面都和传统的飞机跳伞不同,概括起来就是"准、正、稳"。

在大家所熟知的飞机跳伞运动中,跳伞运动员是身背主伞和备份伞两副伞,而极限跳伞只有一副伞,没有备用的选择余地,开伞时只能一次成功;由于距离地面高度低,运动员没有用修正棒调整方向的时间,因此在开伞的一瞬间就要端正地朝向瞄准的固定物;如何在迅疾的降落过程中安全脱离、避开周围建筑物,在高低参差的环境中安稳地降落是极限跳伞的另一个难点。

🔖 思考题

1. 跳伞运动的种类。
2. 我国跳伞运动的发展与世界地位。

第八章　跳伞运动

第九章

蹦　极

蹦极(Bungee Jumping)是一项户外休闲活动。跳跃者站在约40米以上高度的位置,用橡皮绳固定住后跳下,落地前弹起。反复弹起落下,重复多次直到弹性消失。

第一节　蹦　极　概　述

蹦极(Bungee Jumping),是近来新兴的一项非常刺激的户外休闲活动。跳跃者站在约40米以上(相当于10层楼)高度的桥梁、塔顶、高楼、吊车甚至热气球上,把一端固定的一根长长的橡皮条

绑在踝关节处然后两臂伸开,双腿并拢,头朝下跳下去。绑在跳跃者踝部的橡皮条很长,足以使跳跃者在空中享受几秒钟的"自由落体"。当人体落到离地面一定距离时,橡皮绳被拉开、绷紧、阻止人体继续下落,当到达最低点时橡皮再次弹起,人被拉起,随后,又落下,这样反复多次直到橡皮绳的弹性消失为止,这就是蹦极的全过程。

蹦极一词是一个音译词,在中国香港、台湾地区,人们音译为"笨猪跳",作这种译法的人大概是认为,如果一个人不笨的话,是断然不会去进行这种"惨烈"的活动的吧。然而,当这项运动从它的起源地发展到世界各地,就受到人们普遍的欢迎,甚至一些极限运动爱好者还要将自己的婚礼仪式放在蹦极塔上进行,一旦"礼成",就纵身一跳,以示爱情的热诚与忠贞。而去蹦极的人非但不会被称作"笨猪",反而能够拿到"勇敢者证书"。

蹦极源于英文"bungy"或者"bungee",为什么会有两个名字呢?

可能的原因有两个:

第一种说法:目前所知,bungee最早出现于牛津极限运动俱乐部,他们管这项运动叫做bungee。这项运动在新西兰叫bungy,极有可能是由于拼写错误,但是由于在新西兰推广的很成功,人们普遍接受了bungy,所以就有了这个词。

第二种说法:bungy和bungee是有差别的。bungee所用的绳索是用多种材料复合而成,在北美通常用5/8英寸军事规格的绳索,伸缩率能达到210%,现在也有使用TR2和Ripcord,伸缩率分别达到240%和280%,它的特点是有更高的自由落体,反弹时间更长,感觉更刺激。

bungy发源于新西兰,使用的绳索是橡皮绳(具有无限的伸缩),有可变的掣动系统,能控制最大伸缩距离。它的特点是比较低的速度,比较高的反弹,感觉平稳,特别适合绑踝跳。

第二节　蹦极的起源和发展

相传在公元 500 年前后,在西太平洋瓦努阿图群岛的 BUNLAP 部落,一位土著妇女为逃避丈夫的虐待,爬上了高高的可可树,用一种当地具有弹性的蔓藤牢牢绑住脚踝。她威胁其丈夫要从树上跳下来,没想到笨丈夫随后也爬上了树,跟着跳了下去,结果自然是柔嫩的蔓藤救了女人的命,暴虐的丈夫却命丧黄泉。此后,将蔓藤绑住脚踝从高处跳下成了当地一种独特的风俗习惯。他们依山建起一座座由树桩和蔓藤捆扎而成、20～30 米的高塔,年轻的男子从上面俯冲而下,象征他们步入成熟,向他们信奉的图腾,祈愿部落的平安和丰收。

这种形式后来传到英国,被作为皇宫贵族的一种表演,表演者须穿燕尾服,头戴礼帽。首次使用橡皮绳蹦极,是在美国。1954 年,有两位地理学家来到蓬特科斯特岛进行科学考察,意外地发现了岛上居民的这个奇怪风俗。他们在科学考察报告中对"俯冲跳"作了这样的描述:"在蓬特科斯特岛上,当地人在感恩节爬到山间的塔顶上,身上系一根绳子,头朝下地跳下来。"从此,蹦极运动的雏形被传播开了。

1970 年,地理学家们再次来到这个小岛,摄影家兼作家卡尔·穆勒成为第一个尝试这种令人心颤活动的外来人,他形容自己从 25 米高处跃下时,奇怪地感觉自己似乎停止了思维,极度兴奋后,身体稍有些不适应。1979 年 4 月 1 日,英国牛津大学冒险俱乐部成员从当地 245 英尺高的克里夫顿桥上利用一根弹性绳索飞身跳下,拉开了现代蹦极运动的帷幕。

但蹦极跳的真正发扬光大是在新西兰。早在 1988 年,A·J·贺克特和克里斯·奥拉姆在新西兰成立了第一家商业性蹦极组织反弹跳跃协会。贺克特更是从埃菲尔铁塔上跳下,因而更加引起了世人对蹦极跳的兴趣。同年,约翰·考夫曼和他的弟弟在美国加利福尼亚州也成立了一个商业性的蹦极机构。约翰本人就是被电视上的蹦极表演吸引到这个行业中来的,在不到 3 年的时间里,他们就吸引了 1 万 6 千人,每人花费 99 美元来参加蹦极跳,并把蹦极发展到大桥式蹦极、飞机式蹦极等多种形式。1990 年,又开创了热气球蹦极跳。从此大力推广这一运动。到目前为止,世界上有很多国家都已建立了蹦极跳运动基地,例如新加坡、日本、加拿大、澳大利亚以及一些欧洲国家。1997 年 5 月 1 日,蹦极跳首次传入中国。

第三节　蹦　极　之　最

世界最高的蹦极点位于美国皇家峡谷悬索桥蹦极,高达 321 米。(左下图)
第二高的蹦极点在澳门旅游塔,高达 233 米的塔顶。(右下图)

第三高的蹦极点在瑞士 Verzasca 大坝蹦极，高达 220 米。（左下图）

第四高的蹦极点在南非东开普敦省齐齐卡马山中一座名为布劳克朗斯的大桥上，高度为 216 米。（右下图）

第四节　蹦极的玩法

一、按跳法分类

1. 绑腰后跃式

此跳法为绑腰站于跳台上采用后跃的方式跳下，此跳法为弹跳初学者的第一个规定基本动作，弹跳时仿佛掉入无底洞，约 5 秒钟时突然往上反弹，反弹持续 4～5 次，整个过程约 1 分钟，紧张而刺激。

2. 绑腰前扑式

此跳法为绑腰站在跳台上面前扑的方式跃下。此跳法为弹跳初学者第一个基本动作做的另一种尝试跳法。此种跳法近似于绑腰后跃式，但弹跳者为面朝下。当玩家面朝下坠落时，看着地面扑面而来，听着风声忽忽吹过耳边，真正感受到视觉上的恐怖与无助。弹跳绳停止反弹时能真正享受重生的欣喜。

3. 绑脚高空跳水式

此跳法为弹跳者表现英姿最酷的跳法，此种跳法为将装备绑于绑踝上，弹跳者站于跳台上面朝下，弹跳者于倒数 5、4、3、2、1 后即展开双臂，向下俯冲，仿若雄鹰展翅，气概非凡。

4. 绑脚后空翻式

此种跳法是弹跳跳法中难度最大但也最神气的跳法。此种跳法为将装备绑于脚踝上，弹跳者站在跳台上背朝后，弹跳者于倒数 5、4、3、2、1 后即展开双臂，向后空翻，此种跳法需要强壮的腰力及十足的勇气，可在体验过绑腰、绑脚弹跳后，挑战此种跳法。

5. 绑背弹跳

此种跳法被弹跳教练喻为最接近死亡的感受，弹跳者将装备绑在背上，于倒数 5、4、3、2、1 后双手抱胸双脚往下悬空一踩，仿佛由高空坠落，顿时感觉大地悬转，地面事物由小变大，整个过程惊险刺激。

6. 双人跳

双人于空中反弹时，弹跳绳将两人紧紧扣在一起，当然，要求其中一方必须要有弹跳经验才能进行双人跳。

由于双人跳存在一定的风险，因此只有跳过蹦极的人才可以进行双人跳。没有蹦极经验是绝对不允许的。

二、按地点分类

桥梁蹦极：在桥梁上伸出一个跳台，或在悬崖绝壁上伸出一个跳台。

塔式蹦极：主要是在广场上建造一个斜塔，然后在塔上伸出一个跳台。

火箭蹦极：顾名思义，将人像火箭一样向上弹起，然后上下弹跃。

三、按操作方法分类

绑腰：踏出弹跳的第一步。

绑背：想尝试电梯断线后的坠落吗？

绑脚：可体验奥运跳水选手俯冲的快感（这种蹦极的前提是脚或腿没有折断的历史，从医学的角度说，骨骼断裂过的玩家是绝对禁止蹦极的）。

第五节　蹦极注意事项

1. 蹦极活动的组织者应该是合法经营的公司。蹦极教练要有资格、有常识并有经验。许多急功近利的组织者根本就缺少经验，设备也不完善。据记载，蹦极活动中的第一起死亡事故就是因为教练没有把绳索系好，绳子看起来是系在钩子上了，其实没有。另外，由于蹦极是一项具有冒险性的活动，参与者最好参加保险。

2. 把游客系在绳子上的方法有几种，如把背带套在身上，以及系住脚踝、腿或手臂。无论哪种方法，你的安全都取决于你是否被系好了。如果系着物看起来陈旧不堪，或者你觉得哪儿不对劲，就不要跳。

3. 还有的事故是由于人们从正升往蹦极点的升降机上摔下来而造成的。因此升降机启动之前你必须要坐稳，不要在升降机启动之前就系上蹦极的绳子，否则绳子容易绕成一团。

4. 许多蹦极点都针对不同的体重，配备了不同的绳索。这些绳子有不同的颜色和标签，标明适用于哪个体重范围。要问问教练绳子的规格，如果觉得不满意，就不要跳。一般来说，50公斤以下的用细绳，50～80公斤的用中绳，80公斤以上的用重绳。

5. 一些地方提供非常危险的蹦极形式。例如有些双人式蹦极，两人在狭小的空间内不受控制地上下弹跳，他们可能撞到对方，绳子也可能绞在一起。除非非常有经验，并且蹦极者之间的空间也足够大，否则应避免这种危险的方式。

6. 还有一种沙包蹦极，活动中蹦极者手持重物，方法是当蹦极者接近地面时扔掉重物。由于你落下时要沉得多，弹力绳聚集的力量能使你向上弹出时高过起始的平台高度。这种活动的危险是你有可能撞到平台。

7. 在决定蹦极之前要确保天气状况良好。如果风力很大，会影响你弹跳的方向，带来不安全因素。如果当地在下雨，或最近一段时间经常下雨，绳子可能受潮，也会造成安全隐患。

8. 跳之前要确定所有设备都能安全使用。蹦极一般用竖钩或弹簧来保证安全，这些设施应该被牢牢地固定在正确的地方。

第九章　蹦　极

9. 饮酒后不要参加蹦极活动。酒精不仅会损害你的判断力,还会使你急于冒险,并且不太在意安全措施。

10. 确保绳子垂出去的方式能够让你安全弹跳,如果绳子被钩住或缠在一起的话,你就有可能受伤。

11. 许多蹦极点都使用一条主安全绳,另外还有一条备用绳,以在第一条发生断裂时派上用场。

12. 如果绳子看起来磨损得厉害,不要进行蹦极。绳子有使用期限,超出期限必须更换。一些蹦极点的管理者可能使用超出期限的绳子。

13. 蹦极在气候温暖、阳光灿烂的旅游点尤其流行。绳子会受阳光暴晒的影响,因此紫外线辐射也应列入缩短绳子使用寿命的因素。如果要进行蹦极活动,最好在早晨,在绳子完全处于阳光暴晒和高温之前。

14. 蹦极对身体素质要求较高,凡是有心、脑病史的人不能参加。凡是深度近视者要慎重,因为硬式蹦极跳下时头朝下,人身体以 9.8 米/秒方的加速度下坠,很容易脑部充血而造成视网膜脱落。跳下前应充分活动身体各部位,以防扭伤或拉伤。着装要尽量简练、合身,不要穿易飞散或兜风的衣物。跳出后要注意控制身体,不要让脖子或胳膊被弹索卷到。

思考题

1. 简述蹦极运动的特点与分类方法。
2. 参加蹦极运动时应该注意什么?

第十章

帆 船 运 动

帆船是水上运动项目之一。帆船比赛是运动员驾驶帆船在规定的场地内比赛速度的一项运动。

帆船运动中,运动员依靠自然风力作用于船帆上,驾驶船只前进,是一项集竞技、娱乐、观赏、探险于一体的体育运动项目。它具有较高的观赏性,备受人们喜爱。现代帆船运动已经成为世界沿海国家和地区最为普及而喜闻乐见的体育活动之一,也是各国人民进行体育文化交流的重要内容。

经常从事帆船运动,能增强体质,锻炼意志。特别是在风云莫测,海浪、气象、水文条件的不断变化中,迎风斗浪,能培养战胜自然、挑战自我的拼搏精神。

第一节 帆船运动简介

起源于居住在海河区域的古代人的水上交通运输工具。15 世纪初期,中国明代郑和率领庞大船队 7 次出海,到达亚洲和非洲 30 多个国家。现代帆船始于荷兰。1660 年荷兰的阿姆斯特丹市长将一条名为"玛丽"的帆船送给英国国王查理二世。1662 年查理二世举办了英国与荷兰之间的帆船比赛。1720 年爱尔兰成立皇家科克帆船俱乐部。1851 年英国举行环怀特岛国际帆船赛。1870 年美国和英国首次举行横渡大西洋的美洲杯帆船赛。

一、帆船分类

帆船分稳向板帆艇和龙骨帆艇两类。

1. 稳向板帆艇船体中部有一块可上下移动的稳向板,艇长在 6 米以下,稳向板帆艇轻快灵活,可在浅水中行驶。奥运会项目中的飞行荷兰人型、470 型、星型、托纳多型等均属此类,是世界最普及的帆船。

2. 龙骨帆艇也称稳向舵艇,船体中下部有一突出的铁舵,艇长在 6.50~22 米之间,体大不灵活,稳定性好,帆力强,只能在深水中行驶。奥运会项目中的暴风雨型、索林型等均属此类。

3. 比赛在海面进行,场地由 3 个浮标构成等边三角形,每段航道长度为 2~2.5 海里。比赛为绕标航行,共进行 7 场,取其中成绩最好的 6 场之和评定总分,总分少者名次列前。1896 年被列为首届奥运会比赛项目,因天气不好未举行。1900 年再次被列为奥运会比赛项目。原为男女混合项目,从 1988 年奥运会起男女分设。

上述两大类帆船,又可按不同的长度、宽度、重量、吃水深浅、船帆面积和数量,驾驶人数等分为多种型号。

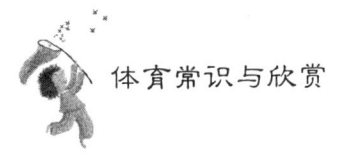
二、奥林匹克运动会比赛船型

历届奥运会比赛船型不固定,第9届奥运会以前根据重量或长度分型,如0.5吨以下型、0.5～1吨以下型、12米型、8米型等等。第10届奥运会以后逐渐按多方面性能、数据划分船型,不少型号还以设计者的国籍或名字命名。如索林型、芬兰人型等等。

最近几届奥运会主要有:

① 芬兰人型为芬兰人萨尔比设计,船帆标志"≈",属稳向板帆艇类,1952年开始列为奥运会比赛项目。② 索林型挪威人索林设计,船帆标志"Ω",3人驾驶,属龙骨帆艇类,1972年开始列为奥运会比赛项目。③ 飞行荷兰人型荷兰人埃森设计,船帆标志"FD",2人驾驶,属稳向板帆艇类,1960年开始列为奥运会比赛项目。④ 暴风雨型英国人普罗克特设计,船帆标志"T",2人驾驶,属龙骨帆艇类,1972年开始列为奥运会比赛项目。⑤ 470型船身长4.70米,船帆标志"470",2人驾驶,属稳向板帆艇类,1976年开始列为奥运会比赛项目。⑥ 星型船帆标志"☆",2人驾驶,属龙骨帆艇类,1932年开始列为奥运会比赛项目。

帆船一直是男女混合比赛,1988年第24届奥运会开始部分项目实行男女分开比赛。2000年第27届奥运会除托纳多型、49人型、星型、索林型、激光型5个项目外,其他均男女分开设项。

三、帆船航行装备

救生圈、急救包、水桶、防水电筒、灭火器、帮浦、锚具(绳)、海图、信号弹、航行灯、通讯器材、望远镜、备用引擎。

四、安全须知

1. 先确定天气、海流、水流、风向、潮汐等影响因素。
2. 落实航程规划及船艇检查。
3. 切勿单独行动。
4. 穿着救生衣及安全索具,以防落水意外。
5. 甲板行走时,应走在上风侧。
6. 预留救生支持管道。
7. 衡量自己体力的负荷程度。
8. 如遇难于水上漂流时,勿放弃风帆,以利救援。

第二节　国际帆船联合会

国际帆船联合会(International Sailing Federation, ISF),简称国际帆联,1907年成立于法国巴黎,创始国是英国,现在国际帆联的总部设在英国伦敦。现有协会会员121个。国际帆联的正式用语为英语。

作为管理世界上各种帆船运动的国际组织,国际帆联的任务是不分种族、宗教、性别或政治信仰,开展各类帆船运动;制定、监督和解释帆船比赛的规则,处理项目间的矛盾;决定各类帆船的竞赛资格;组织奥运会帆船赛;管理各种帆船锦标赛等活动;审查、研究、调查有关帆船运动的各种问题,并作出报告,传递信息;维护协会会员的利益;组织各种比赛和活动,激发公众的兴趣,奖励运动员和其他人员,对关心帆船运动的人士和组织提供服务。

代表大会是国际帆联的最高权力机构,每4年召开一次,讨论国际帆联的有关工作。大会闭幕期间,由理事会行使代表大会的权力,理事会由联合会主席、6名副主席、30名以内的理事,及4个专门委员会代表和无表决权的司库组成。现任主席是加拿大人亨德森(Paul Henderson),秘书长是桑德赫姆(Arve Sundheim)。执委会负责贯彻理事会的决定,处理日常事务。

执委会由联合会主席、6名副主席和无表决权的司库组成。国际帆联设有以下专门委员会处理各方面的专业问题:垂板龙骨船委员会、章程委员会、残疾人帆船委员会、项目委员会、财政委员会、国际级别委员会、国际规则委员会、龙骨式艇委员会、测量委员会、医务委员会、竞赛规则委员会、裁判委员会、国际仲裁分委员会、国际裁判分委员会、竞赛管理分委员会、国际测量分委员会、地区运动会委员会、检查委员会、帆船委员会、培训与发展委员会、风帆委员会、女子帆船委员会、世界帆船竞赛委员会、世界帆船竞赛委员会顾问委员会、世界帆船排名顾问委员会和青年帆船委员会。

国际帆联的出版物有:《帆联年鉴》、《国际比赛规则》、《国际规则解释》和《国际级帆船等级规程》等。

中国帆船帆板运动协会,简称"中国帆协"。英文全名为 Chinese Yachting Association,缩写为"CYA"。中国帆协是中国奥林匹克委员会承认的全国性运动协会,也是具有独立法人资格的全国性群众体育组织。中国帆协是全国帆船帆板运动的领导机构,是代表中国参加国际帆船组织的唯一合法组织。中国帆船协会于1984年3月10日加入国际帆联。

第三节　北京奥运帆船项目

每届奥运会后都将对下届奥运会帆船比赛个别项目进行调整。2008北京奥运会举行的9个级别、11个项目如下:

夏季奥运会竞赛项目　竞赛级别(船型)

男子帆板　RS:X级

女子帆板　RS:X级

重量级单人艇　芬兰人级

女子单人艇　激光雷迪尔级

单人男子艇　激光级

男子双人艇　470级

女子双人艇　470级

双人公开艇　49人级

多体公开艇　托纳多级

男子龙骨艇　星级

女子龙骨艇　英凌级

1. 女子帆板/男子帆板——RS:X级

单人操纵的统一设计型帆板,长3.0米、宽0.82米、帆面积8.5平方米、板体重14.0公斤。

该级别诞生于2004年,2008年首次被列入奥运会项目。目前是唯一由国际帆联直管的竞赛级别。

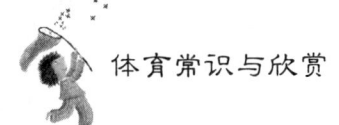

2. 重量级艇——芬兰人级

稳向板型,长 4.5 米、宽 1.51 米、帆面积 10 平方米、船重 145 公斤。

芬兰人级 1952 年(荷尔辛基)列入奥运会的帆船项目。它是在 1949 年芬兰国家帆船协会为筹备即将在本国举行的奥运会而发动的一次帆船设计大赛中产生出来的船型,设计者是瑞典人 Richard Sarby。该项目要求选手的体重大一些,因为他必须能够驾驭与操控 10 平方米大帆;同时要求选手能掌握复杂的操作技术并具有较好的体能。

3. 女子单人艇——激光雷迪尔级

稳向板型,长 4.23 米、宽 1.42 米、帆面积 6.5 平方米、船重 59 公斤。

该项目于 2008 年被列入奥运会女子单人比赛项目。该船船速较快,易于滑行。船身较轻并有足够的浮力,所以安全性较好,适于在开阔的水面航行。由于船上的操控系统较合理,所以适于各种体重与体形的人驾驶。55 公斤至 75 公斤体重的选手可以在同一条件下进行平等竞赛。

4. 男子单人艇——激光级

稳向板型,长 4.23 米、宽 1.42 米、帆面积 7.06 平方米、船重 59 公斤。

该船是由加拿大人布鲁斯荷比设计,20 世纪 60 年代发展起来的项目。1992 年被列入奥运会(巴塞罗纳)比赛项目。目前已经在 100 多个国家开展。最初是作为娱乐型船设计的,多在休假中使用,后来迅速成为世界上最具竞争性的运动类帆船。激光级帆船对运动员体能有很高的要求。它被列入了大部分的重大赛事中,如泛美运动会、ISAF 世界青年锦标赛、亚运会、地中海运动会等。

5. 女子双人艇/男子双人艇——470 级

稳向板型,有球形帆,长 4.7 米、宽 1.68 米、帆面积 12.6 平方米(球形帆 14 平方米)、船重 115 公斤。

1976 年奥运会(蒙特利尔)被列入比赛。设计者是 Andro Corno。1986 年的釜山奥运会首次引入女子 470 级的比赛。470 级在世界上开展较普遍,船的操控性能很好。在轻体重选手中较受欢迎。

6. 快速艇——49 人级

双人操纵的新生代高速帆艇,长 4.99 米、船宽 1.7 米,含侧支架宽 2.99 米、帆面积 59.2 平方米(含球形帆)、船重 125 公斤。

2000 年悉尼奥运会被首次列入奥运会项目。49 人级是在悉尼 18 英尺级帆船的基础上开发的项目。最高航速可达 25 节(每小时 46 公里)。严格的统一设计规则确保了优秀选手不必在器材的科研与开发上投入昂贵的财力。该船具有超大的帆面积,操纵起来有较大的难度。船体两舷各有一个伸出来的侧支架,以便选手获得更大的压舷力矩。

7. 多体船——托纳多级

双人操纵的双体船,是直线速度最快的奥运会级别帆船,长 6.10 米、宽 3.05 米、帆面积 21.8 平方米、船重 140 公斤。

1976 年蒙特利尔奥运会被首次列入奥运会项目。设计者是英国人 Rodney Marsh。双体船与单体船的驾驶要求不同。顺风行驶时操纵的好坏带来的速度差异很大,在浪中航行较困难。

8. 女子龙骨船——英凌级

三人操纵,龙骨型帆船,长 6.35 米、宽 1.73 米、帆面积 14 平方米、船重 200～230 公斤。

该船适合于女子或青少年驾驶。由挪威人 Jan Linge 于 1967 年设计。Yngling 是 yonngster 的意思。当时是他为自己 14 岁的儿子设计的一条龙骨船。该级别在北欧地区较为普及。2004 年雅典奥运会被列入比赛项目,目前全世界共有 3 000 条。

Jan Linge 还于 1965 年设计了索林级帆船。索林级 1972 年基尔奥运会被首次列入帆船比赛项目,一直到 1996 年奥运会。他本人于 2003 年 5 月获 ISAF 终生贡献奖。

9. 男子龙骨船——星级

双人操纵,龙骨型帆船,长 6.92 米、宽 1.73 米、帆面积 26.9 平方米、船重 662 公斤。

星级是资格最老的奥运会帆船项目。该级别于 1911 年由美国人 William Gardner 设计，1932 年被列入奥运会(洛杉矶)比赛项目。该船的特点是有一个较小的船舱，帆较高，桅杆长而较有弹性。该船较大的帆面积和调整难度要求选手具有高超的技术经验和较大的体重。世界上最优秀的舵手往往出自于该级别。

第四节　帆船比赛场地及设施

帆船正式比赛要求在开阔的海面上进行，距海岸应有 0.5～2 公里，奥运会的帆船比赛通常采用奥林匹克梯形航线和迎、尾风航线。

起航线由起点船上的标志旗杆与其左侧船或浮标的标志旗杆之间的虚拟线构成。终点线也是虚拟线。终点船、标志旗杆与其左侧船或浮标的标志旗杆之间的虚拟连线为终点线，其宽度一般为 50～60 米，以便裁判员能清楚地观察每条帆船(板)通过终点的情况。

由于风向、风速、气象、水文等条件的不断变化，竞赛场地不是固定不变的。它是在规定的区域(这个区域的海图位置，赛前要通告参赛者)里按照气象水文情况进行布设。场地的布设一般在距比赛起航半小时至 5 分钟前完成。每个级别的帆船(板)同时起航。由于水面开阔，风浪声响较大，起航和终点信号是在起点船上升起信号旗，同时发出较强的音响信号(如信号弹、锣声等)。

从起点到 1 标为顶风航段，帆船(板)不能顶风前进，需走"之"字形，航向由运动员掌握，判断哪种航向受风为佳，就靠运动员的经验和技术。奥运会帆船比赛每个级别要进行 11 轮比赛(49 人级进行 16 轮)，前 10 轮(49 人级前 15 轮)成绩最好的 10 条船进入到最后一轮的决赛。有时因天气情况，可减少轮次。由于场地条件不完全一致(风速、流速不等)，帆船(板)比赛没有绝对纪录。

第五节　帆船项目比赛规则

一、名次计算

奥运会、世界帆船锦标赛和中国帆船锦标赛通常都采用奥林匹克梯形航线。奥运会运动员限额为 400 名，参赛船只为 270 条。每个国家每个项目只允许一条船参赛。

帆船竞赛共进行 11 轮(49 人级 16 轮)，前 10 轮(49 人级前 15 轮)选其中最好的 9 轮(49 人级 14 轮)成绩来计算每条帆船的名次。每一轮名次的得分为：第一名得 1 分，第二名得 2 分，第三名得 3 分，第四名得 4 分，以此类推。前 10 名的船进入决赛。每条帆船在每一轮比赛中的名次得分相加，就是该船的总成绩。总成绩得分越少者名次越前。

二、竞赛

国际帆船比赛规则规定，参加比赛的运动员可以自带船和帆，只要经过丈量委员会按级别规定丈量合格者，均可参加比赛。

奥林匹克梯形航线有两种绕标方式，一种是外绕，一种是内绕。外绕的竞赛航线顺序是：起航—1—2—3—2—3—终点；内绕的竞赛航线顺序是：起航—1—4—1—2—3—终点。

帆船比赛根据比赛时的气象水文情况确定赛场的大小。不同级别的比赛用时不同，一般在 45～90 分钟之间。

帆船比赛主要有两种形式，一种为集体出发的"船队比赛"，另一种为两条船之间一对一的"对抗

第十章　帆船运动

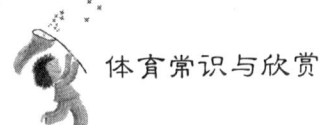

赛"。奥运会帆船比赛都是采用"船队比赛"的方式。

起航信号发出后,赛船的船体、船员或装备的任何部分在通向第一标的航向时,触及起航线,即算"起航"。起航信号发出前,赛船的船体、装备或船员身体的任何部分触及起航线或其延长线,均为"抢航"。抢航者要在规定的时间内按规则规定的方式返回到起航准备区重新起航。

参赛帆船的船体、装备或运动员身体的任何部分,在按照规定的比赛航程上绕过了所有规定的标志并触及终点线时,该船即为结束比赛。

三、信号与避让

帆船比赛的信息交流方式是展示"信号",包括视觉信号(国际航海通用代码旗)和听觉信号(音响)两种,而且以视觉信号为主要依据。

帆船竞赛规则规定了比赛进行中的各种信号和避让办法,以免碰撞和发生事故,竞赛的帆船必须共同遵守。其中最重要的一条是"公平航行",必须以高超的技术和最大的速度去赢得胜利,不允许试图用不正当的手段取胜。

在竞赛航行细则中还规定航程和绕标的方向,所有帆船必须按规定的一侧绕标,否则以未完成比赛处理。如果帆船在竞赛中犯规,则要按"竞赛规则"、"航行细则"等规定接受惩罚,然后继续比赛。

裁判船是在帆船比赛中用于组织和指挥的设施。所有的"信号"都是在裁判船上展示的。在起点船信号旗杆上升起某一个级别旗时,表示准备出发,为该级别的预告信号,离起航还有 5 分钟;升起"P"旗(或者 I、Z 和黑旗),表示离起航还有 4 分钟;降下"P"旗(或者 I、Z 和黑旗),表示离起航还有 1 分钟;降下级别旗并伴随一声音响信号表示起航。

在打开起航线之前,帆船抢先通过起航线者,为抢航,个别召回重新起航。如果有较多的帆船抢航,裁判员无法辨明抢航帆船时,则全部召回该级别所有帆船,重新起航。帆船从 5 分钟准备信号开始,必须遵守竞赛航线规则和航行细则。

四、注意事项

帆船比赛在海上进行,而海上情况比较复杂,因此,运动员必须会游泳,并能游较长的距离。此外,运动员要有良好的身体素质,以适应长时间海上风浪的考验。

国际帆船比赛,经常在强风中进行,风速每秒 10～15 米,既要保持航向和把握航速,又要避免翻船,这就需要运动员尽力去控制帆和船,保持船的平衡。同时又要以清醒的头脑去掌握周围的环境、水的流速、流向和气流变化。

在参赛船只较多的情况下,运动员必须熟悉竞赛规则,避免犯规。此外,运动员还必须懂得检查、整理船上的装备,尤其是调整帆具,以获得最大的动力。

第六节　帆船运动术语

一、比赛航程(race range consrse)

帆船比赛时的实际航行路程。世界帆船锦标赛和中国帆船锦标赛都采用短距离三角绕标航程。三角绕标航程是用 3 个浮标布置成 45 度—90 度—45 度的等腰三角形。两个浮标之间的航线长度不小于 2～2.5 海里,相当于 3.7～4.7 公里,其直线比赛航程约为 28 公里。全航程的竞赛次序是起航后绕 1、2、3 标志,再绕 1、3 标志到达终点,缩短航程的竞赛次序是起航后绕 1、2、3 标志即到达终点。在比赛的航行细则中规定了航程和绕标的方向,所有帆船都必须按规定航行和绕标,否则就视为没有完成比赛。

二、比赛航标（race mark）

帆船比赛水域里的设施，用来显示比赛航道的标志物。

三、风向角（angle of direction wind）

帆船运动驶帆用的术语，指风向同帆船首尾连线之间的夹角。帆船前进的动力主要依靠风力，而风向对帆推进作用的大小至关重要。运动员必须正确掌握风向角，才能充分地利用风力来驾驶帆船。各种不同的风向角其区分的度数是：顶风的风向角在 0 度～30 度之间；前迎风的风向角在 30 度～60度之间；后迎风的风向角在 60 度～80 度之间；横风的风向角在 80 度～100 度之间；顺风的风向角在100 度～170 度之间；尾风的风向角在 170 度～180 度之间。

四、主帆（mainsail）

帆船上主要装置的名称。单桅运动帆船上有一桅杆和一个帆，如主帆艇——凯特艇上的帆就是主帆。双桅运动帆船上，两桅杆一前一后，有的主桅在前，如意奥尔和克其艇。有的主桅在后，如什胡拉艇。可以认为前帆缘系在主桅上的大三角帆、百慕大帆或大四角帆、斜桁帆均为主帆。

五、主桅（mainmast）

帆船上的主要装置附件之一。帆船主要靠帆来受风航行，而帆又必须依附于桅杆上才能扬帆远航。桅杆大都用硬质圆木或金属制成。根据帆船的大小和需要，分单桅帆船和双桅帆船。单桅帆船的桅杆大都位于靠近艇首的地方。双桅帆一般用于较大的帆船，两根桅杆一前一后。在双桅帆船中分舵前后桅艇和舵后后桅艇，这些帆船上前面的大桅叫做主桅；另一种后桅艇上，后面的桅叫主桅。

六、左舷（port）

帆船运动术语。船的两侧称为舷。按船尾向船首的视向，船的左侧称为"左舷"。

七、左舷受风（port tack）

帆船运动技术术语。帆船航行的方向取决于艇体中央纵垂面与风向间的夹角，或取决于帆船方位的角度。当风从船的左侧吹来，主帆位于右舷，这时的帆船就是左舷受风。

八、右舷（starboard）

帆船运动术语。船的两侧称为舷。按船尾向船首的视向，船的右侧称为"右舷"。

九、右舷受风（starboard tack）

帆船运动技术术语。帆船航行的方向取决于艇体中央纵垂面和风向间的角度，或者说取决于帆船方位的角度。当风从船的右侧吹来，主帆位于左舷，这时的帆船就是右舷受风。

十、平桨（oars）

帆船运动技术术语。帆船运动主要依靠风力作为推进的动力，但在离岸和返回岸边时也要用桨划船。帆船划桨时，先将稳向板提起，这时水对船的阻力作用很小。为了避免桨叶受波浪冲击和减少空气阻力，在划桨过程中，桨叶击水后即用手腕转桨，使桨叶与水面平行，这就是平桨。

十一、信号旗（signal flag）

帆船比赛时，裁判员组织和指挥比赛的用具。帆船比赛的水域较大，要组织好以风力为动力的帆

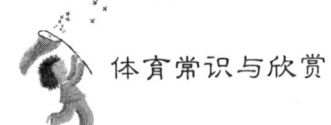

船进行比赛,只有通过裁判船用国际旗语和音响来传递命令。裁判船的每一种信号旗均用不同颜色和图形代表一个拉丁字母,用以表示一种指令。国际上通常用一面旗或两面旗来表示一个意思。例如红旗表示比赛帆船必须按顺时针方向绕过标志,即右舷绕标。绿旗则表示比赛帆船必须按逆时针方向绕过规定标志,即左舷绕标。蓝旗表示终点。

十二、吃水(draft,draught)

指船体在水面以下的深度。由于船体底部沿船长的方向不一定平行于水平面,由此沿船长的各部分吃水深度也不相同。在船体前垂线处的吃水,称为"前吃水"或"首吃水",船体后垂线处的吃水,称为"后吃水"或"尾吃水"。船体长的中点垂线处称为"平均吃水"。

十三、压舷(gunnel suppr)

帆船运动技术术语。帆船驶航时,为了充分利用帆面积和强风取得更大的帆动力,一方面使帆船按预定方向行驶,同时又要保持帆船的平稳航行,减少横倾,这时可把船员分布到上风舷一侧,称为压舷。有时为了降低船的重心,进一步增加抗衡倾力矩,尽可能使运动员体重探出船外更远的距离,甚至把全部身体悬挂在舷外,称为悬挂压舷。悬挂压舷要有专门的器材装备,如吊索、把手、吊索背带、座垫、挂环、挂钩等,以保证运动员安全,并使压舷取得满意的效果。

十四、迎风折驶(come about)

帆船运动技术术语。运动员在驾驶帆船前进中,如果遇到顶风无法驶帆行进时,可采用曲折航行迎风驶帆的技术,这种技术称为迎风折驶。

十五、抢航(raise start)

帆船比赛时所用的术语。根据帆船比赛规则,正常的起航必须是裁判员的起航信号发出后运动员的帆船通过起航线。如果在起航信号发出之前,参赛帆船的船体、装备或运动员身体的任何部分触及起航线或其延长线,即为抢航。抢航者必须回到起航线的后边重新起航。假如有比较多的帆船抢航,裁判员无法判定哪一条抢航帆船时,可以召回该级别参赛的全部帆船,重新组织起航。

十六、寻(bathom)

帆船运动术语。航海用的深度单位,一寻等于6英尺长,通常是在航海用的海图上测量水深。

十七、起航(set sail start)

帆船比赛用语。帆船比赛分起航、航行、终点三个阶段。比赛开始前10分钟,裁判船在横桅杆上升起某一级别的旗,表示该级别船离起航还有10分钟。5分钟后,裁判船升起"P"字旗,预告该级别的帆船离起航还有5分钟。以后每隔1分钟,按4、3、2、1的次序用音响信号通知参赛帆船。起航信号发出后,参赛帆船的船体、船员或装备的任何部分在通向第一浮标的航向时触及起航线,即为起航。比赛计时也随之开始。

十八、艇舵(rudder)

帆船装置附件,用来控制帆船航行的方向。帆船的舵有两种:一种是固定舵,具有钢性舵柄的固定式舵叶;另一种是提升式舵,具有分离式的舵柄。固定舵主要用于龙骨艇,而稳向板艇和平底艇通常用提升式舵。

十九、解脱(release,to set free)

帆船比赛中的术语。是指运动员在比赛中违例而经过相应的"惩罚"后重新取得比赛权利。例如在比赛中,有运动员的船碰了标志,就须要自行再绕标一圈,即可解脱。又如,有运动员的船碰了其他帆船,就要自行在原地旋转 720°,即可解脱,否则就要增加 20% 的名次。

二十、搁浅（run aground）

帆船运动技术术语。指帆船因掌握方向不当而误入水深小于帆船吃水深度的浅滩上,或因控制不好被风吹在河床浅处或海滩边,失去了浮力,无法航行。

第七节　帆船运动的发展过程

一、世界帆船运动发展过程

帆船运动是利用自然风作用于船帆上,驾驶船只比赛航速的一项水上运动项目。从事帆船运动可使人体魄强壮,意志坚韧,勇敢果断,身心健康。

帆船运动的历史悠久,最早竞技记载是公元前 70 年,古罗马诗人维基尔在叙事诗《伊尼特》中详细地描述了特洛伊到意大利的一次帆船竞赛活动,并描述了比赛结束后优胜者和参加者的获奖情况。

公元 17 世纪开始,在威尼斯有了定期的大规模的帆船竞赛。18 世纪初在俄罗斯的圣彼得堡创建了世界上第一个帆船俱乐部。到 19 世纪初,现代竞技帆船运动在欧美兴起,这个时期欧洲、美洲各个国家在国内或国际之间举行定期的帆船比赛,其中,有 1870 年美国和英国举行的第一届著名的横渡大西洋的"美洲杯"帆船比赛,此项比赛被美国人称霸一个多世纪,直到 1995 年新西兰队才成为第二个"美洲杯"夺冠国家。

由于现代竞技帆船在设计、制造工艺、原材料等方面有较大的差异,为使帆船竞赛公平合理,需要有统一的规定,因此,在 19 世纪初开始成立帆船级别协会和制定级别规则。1900 年帆船运动被列入第二届现代奥运会之后,这项运动无论是从规模还是从水平上都进入了一个快速发展的时期。特别是从 20 世纪中期开始,帆船运动在世界各发达国家得到了较快发展。

日本是亚洲开展现代帆船运动最早的国家,在 20 世纪 60 年代日本帆船运动协会就制定出竞技帆船长期发展规划,并用了不到 10 年时间,使其男女 470 级达到了世界先进水平。

二、中国帆船运动发展过程

我国现代帆船运动是从 1979 年开始的,1980 年后,山东、上海、湖北、广东、江苏等省市相继组建起帆船运动队进行系统专业训练。

我国帆船运动员从第 9 届亚运会和第 23 届奥运会开始参加部分级别的亚洲和世界比赛。

我国运动员曾在亚洲比赛中获 470 级和欧洲级冠军。1992 年巴塞罗纳奥运会,张小冬获得帆板女子 A390 级亚军。1996 年亚特兰大奥运会上首次成为正式比赛项目。中国香港名将"风之后"李丽珊是女子米氏板首枚奥运金牌得主,这也是香港代表团获得的第一枚奥运金牌。2004 年雅典奥运会,中国选手殷剑获得女子 A390 级亚军。

思考题

1. 简述帆船运动的发展概况。
2. 简述帆船运动的种类与特点。
3. 简述帆船运动的竞赛分类。

第十一章

棒 球

　　棒球运动是一种以棒打球为主要特点,集体性、对抗性很强的球类运动项目。它在国际上开展较为广泛,影响较大,被誉为"竞技与智慧的结合"。在美国、日本尤为盛行,被称为"国球"。其也是一种团体球类运动,法定比赛人数最少为 9 人,其近似的运动项目为垒球。棒球球员分为攻、守两方,利用球棒和手套,在一个扇形的棒球场里进行比赛。比赛中,两队轮流攻守:当进攻球员成功跑回本垒,就可得 1 分。九局中得分最高的一队就胜出。

第一节　棒球运动的起源

　　根据美国有关专家多年来的考据认为:棒球运动源于英国的板球(Cricket,也称圆场球 Rounder)。1839 年,美国人窦布戴伊(Doubleday)组织了第一场与现代棒球运动十分相仿的比赛。

　　1845 年,美国人亚历山大·乔伊·卡特赖德(Alexander Joy Cartwright)为统一名称和打法,制定了有史以来第一部棒球竞赛规则。规定的场地图形和尺寸至今仍沿用,并正式采用了棒球(Baseball)这一名称。其中多数规则条文迄今仍继续使用,棒球(Baseball)这一名称也一直沿用至今。因此,现代棒球运动源于英国而发展于美国。

　　1839 年,美国纽约州古帕斯镇举行了有史以来的首次棒球比赛。1860 年,美国开始出现职业棒球运动员。1871 年美国成立了"全国职业棒球运动员组织";1876 年该组织改名为"全国棒球联合会"。1881 年成立另一个全国性的职业棒球组织,即后来的"全美职业棒球联合会"。1884 年首次举行这两个组织间的冠军赛,即"世界棒球冠军赛"。此后,1910 年时任美国总统威廉姆·霍华德·塔夫脱(William Howard Taft)正式批准棒球运动为美国的"国球"。

　　1873 年棒球由美国传入日本。日本职业棒球队创始于 1934 年。

　　第二次世界大战后,棒球运动迅速在欧洲各国开展起来。现在棒球运动已在世界五大洲的 100 多个国家和地区中开展。

　　1937 年,在美国成立了世界棒球协会,后改称为国际棒球联合会,是世界业余棒球运动的最高领导机构,总部设在美国,会员国(或地区)已由 20 世纪 70 年代的 50 多个增至目前的 113 个。

　　1978 年国际棒联得到国际奥委会的承认,国际棒球联合会于 1994 年将总部设在瑞士洛桑。中国棒球协会于 1981 年 3 月加入国际棒球联合会,1985 年加入亚洲棒球联合会。

　　棒球运动已在欧洲 26 个国家开展。"欧洲业余棒球联合会"的成员有意大利等 11 国。根据该联合会 1978 年的统计,参加棒球比赛的运动员约 5 万人,球场 326 个,并举办了"地中海杯"、"世界棒球锦标赛"等国际比赛活动。

　　目前,棒球最普及的是美国和日本。此外中国台湾地区、韩国、菲律宾等东南亚国家与地区和拉丁美洲也极为风行。

棒球项目 1992 年被列入奥运会比赛项目。

棒球项目将会在 2012 年退出奥林匹克夏季运动会。

第二节　棒球运动的比赛

一、比赛特点

棒球比赛的球场呈直角扇形,有四个垒位,分两队比赛,每队 9 人,两队轮流攻守。攻队队员在本垒依次用棒击守队投手投来的球,并乘机跑垒,能依次踏过 1、2、3 垒并安全回到本垒者得一分。守队截接攻队击出之球后可以持续碰触攻队跑垒员或持球踏垒以"封杀"跑垒员。攻队 3 人被"杀"出局时,双方即互换攻守。两队各攻守一次为一局,正式比赛为 9 局,以得分多者获胜。守队队员按其防守位置及职责规定名称如下:投手,接手,1 垒手,2 垒手,3 垒手,游击手,左外场手,中外场手,右外场手。攻队入场击球的队员叫击球员。合法击出界内球时,该击球员应即跑垒,称为击跑员。击跑员安全进入 1 垒后,即称为跑垒员。

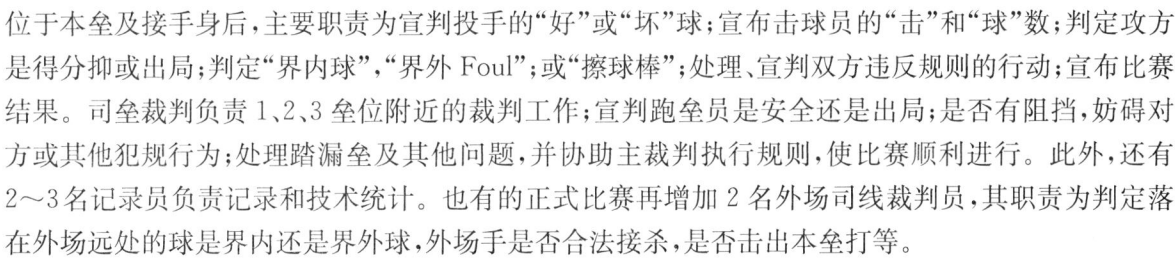

正式比赛需 4 名裁判员(当季后赛时,裁判会增加到 6 位,多了两个边线裁判),1 人为主裁判(又称为司球裁判),其余 3 人为司垒裁判。主裁判位于本垒及接手身后,主要职责为宣判投手的"好"或"坏"球;宣布击球员的"击"和"球"数;判定攻方是得分抑或出局;判定"界内球","界外 Foul";或"擦球棒";处理、宣判双方违反规则的行动;宣布比赛结果。司垒裁判负责 1、2、3 垒位附近的裁判工作;宣判跑垒员是安全还是出局;是否有阻挡,妨碍对方或其他犯规行为;处理踏漏垒及其他问题,并协助主裁判执行规则,使比赛顺利进行。此外,还有 2～3 名记录员负责记录和技术统计。也有的正式比赛再增加 2 名外场司线裁判员,其职责为判定落在外场远处的球是界内还是界外球,外场手是否合法接杀,是否击出本垒打等。

二、场地与用具

地面应平整。跑垒路线上的土质要松软。一般国际比赛场地要求内场整个场地呈龟背形,最高点为投手区,跑垒路线、投手区及各垒位周围是土场地,内场其余地方及外场区应为草坪。比赛场地的内场与地面平,只是投手区为直径 5.49 米的圆圈土坡,投手板高出地面 25 厘米。投手板用木或橡胶制成,应固定在地上。击球员区及接手区为限制击球员及接手的合法活动范围。本垒板用橡胶、软塑料和木板制成。要求固定在地上与地面平。1、2、3 垒垒包为 38.10 厘米见方,用帆布缝制,内装棕、毛等软物,应按规定固定在场上。球棒用木或铝制,球用明线缝球皮。防守队员均应戴手套。接手及 1 垒手可戴连指手套。接手要有面罩、护胸、护腿等护具。击球员要戴护帽。球鞋用皮革制,前后掌各有扁形钉 3 枚。

三、棒球规则

1. 关于投球的规定

投手可以采用正面投球和侧身投球两种姿势。投球前均须用脚踏触投手板。正面投球只许向击球员投出。投球动作开始后,动作必须连续,不得中断。侧身投球可以向有跑垒员的垒位传牵制球,但投球动作开始后,只许投向击球员。投球前必须保持静止持球在身前的姿势至少 1 秒钟。违反投球规则的投球叫"不合法投球",判投手一个"坏球";垒上有跑垒员时,叫"投手犯规",跑垒员得安全进 1 个垒。

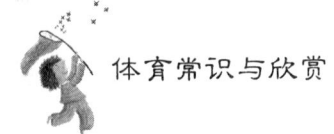

2. 关于击球和跑垒的规定

攻队必须按"击球次序"名单依次入场击球。击球时不得越出击球区;击出腾空球被守队合法接住,击球员出局;击球员可以用棒挥击、推击或触击。击出界内球后,击球员即应跑垒;投手累计 3 个"好球"(在本垒宽度上空以内,高度在击球员膝上、腋下之间)击球员三击不中出局。如投 4 个"坏球"或投球击中击球员时,击球员安全进 1 垒。击球员击球落入界内时,即成击跑员,应向 1 垒跑进。到达 1 垒时未被防守队员封杀或触杀,为安全到垒,此时即成为跑垒员。跑垒员必须按 1、2、3 及本垒顺序跑垒,不得反向跑垒,不得有意妨碍守队接球,否则判出局。跑垒员可以偷垒,但有被"杀"出局的可能。跑进时可以冲跑或滑垒,但必须沿跑垒线范围内跑进。击球员击出界内腾空球时,跑垒员应触踏垒包,待球接触守队队员后,方可离垒。合法跑垒并触踏过 1、2、3 垒,击出合法腾空球超出外场规定界限时,为"本垒打"。击球员安全得 1 分。但击球员仍需按规定路线踏触 3 个垒再回到本垒,才算合法得分。

四、关于防守截杀规定

封杀跑垒员,当击球员成为击跑员时,其他跑垒员被迫放弃原垒向前跑进,守垒员只要接球用脚触垒即可封杀跑垒员出局。

防守队员持球触杀离垒或跑进中的跑垒员,判跑垒员出局。

五、著名球队和球员

球队:纽约扬基队、波士顿红袜队、西雅图水手队、红雀队、水手队、亚利桑那响尾蛇队、白袜队、北京队等。

球员:贝比·鲁斯、瑞吉·杰克逊、保罗·奥尼尔、罗杰·马里斯、怀迪·福德、朗·吉德利、罗杰·克莱门斯、比尔·迪奇、王建民、布赖恩·沙克福德、王贞治、辛普森、朴赞浩、松井秀喜、铃木一朗、佐佐木主浩、野茂英雄、井川庆等。

思考题

1. 简述棒球运动的竞赛特点。
2. 简述棒球运动在我国开展的基本情况。

第十二章

健　美

　　健美指人的健康强壮的身体所显现出审美属性。是人们追求人体美的一个综合标准,指肌肉、骨骼、血液、肤色充满着生命的活力,无论其外部形式或内部结构都是匀称、协调、充满生机的。任何行动都能显示出全身各部分的协调和谐、自然舒展、生机盎然、神采奕奕。

　　健美是与人的形体美密切相连的,健美是形体美的基础。人体有对称的造型、均衡的比例,流畅的线条,坚强的骨骼,匀称的四肢,丰满的躯体,弹性的肌肉,健康的肤色,这是形体美不可缺少的条件。健美还要求具有充沛的精神、愉快的情绪、青春的活力。

　　美的人体应该是健、力、美的结合。美的人体应该是健康的,没有健康的身体,就没有人的形体美。只有健康、匀称的人体形象,才能表现出富有生命力的美,显示出生机勃勃和充沛的精力,才能成为人的本质力量的承载体。要造就健美的体型,应积极参加体育锻炼和适当的体力劳动。因为健美可以通过后天锻炼获得。人的身体结构是十分完善的,具有极大的可塑性,必要的营养和经常参加劳动,坚持体育锻炼,是促进健美的条件,它能使肢体各个部位得到匀称的发展,肌肉会结实而富有弹性,关节灵活,体型完善,面色红润。

　　作为体育运动的健美,即竞技健美,是指健美运动员将各自的身材展示给裁判团,由裁判团根据他们外观符合审美的程度进行评分。肌肉的展现是通过减脂、涂油、皮肤晒黑(或晒黑油),并结合现场灯光效果使肌肉群的轮廓更加清晰。

第一节　健美运动的发展概况

　　早在古希腊时代的运动健将就用举重物来锻炼身体,并得到强壮健美的体型,这些健美的运动员,被雕塑家"记录"下来并留存至今。这是健美运动的早期萌芽。

　　19世纪晚期,德国人山道首创了通过各种姿态来展示人体美,而且为现代健美运动的发展奠定了基础,所以他被公认为"国际健美运动的创始人",和"世界上第一位健美运动员"。

　　在现代,现代的健美运动是以展示人体美为特征。男子的健美标准是:身材高大而强壮,肌肉发达而均衡,肩宽臂圆,体力充沛,体质健康等。女子健美标准是:体型匀称,姿态优雅,胸部丰满,肩圆腰细,肤色光洁润泽等。健美要与心灵美相结合,有了健康美好的心灵,才能有健康美好的情绪,才能有健康美好的姿态动作和健康美好的行为,只有心灵美,才能有真正的健美。

　　知名的健美运动员包括阿诺德·施瓦辛格(Arnold Schwarzenegger)、多利安·耶茨(Dorian Yates)、罗·佛里格诺(Lou Ferrigno)、弗朗哥·哥伦布(Franco Columbu)、弗兰克·赞恩(Frank

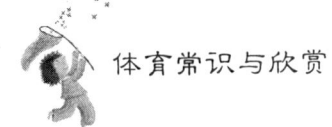

Zane)、李·哈尼(Lee Haney)、罗尼·库尔曼(Ronnie Coleman)、杰·卡特(Jay Cutler)和杰克逊·德克斯特(Jackson Dexter)。

一、发源和早期

人们一般认为健美的"早期"是1880年至1930年这段时期。

19世纪末,德国大体育家山道,在伦敦音乐厅进行了一次轰动社会的表演。他那发达的肌肉和和谐的体型,犹如一座完美的艺术雕像,使数千名观众为之倾倒,从而开创了健美运动的先河。

20世纪20年代《肌肉发达法》、《力的秘诀》等颇具影响的专著从理论上肯定了健美运动的作用。从20世纪30年代起,在一些欧美国家,健美表演逐渐变成一项竞技比赛——健美比赛,并扩展到世界各地,20世纪40年代初,加拿大人本韦德兄弟周游90多个国家和地区,宣传推广健美运动,于1946年创建了国际健美联合会,并商定和推行国际性健美比赛的组织、规则、裁判、奖励等事项。

现在,已经有许多个国家参加了国际健美联合会。

健美(展示肌肉的艺术)在19世纪之前并没有真正出现过;直到19世纪晚期,普鲁士人尤金·山道(Eugen Sandow)开始推广这项运动。他被称为"现代健美之父"。由于他让观众在"肌肉展示表演"中得以欣赏他的体格,而被誉为该项运动的先驱。尽管观众们在看到一个塑造完美的体型中感到了震撼,但人们一般把身体展示作为力量展示和摔跤比赛的一部分而已。山道通过他的经纪人弗洛伦茨·齐格菲尔德(Florenz Ziegfeld)在这些展示和赛事周围搭建了可以展示体塑的舞台,并获得极大的成功。之后他借自己的名誉创立了很多的生意,并且是最早以个人名字作为商业品牌的代表之一。随后他的知名度不断提高,发明并大规模销售了首款健身器材(机械化哑铃、弹簧拉力器和张力带)。

山道强烈推崇"希腊式审美"(这种审美标准是指一个完美的体格应从数学上符合古代希腊及罗马人体塑像中的尺寸比例)。在早期,人们常通过这种标准衡量体格是否完美,这也是山道塑造他自己形体的标准。山道于1901年9月14日组织了第一次健美比赛,名为"超棒比赛"(Great Competition),比赛在英国伦敦的皇家阿尔伯特大厅进行。比赛裁判有山道本人、查尔斯·劳斯爵士(Sir Charles Lawes)和阿瑟·柯南·道尔爵士(Sir Arthur Conan Doyle)(译注:此柯南道尔即侦探福尔摩斯的作者),比赛及其成功,入场票售罄,数百名体育狂热爱好者只能在场外望而兴叹。最终颁给胜利者的奖杯是一座由雕塑家弗莱德里克·坡梅洛伊(Frederick Pomeroy)完成的山道本人的铜像。比赛的胜者是来自英格兰诺丁汉的威廉·穆雷(William L. Murray)。当今顶级的健美比赛是"奥林匹亚先生"(Mr. Olympia),从1977年开始,获胜者的奖杯就是和历史上第一场健美比赛中完全相同的山道本人的铜像。

1904年1月16日,首届大规模的健美比赛在美国纽约的麦迪逊广场举行。获胜者是阿尔·特雷劳尔(Al Treloar),因而获得"全世界体格塑造最完美的男人"的头衔,特雷劳尔赢得1 000美元奖金。这在当时是一个不菲的金额。两周以后,托马斯·爱迪生将阿尔·特雷劳尔进行身体造型拍成了电影,在这之前的几年爱迪生也曾为山道拍过两部电影,这是最早将健美运动拍成电影的记录。20世纪早期,贝尔纳·麦克菲登(Bernarr Macfadden)和查尔斯·阿特拉斯(Charles Atlas)继续将健美推广至世界。阿洛伊斯·斯沃波达(Alois P. Swoboda)是美国早期健美运动的先锋,查尔斯·阿特拉斯因他曾说"我所知道的一切全部学自查尔斯·阿特拉斯"而对他称赞有加。

其他一些1930年前历史早期的著名健美运动员包括:伊尔勒·李德曼(Earle Liederman,早期健美指导书的作家)、赛格蒙特·布莱巴特(Seigmund Breitbart,著名犹太健美运动员)、乔格·哈肯施密特(Georg Hackenschmidt)、乔治·卓维特(George F. Jowett)、麦克锡克(Maxick,身体造型先锋)、蒙特·莎尔多(Monte Saldo)、劳瑟斯通·埃利奥特(Launceston Elliot)、席格·克莱恩(Sig Klein)、阿拉弗雷德·摩斯上士(Sgt. Alfred Moss)、乔·诺德奎斯特(Joe Nordquist)、莱昂耐尔·斯特朗弗特(Lionel Strongfort,斯特朗弗特理论,这是一种涵盖了训练、饮食甚至是日常卫生起居的组合理论)、哥斯塔夫·弗里斯登斯基(Gustav Fristensky,捷克冠军)以及阿兰·米德(Alan C. Mead)。

二、黄金时期

健美的"黄金时期"一般是指从 1940 年左右一直到 1970 年。在这段时期中,早期审美观开始发生变化,人们追求更加庞大的肌肉,对肌肉的对称性和轮廓清晰度提出更高要求。这很大程度上是由于曾经的二战爆发使很多年轻人开始追求更加强壮的体格和更烈的性格,他们通过改善训练技巧、提高营养水平以及使用更有效的器械达到了这些目的。很多有影响力的发行刊物也开始出现,新的比赛也应健美运动的发展而兴起。

加利福尼亚州威尼斯市的"肌肉海滩"是这段时期的健美的标志。这段时期中健美界著名的名字包括史蒂芬·里维斯(Steve Reeves)、雷格·帕克(Reg Park)、约翰·格里梅克(John Grimek)、赖利·斯考特(Larry Scott)、比尔·珀尔(Bill Pearl)以及"小天使"艾文·科泽斯基(Irvin Koszewski)。

随着美国业余竞技联盟(AAU,Amateur Athletic Union)的兴起,AAU 于 1939 年在既有的举重比赛中增加了健美比赛项目,第二年该赛事被命名为"AAU 美国先生"(AAU Mr. America)。20 世纪 40 年代前后,大部分健美运动员开始抱怨 AAU 只允许业余运动员参赛,并且仅仅偏重于奥运会举重项目的做法。这促使韦德兄弟——本·韦德和乔·韦德——发起组织了国际健美联合会(IFBB,International Federation of BodyBuilders)。他们组织的比赛"IFBB 美国先生"(IFBB Mr. America)对职业选手开放。

1950 年,另一个名为国家业余健美协会(NABBA,National Amateur Bodybuilders Association)开始在英国举办"NABBA 宇宙先生"(NABBA Mr. Universe)的比赛。1965 年,又一个重大赛事"奥林匹亚先生"(Mr. Olympia)开始举办。目前"奥林匹亚先生"是健美界顶级的赛事。

起初健美比赛仅由男性参加,到后来的 1965 年 NABBA 开始加入"宇宙小姐"(Miss Universe),到 1980 年"奥林匹亚小姐"(Ms. Olympia)也开始被引入。

三、现代时期(20 世纪 70 年代后)

20 世纪 70 年代,由于阿诺德·施瓦辛格的影片《铁金刚》(Pumping Iron),健美吸引了很多公众的眼光。在这之前,IFBB 已经在此项运动中占统治地位,AAU 占一席后座。

1981 年,吉姆·马尼奥恩(Jim Manion)刚从 AAU 体格委员会主席职位卸任,便成立了国家体格委员会(NPC,National Physique Committee)。NPC 开始成为全美最成功的健美组织,它是 IFBB 的业余组分部。80 年代末 90 年代初,AAU 赞助的健美赛事每况愈下;1999 年,AAU 通过投票决定停办健美赛事。

在这段时期中,类固醇开始被越来越多地使用在健美及其他运动项目中。为了抵制这一现象,IFBB 开始引入针对类固醇和其他禁用物质的药检制度,这也是为了使 IFBB 能被国际奥委会接纳为会员。尽管有了药检制度,大部分职业健美运动员仍然为了比赛继续使用类固醇。20 世纪 70 年代,人们还能公开讨论类固醇的使用,因为它在当时完全合法;然而 1990 年美国国会通过的《类固醇管制法案》将类固醇列为《管制物品法案》中的Ⅲ级管制物品。

1990 年,职业摔跤团体发起人文斯·麦克马洪(Vince McMahon)宣布成立一个新的健美组织"世界健美联盟"(WBF,World Bodybuilding Federation)。麦克马洪希望把世界摔跤联盟(WWF)那种风格的表演和更加丰厚的奖金带入健美界,并与 13 名参赛的运动员签了劳资丰厚的合同,实际上其中一些人在那时的健美界里只是无名小卒。投身 WBF 的运动员很快就抛弃了 IFBB。作为 WBF 成立的回应,IFBB 主席本·韦德(Ben Weider)将那些与 WBF 签订合同的健美运动员列入黑名单。IFBB

第十二章 健 美

还偷偷停止了对其旗下运动员的类固醇药品检查制度,因为进行药检的 IFBB 与不进行药检的新成立组织对抗过于困难。1992 年,美国联邦调查局(FBI)开始调查文斯·麦克马洪及 WBF 组织涉嫌类固醇交易一案,麦克马洪被迫为 WBF 运动员建立药检制度。结果 WBF 当年的比赛质量非常糟糕。由于经营不善,麦克马洪于 1992 年 7 月正式解散 WBF。然而,WBF 的成立对于 IFBB 运动员来说有两点好处:其一,它促使 IFBB 创始人乔·韦德与许多顶级健美明星签订了合同;其二,它促使 IFBB 提高了签署合同的奖金额度,乔·韦德最终也让那些曾经与 WBF 签过合同的运动员缴纳他们在 WBF 年薪的 10% 作为罚金,重新回到 IFBB。

21 世纪伊始,IFBB 试图将健美推广为奥运会项目。2000 年,IFBB 成为国际奥委会正式成员,并试图让健美通过为奥运会展示项目,进而成为常规项目,但是最终未能成功。健美是否符合奥林匹克体育运动的定义这一点尚有争议,有人认为健美比赛的过程中并不涉及体育性竞争。另外还有人总有一种错觉,认为健美比赛一定会涉及奥运会严格禁用的类固醇。赞成者则认为健美中的造型比赛项目需要技巧和准备,因此健美应当被认为是一项体育。

2003 年,乔·韦德将韦德出版社(Weider Publications, Inc.)卖给了美国媒体集团(AMI, American Media, Inc.),同时本·韦德连任 IFBB 主席。2004 年,奥林匹亚先生比赛的主办人韦恩·戴米勒突然离开 IFBB,比赛转由 AMI 主办。

四、健美现状

健美作为大众易于接受的体育项目,随着国内及城域经济的联动作用而异常火爆,市场前景相当看好。健美赛事在我国也发展较快,近几年全国各城市范围已举办过不下数百场,但全国以俱乐部形式直接组织参与的赛事却并不多见。

第二节 健 美 种 类

一、职业健美

现在健美界中"职业"一词一般是指健美运动员在有晋升资格的业余比赛中获胜并取得 IFBB 的职业认证(IFBB Pro-card)。职业运动员则有资格参加一些更高级别的比赛,包括"阿诺德经典"健美大赛(Arnold Classic)及"冠军之夜"比赛(Night of the Champions),并根据这些比赛的名次决定"奥林匹亚先生"的参赛权,"奥林匹亚先生"则是职业健美领域最高头衔。

二、自然健美

在自然健美比赛中,健美选手例行违禁药品检查,一旦发现违规则取消今后的参赛权。药检可通过尿液样本进行,但很多情况下用成本更加低廉的测谎仪来代替。违禁药物指正常人体不应接受的物质,各自然健美组织对此定义都不同,并不一定仅包括那些法律禁止的药物。类固醇、激素原、利尿剂等一般都被各自然健美组织所禁止。自然健美组织包括北美自然健美联盟(NANBF, North American Natural Bodybuilding Federation)和自然体格协会(NPA, Natural Physique Association)。自然健美运动员声称他们的方法相比其他形式的健美运动更注重竞技和良好的生活方式。

三、青少年健美

健美运动中还有很多门类专门针对年轻参赛者。现在的很多职业选手都是从青少年时期就开始力量训练,例如阿诺德·施瓦辛格、李·普瑞斯特和杰·卡特。现在有很多青少年参加健美比赛。

四、女子健美

20 世纪 70 年代,女性开始参加健美比赛,并风靡了一段时间。女性开始前所未有地加强力量锻炼以求更好的身材,防止骨质疏松。然而许多女性仍然害怕力量训练会使她们身体膨胀,她们仍认为力量只是针对男性。不过力量训练对女性实际上有很多好处,譬如增加骨密度预防骨质疏松,提高肌肉力度和身体平衡性。最近几年,健身和形体比赛开始兴起。这些比赛并不像健美比赛那样对肌肉的发达水平有严格的要求,为女性提供了另种选择。1980 年首届"奥林匹亚小姐"比赛更类似于今天的健身形体比赛,当年的获胜者是蕾秋·麦莉什(Rachel Mclish)。

第三节 健美技巧

以下介绍一些健美技巧:

1. 大重量、低次数:健美理论中用 RM 表示某个负荷量能连续做的最高重复次数。比如,练习者对一个重量只能连续举起 5 次,则该重量就是 5 RM。研究表明:1～5 RM 的负荷训练能使肌肉增粗,发展力量和速度;6～10 RM 的负荷训练能使肌肉粗大,力量速度提高,但耐力增长不明显;10～15 RM的负荷训练肌纤维增粗不明显,但力量、速度、耐力均有长进;30 RM 的负荷训练肌肉内毛细血管增多,耐久力提高,但力量、速度提高不明显。可见,5～10 RM 的负荷重量适用于增大肌肉体积的健美训练。

2. 多组数:无规律的锻炼其实是浪费时间,根本不能长肌肉。必须专门抽出 60～90 分钟的时间集中锻炼某个部位,每个动作都做 8～10 组,才能充分刺激肌肉,同时肌肉需要的恢复时间越长。一直做到肌肉饱和为止,"饱和度"要自我感受,其适度的标准是:酸、胀、发麻、坚实、饱满、扩张,以及肌肉外形上的明显粗壮等。

3. 长位移:不管是划船、卧推、推举、弯举,都要首先把哑铃放得尽量低,以充分拉伸肌肉,再举得尽量高。这一条与"持续紧张"有时会矛盾,解决方法是快速地通过"锁定"状态。

4. 慢速度:慢慢地举起,再慢慢地放下,对肌肉的刺激更深。在放下哑铃时,要控制好速度,做退让性练习,能够充分刺激肌肉。很多人忽视了退让性练习,把哑铃举起来就算完成了任务,很快地放下,浪费了增大肌肉的大好时机。

5. 高密度:"密度"指的是两组之间的休息时间,只休息 1 分钟或更少时间称为高密度。要使肌肉块迅速增大,就要少休息,频繁地刺激肌肉。"多组数"也是建立在"高密度"的基础上的。锻炼时,全神贯注地投入训练,不去想别的事。

6. 念动一致:肌肉的工作是受神经支配的,注意力密度集中就能动员更多的肌纤维参加工作。练某一动作时,就应有意识地使意念和动作一致起来,即练什么就想什么肌肉工作。例如:练立式弯举,就要低头用双眼注视自己的双臂,看肱二头肌在慢慢地收缩。

7. 顶峰收缩：这是使肌肉线条练得十分明显的一项主要法则。它要求当某个动作做到肌肉收缩最紧张的位置时，保持一下这种收缩最紧张的状态，做静力性练习，然后慢慢回复到动作的开始位置。感觉肌肉最紧张时，数1～6，再放下来。

8. 持续紧张：应在整个一组中保持肌肉持续紧张，不论在动作的开头还是结尾，都不要让它松弛（不处于"锁定"状态），总是达到彻底力竭。

9. 组间放松：每做完一组动作都要伸展放松。这样能增加肌肉的血流量，还有助于排除沉积在肌肉里的废物，加快肌肉的恢复，迅速补充营养。

10. 多练大肌群：多练胸、背、腰臀、腿部的大肌群，不仅能使身体强壮，还能够促进其他部位肌肉的生长。有的人为了把胳膊练粗，只练胳膊而不练其他部位，反而会使二头肌的生长十分缓慢。建议安排一些使用大重量的大型复合动作练习，如大重量的深蹲练习，它们能促进所有其他部位肌肉的生长。因此，在训练计划里要多安排硬拉、深蹲、卧推、推举、引体向上这5个经典复合动作。

11. 训练后进食蛋白质：在训练后的30～90分钟里，蛋白质的需求达高峰期，此时补充蛋白质效果最佳。但不要训练完马上吃东西，至少要隔20分钟。

12. 休息48小时：局部肌肉训练一次后需要休息48～72小时才能进行第二次训练。如果进行高强度力量训练，则局部肌肉两次训练的间隔72小时也不够，尤其是大肌肉块。不过腹肌例外，腹肌不同于其他肌群，必须经常对其进行刺激，每星期至少练4次，每次约15分钟；选三个对你最有效的练习，只做3组，每组20～25次，均做到力竭；每组间隔时间要短，不能超过1分钟。

13. 宁轻勿假：许多初学健美的人特别重视练习重量和动作次数，不太注意动作是否变形。健美训练的效果不仅仅取决于负重的重量和动作次数，而且还要看所练肌肉是否直接受力和受刺激的程度。如果动作变形或不到位，要练的肌肉没有或只是部分受力，训练效果就不大，甚至出偏差。事实上，在所有的法则中，动作的正确性永远是第一重要的。宁可用正确的动作举起比较轻的重量，也不要用不标准的动作举起更重的重量。

第四节 饮食营养

一、健美营养概述

健美运动员需要专门的营养搭配以满足肌肉的高水平修复与增长。一般说来，健美运动员需要比身高相同的平常人更多的热量来维持训练和肌肉增长所需的能量并维持蛋白质的合成。比赛准备期的食物能量水平会略低于正常维持生理需求的能量水平，并结合有氧训练达到减脂的目的。健美运动员所需食物能量来自碳水化合物、蛋白质和脂肪的比例会因人而异。

碳水化合物对于健美运动员来说非常重要，它为机体参与锻炼和恢复提供必需的能量。健美运动员需要低血糖生成率的多醣(Low-Glycemic Polysaccharides)以及其他缓释的碳水化合物，这些物质与那些血糖生成指数高的蔗糖和淀粉相比，其能量释放相对平缓。平稳的能量释放是很重要的，否则高血糖生成的物质会使身体胰岛素水平陡增，这样就会诱导身体将更多的能量转化为脂肪而不是贮存在肌肉中，而且原本应该作用于肌肉生长中的能量也会被浪费。不过健美运动员在训练之后又往往会摄入一些快速消化的糖类(常为纯葡萄糖或者麦芽糖)，因为这会促进肌肉中肌糖原的复原，亦有利于肌肉中的蛋白质合成。

蛋白质应该是健美运动员最关心的膳食营养了。功能性蛋白质例如马达蛋白(motor protein)可产生导致肌肉收缩的力。目前的说法认为，健美运动员总能量的25%～30%应来源于蛋白质，这样才能达到维持并改善机体合成能力的目的。有关蛋白质的能量摄入是一个引起广泛争论的话题，很多人认为理想的蛋白质摄入量是每磅(每0.45千克)体重摄入1克，有人则建议更少些，还有人建议

1.5～2克甚至更多。蛋白质最好在一天中平均摄入,特别在训练中、训练后和睡前三个时间摄入,这是一个比较能够确信的结论。对于摄入何种蛋白质最佳,人们还尚存争议。鸡肉、牛肉、猪肉、鱼肉、鸡蛋及奶制品都含有较多的蛋白质;坚果、植物种子及豆类的蛋白质含量也很高。酪蛋白和乳清蛋白常用来制成蛋白质补剂。乳清蛋白比较受到健美运动员的青睐,因为它的生物价值(BV,Biological Value)高,吸收率也高,很多知名品牌的补剂用的就是这种蛋白质。健美运动员需要生物价值高的优质蛋白质;他们往往避免依靠大豆蛋白作为主要蛋白质来源,原因是大豆有类雌激素的成分。当然也有一些营养专家相信大豆、亚麻籽及许多其他植物食品中含有的微量的类雌激素化合物及植物性雌激素是有益的,它们可能会与男性自身的雌激素竞争激素受体,并抑制雌激素的作用。这个作用还包括抑制垂体功能,刺激肝脏中 P450 系统(此系统可降解人体中的化学物质、激素、药物及代谢废料)积极工作来排除体内过剩的雌激素。

健美运动员经常把一天的食物摄入分成5～7顿餐,每餐的内容基本相同,并且从各顿餐之间间隔相等(一般是2～3小时一餐)。相比常规的一日三餐,改用这种方法的目的有两个:既可防止过饱,又可提高基础代谢。然而,通过热量测定法和水的同位素标定法,已经有可靠的研究结果表明频繁进餐对新陈代谢并无促进作用。

二、营养原则

营养对于每个人都是必不可少的,从事健美训练的人更需要充足的营养。初学者往往将全部精力投入训练而忽视了营养。其实,没有适宜的营养任何训练都是无效的,因此初学健美的人要注意以下五大健美营养原则:

1. 补充足够的热能:肌肉生长是要消耗能量的,没有足够的热量,就不可能保证肌肉的正常生长。

2. 补充足够的碳水化合物:健美训练时能量主要由糖原提供,摄入的碳水化合物可以补充糖原,供给能量,并防止训练造成的肌肉分解。

3. 补充优质蛋白原料:蛋白质是肌肉构成的基石,也是肌肉生长的基础,因此每天必须摄入优质蛋白质以构建肌肉。

4. 促进合成、减少分解:当肌肉的合成大于分解时,肌肉增长,反之则缩小。因此健美人群要注意抗肌肉分解,促进蛋白合成。

5. 保持适宜激素水平:人体内的生长激素、胰岛素和睾丸酮对肌肉蛋白的合成至关重要。通过饮食与营养补充品可调控激素水平,刺激肌肉的生长。

三、营养策略

1. 晚餐高蛋白

发达的肌肉可通过有规律的负重训练,高蛋白饮食,以及睡眠来获得。日本运动营养学家铃木胜茂研究发现,促进肌肉生长的生长激素是在人睡眠过程中分泌的。生长激素能将血液中的氨基酸导向肌肉组织,使其造出新的肌细胞并修复受到损伤的肌细胞。因此,健美运动员应在晚餐中进食高蛋白食品,或者在睡前服用氨基酸,以使上述肌肉生长过程更有效地进行,从而获得更强大的肌肉块。

2. 训练后进食高蛋白

科学研究表明,负重训练也能促进生长激素的分泌。因为负重训练的用力对肌纤维所造成的细微损伤能激发体内的修复机能,促使生长激素的分泌和氨基酸的合成。负重训练后,生长激素的分泌大约能维持两小时左右。饭后的一两个小时又是蛋白质吸收的高峰阶段。训练后进食高蛋白食品,就可使由于负重训练而引起的生长激素分泌高峰与蛋白质吸收的高峰一致,因而更有利于肌肉生长。而睡眠时肌肉组织的静止状态又可使上述效果得到进一步的强化,从而收到事半功倍的

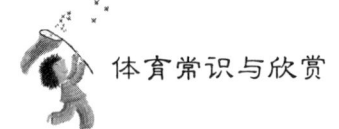

训练效果。许多健美冠军成功地运用了这一策略,他们一天训练两次,即午饭(含午睡)前一次和晚饭(含晚睡)前一次。这样,他们在一天之内就为生长激素的分泌和肌肉生长提供了两次机会,效果更好。

第五节　健美与健身的区别

一、两者的概念

1. 健美运动(bodybuilding)

通过动作练习,使人体各部位的肌肉发达匀称,体格健壮,且富有雕塑感的艺术美。

2. 健身运动(keep fitness)

通过动作练习,使人身体健康,体质增强,生活内容更加丰富。

二、特点和作用

1. 健美。运用各种器械和各种训练方法,达到发达肌肉、健美体型的目的。

2. 健身。通过各种方式的体育锻炼,达到提高内脏器官,尤其是心血管系统的机能平衡,最终达到增强体质的目的。

三、锻炼的方式方法

项 目	健 身	健 美
器材使用	徒手为主,器械为辅	器械为主,徒手为辅
锻炼方式	集体为主,个体为辅	个体为主,集体为辅
练习方法	重复次数多,负荷轻	重复次数少,负荷重
锻炼内容	按不同的器官系统	按不同身体部位

健美和健身是是两个不同的概念,两者既有联系,又有区别。

健身不用任何器械都可以健身,健美要有齐全的健身器械,否则根本达不到目的,即使业余的效果也无法达到。

四、中国健美协会

国际健美联合会现有 168 个会员国,亚健联有 36 个会员国,是最大的国际和亚洲单项体育组织之一,健美运动也是最为普及的运动项目之一。随着人类健康水平的不断提高,健美这一延缓人体肌肉衰老速度最为有效的运动项目越来越受到人们的青睐。随着全民健身计划的实施,中国的健美运动也以日新月异的面貌在各地蓬勃开展。

1986 年中国举重协会成立分支机构健美运动委员会,中国于 1985 年 11 月加入国际健美联合会(英文缩写 IFBB)国内现有三十个省、自治区、直辖市,十二个计划单列市,四个行业体协和国家体委的六所直属体院开展健美运动。健美项目已列入我国大学体育统编教材。自 1994 年以来,中国健美协会成功举办了多次国际重要健美赛事和会议。目前国内现有国际级健美裁判 2 人,国家级健美裁判 22 人。

为推动和发展我国大众健身健美运动水平,中国健美协会每年举办一届全国健美锦标赛、中国健身小姐大赛、全国健美俱乐部排位赛、沙滩健美暨健身风采大赛。根据健身市场发展的需要,协会还定期举办等级健身指导员培训班,健美教练员、裁判员培训班。对具有一定规模的健美组织实行等级评定。

❓思考题

1. 简述现代健美运动发展概况。
2. 健美运动与健身活动的区别是什么?

第十三章

保　龄　球

第一节　保龄球的起源

保龄球的起源也许可以追溯到公元前 5200 年的古埃及，人们在那里发现了类似现代保龄球运动的大理石球和瓶。在 4 世纪前的德国教会里，流行着一种"九柱球"的游戏，来检验教徒对宗教的信仰程度。直到宗教革命之后，马丁·路德统一了九瓶制，成为现代保龄球运动的真正起源。如今，保龄

球已经成为现代社会中的一项时尚运动，流行于欧、美、大洋洲和亚洲一些国家。保龄球，英文名是 bowling，又称地滚球，它是在木板道上滚球击柱的一种室内运动。

保龄球最早开始于公元 3 至 4 世纪的德国。最初，天主教徒在教堂走廊里安放木柱，用石头滚地击之。他们认为击倒木柱可以为自己赎罪、消灾；击不中就应该更加虔诚地信仰"天主"。直到 14 世纪初，才逐渐演变成为德国民间普遍爱好的体育运动项目。后来，荷兰人和德国人的后裔移居美国，便把保龄球传到了美国。

在 16 世纪时，保龄球是 9 个瓶的游戏，数年后，演变成 10 个木瓶，瓶的摆设形状也从钻石形变成三角形。

1895 年，美国保龄球总会正式成立。

1951 年，国际保龄球联合会成立，1954 年，第一次保龄球国际比赛在芬兰的赫尔辛基举行。1988 年的奥运会，保龄球列为表演项目。

比赛分个人赛和多人赛。赛前，以抽签决定道次和投球顺序。比赛时，在球道终端放置 10 个木瓶成三角形，参加比赛者在犯规线后轮流投球撞击木瓶；人均连续投击两球为 1 轮，10 轮为一局；击倒一个木瓶得 1 分，以此类推，得分多者为胜。

规则规定，运动员投球时必须站在犯规线后面，不得超越或触及犯规线，违者判该次投球得分无效。投球动作规定用下手前送方式，采用其他方式为违例。

保龄球具有娱乐性、趣味性、抗争性和技巧性，给人以身体和意志的锻炼。由于是室内活动，不受时间、气候等外界条件的影响，也不受年龄的限制，易学易打，所以成为男女老少人人皆宜的特殊运动。

第二节　保龄球的技法

1. 球的选用

保龄球的重量基本上从 6 磅到 16 磅，11 个级。

2. 简便的选球标准

6～7磅　　小学生

8～9磅　　中学生

10～12磅　女青年

13～14磅　男青年

15～16磅　中、高级球员

3. 以体重 1/10 为依据的选球标准

40～49 kg　10磅

50～54 kg　11磅

55～59 kg　12磅

60～64 kg　13磅

65～69 kg　14磅

70～74 kg　15磅

75 kg 以上　16磅

4. 保龄球技法最常用有：直线球，飞碟球，弧线球。

一、保龄球的姿势

1. 持球：持球时姿势要对，手臂要夹紧胳肢窝，确定身体、肩膀摆正，原本半蹲的姿势也要改过来变成直立，因为腿的姿势如果半蹲，也会消耗掉能量。注意，任何弯曲的动作都会消耗能量，懂物理的人都应知道。持球最好不要将球摆胸前，因为很多人会惯性地将球摆往后右方，球应该持在与右肩平行的位置，再用左手拖住。如果球摆在胸前，摆球时也应该先将球往右肩平行的位置移动，然后再做摆球的动作。

2. 摆球：摆球时将原本弯曲的手臂放下伸直并往正后方摆动，这个姿势很重要，持球的位置越高、向后摆的幅度越高，球速就会越快。但是，很多人向后摆的姿势会偏掉，要特别注意胳肢窝仍要夹紧，手仍然要伸直。

3. 出手：出手时手还是一样伸直，不可弯曲。不可用力，因为姿势对的话，球速会自然增加。

4. 走步：可将走步速度变快，但要掌握好节奏，快而不乱，方可加快球速。

5. 左手：很多人会忽略左手，所以球速没有完全发挥。左手的作用是在平衡右手的重量，唯有在平衡时速度才能发挥。走步时左手应像老鹰展翅一样，左手抬得越高，能量就聚集越多。注意，出手时不仅右手出力，连左手都应出相等的力气，不然姿势会因不平衡而垮掉，出手时左手应向后方撞。

6. 落点：放球时尽量不要将球腾空，不然很多能量会因和球道碰撞而抵消，放球时没有声音是最能打出速球的。

以上所谈只适用右手出手者，如果您是左手请自己修正过来。

二、保龄球的打法

初学者想要打好保龄球，最重要的就是要学好如何助走以及正确的出球方式，助走实际上就是由站在球道上，到出球的时候所需要走的路线。通常分为三步助走、四步助走及五步助走，步伐较大的可采用比较少的步数，但是也要配合自己身体的协调性以及灵活性。右手出球的人，最后把球送出时，应该是右脚交在左脚的后面，左手反之。

助跑道上通常都会有标示前、中、后三个点，这三个点各离球道犯规线的远近不同，站在后点（靠近座位）用四步助走，这样能够有足够的时间调整球的角度以及调整出手。

三、保龄球的礼仪

1. 进投球区时，要更换保龄专用鞋。

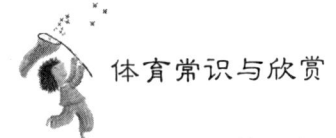

2. 只使用自己选定的保龄球。

3. 等到瓶完全置完之后再投球。

4. 不要进入旁边的投球区。

5. 不可以随意进入投球区。

6. 先让给已经准备好投球姿势的人投球。

7. 同时进到投球动作的情况时,由右边的人先投球。

8. 在投球区,不可以投球的预备姿势太久。

9. 投球动作结束后,不可以长久地站在投球区。

10. 不可投出高球。

11. 不可打扰正在投球人的注意力。

12. 不在投球区挥动保龄球。

13. 成绩不好时,不要怪球道情况不良。

14. 不可批评别人缺点。

15. 不可把水撒落在投球区。

四、如何打保龄球

初学者要从重量轻的练起,一般用相当于身体重量1%的球。

投球步骤:首先,将右手(或左手)的拇指全部插入球孔,中指和无名指分别插到第二关节最合适,手心托着球到胸前,两手将球拿正,身体摆正,松肩,精神集中,然后起步。步法分为3步、4步、5步三种,4步法比较常用。第1步先从右脚踏出,同时将球向前伸出;第2步左脚踏出,球在手上与身体约成90度;第3步右脚向前踏出时,球的位置放到后面;第4步左脚滑出时,同时将球从手里轻力送出。注意投球进最后一步不要超过犯规线,否则会被扣分。

如何打钩球、钩球的站立与瞄准要点:钩球的站点每位球手各有不同喜爱。

1. 将右脚尖对着第10块木板站(即左脚尖在15块木板),将球滚过一箭半或第2个箭。

2. 将右脚尖对着20块木板站(即左脚尖在25块木板),将球滚过第3箭头或第2个箭头,力度自己适应调整。

3. 将右脚尖对着第25块木板站(即左脚在30块木板),将球滚过第3个箭头(即第15块木板)。

4. 将右脚尖对着第30块木板(即左脚尖在35块木板),将球滚过第4个箭头。

以上为一般钩球打者常用的站点与瞄准选择方式。

钩球的持球方法:先将两指尖插入两小指的球孔,并且塞紧,再将拇指伸入拇指孔,必须伸入至虎口,小指贴靠无名指,食指张开,将球持于皮带前方约10公分处,手肘紧贴靠着腰,拇指朝11点钟方向,上身微微向前倾约10度脚尖朝向球瓶方向,双膝半弯曲的站立,行进时双膝还是保持半蹲弯曲姿势前进,因为助走至最后一步时,才能顺势伐步。

行进助走的动作:持球的整支手臂,如果是走4步者,开步必须完全将手臂伸直,顺势垂直,摆荡进行。如果是走5步者,第二步就要完全伸直,也顺势垂直手臂摆荡前进,并且在行进过程中,不能边走边弯腰,胸、脸必须保持对着前方的球瓶,双肩必须保持平衡,肩不可左右倾斜,不可前后摇晃。

投球的动作:最后一步时,持球的手臂顺着步伐的时间向前摆伸撒手时,拇指先脱离球孔瞬间利用大臂带小臂。小指钩旋球,上扬手臂一气呵成的动作,弓步、挺腰、拉高,掌心朝头的正后方,如果动作做得完整、流畅,控制球的滚向路线,您将会打出完美的效果。

五、保龄球的好处

1. 不分年龄、性别,男女老少均能参与,无论个人体质好坏,都可得到好的成绩。

2. 不管身体的强弱,只要通过努力均可获得高分,因此可培养和增强人的自信心。

3. 弥补日常生活中和工作重负下的运动不足,缓解、消除压力。

4. 不受天气、时令影响的运动。

5. 长久不衰,文明的社交场所。

据计算,参加保龄球运动的运动量与以下几种常见运动的运动量的比较:

3 局保龄球＝骑车 20 分钟

3 局保龄球＝跑步 15 分钟

3 局保龄球＝网球 20 分钟

思考题

1. 保龄球运动在社会中的健身作用是什么?

2. 保龄球运动的技术特点是什么?

第十四章

健 美 操

健美操是一项深受广大群众喜爱的、普及性极强,集体操、舞蹈、音乐、健身、娱乐于一体的体育项目。健美操竞赛项目包括男子单人、女子单人、混合双人、三人(男三;女三;混合三人)、混合六人(男三、女三)啦啦操等。比赛按性质分锦标赛和冠军赛两类。

第一节 健美操的起源

健美操起源于 1968 年。1983 年美国举行了首届健美操比赛,1984 年首届远东区健美操大赛在日本举行。由于两次大赛的成功,1984 年起健美操运动在世界各地全面兴起。每年国际上举办的活动有:健美操世界锦标赛、世界杯赛、世界冠军赛、世界巡回赛。国际健美操委员会力争在 2004 年将健美操项目带入奥运会。

随着人民生活水平的不断提高,健美操所特有的保健、医疗、健身、健美、娱乐的实用价值受到越来越多的人的重视。吸引了不同年龄的爱好者参与,形成了一定规模的消费群体。各级电视台纷纷制作以健美操竞赛、普及为内容的专题节目,其收视频率远远超过其他节目。

由于健美操比赛可在体育馆和舞台上举行,加之健美操运动时场地运用集中的特点,给企业结合比赛进行广告宣传创造了机会。健美操项目受到越来越多的企业的青睐。

1987 年,北京举办了首届全国健美操邀请赛。随后 1988 年、1989 年、1990 年、1991 年先后在北京、贵阳、昆明、北京举办了四届邀请赛。1992 年起改名为全国锦标赛,成为每年举办的传统赛事。另外,1992 年和 1995 年在北京举办了两届全国健美操冠军赛。1998 年,举办了全国锦标赛暨全国健美操运动会。

第二节 健美操的内容

成套健美操的动作是由单个动作所组成的,它来源于徒手体操、艺术体操和舞蹈等的动作。

一、徒手体操动作

徒手体操动作是健美操动作最基本的内容,它是由头颈、上肢、胸部、腰部、下肢等部位的屈、伸、转、绕、举、摆、振等基本动作构成的。只有正确地掌握徒手体操动作,才有可能协调、准确地完成健美操动作。

徒手体操与健美操在完成的方法上有较大的区别,主要表现在动作节奏、运动方向、路线以及造型等方面。由于健美操中增加了新颖、独特的手形和步形,特别是髋部动作,所以,健美操动作更加丰富多彩。

二、艺术体操徒手动作

波浪动作是艺术体操的典型动作。此外,摆动、绕环、屈伸、平衡、转体、跳步、舞步及近似技巧动作等也是健美操动作的内容。艺术体操的徒手练习不仅能培养人们对动作的美感,而且能有效地增强身体素质,提高协调性,增加成套动作的难度价值。

三、现代舞中的简单动作

健美操中大量吸收了迪斯科舞、爵士舞、霹雳舞中的上下肢、躯干、头颈和足踝动作,特别是髋部动作,这给健美操增添了活力,同时,也有利于减少臀部和腹部脂肪的堆积,有利于改善动作的协调性和灵活性。

此外,民间舞中的许多动作,基本体操中的队列、队形变化也是健美操的内容之一。

第三节　健美操的分类

健美操可分竞技健美操和健身健美操两大类。竞技健美操根据竞技健美操规则的要求进行编制、训练、比赛。健身健美操是普及性的,没有统一要求。

一、竞技健美操

竞技健美操目前大致分三种比赛:(1)全国健美操比赛;(2)全国职工健美操比赛;(3)全国大学生健美操比赛。竞技健美操在练习场地的大小、练习人数的多少、特定动作、动作节奏快慢等方面有严格统一的标准,必须按规则进行,不得擅自更改。

二、健身健美操

健身健美操的目的在于增进健康,可为社会不同年龄层次的人所采用。它根据练习对象的需求进行创编,动作简单易学,节奏稍慢,时间长短不等,可编排5分钟到1小时。例如,美国著名健美操明星简·方达所编的初级健美操,一套有27分钟。在日本,一般的健美操约1小时左右。目前我国健身健美操运动开展非常广泛,各种成套健美操动作的练习时间、场地、人数、内容、动作名称、节奏快慢等没有统一的标准,可以根据练习者自身的需要进行编排。

健美操除上述分类法外,按一定的特征,还可归为以下几类:

1. 根据练习的主要目的和任务,可分为大众健美操和竞技健美操。

2. 根据练习形式,可分为徒手健美操、持轻器械健美操和利用专门健美器械进行练习的健美操。

3. 根据练习者的性别特征,可分为女子健美操和男子健美操。

4. 根据练习者不同年龄阶段的特征,可分为幼儿健美操、儿童健美操、少年健美操、青年健美操、中年健美操和老年人健美操。

5. 根据人体解剖结构特征,按身体部位常可分为颈部健美操、肩部健美操、臂部健美操、胸部健美操、腰腹健美操、髋部健美操、腿部健美操和足踝健美操。

6. 根据动作的内容特征,可分为形体健美操、姿态健美操、跑跳健美操和垫面健美操等。

第四节　健美操的种类

一、拉丁健身操

拉丁健身操来源于国标中的拉丁舞,但绝对不强调基本步伐,更确切地说,它是健身操的一种,强

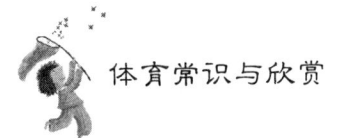

调能量消耗,对动作的细节要求不高,注重运动量和对髋、腰、胸、肩部关节的活动。

拉丁操自由随意,热情奔放,节奏明显。它的锻炼侧重点在于腰和髋部,同时使大腿内侧得到充分锻炼。拉丁健身操的另一个特点是在热烈奔放的拉丁音乐中感受南美风情,同时在健身操中增加舞蹈元素,在锻炼之外更可自我享受。拉丁健身操要求百分之百的情绪投入,越是淋漓尽致地把拉丁的感觉发挥出来,就越能在音乐中释放情绪,燃烧激情的同时,也让你的脂肪一起燃烧。

适合人群:运动量少而腰围、臀围过大的白领一族。

注意事项:最好选择鞋底柔软的运动鞋;全情投入跟随音乐扭动髋部和腰部,正常呼吸。

二、街舞

所用音乐一般为"Hip Hop"或"funk",发展至今由黑人街头即兴舞蹈演变而来。而现今融入了有氧舞蹈,以明显的节奏搭配,全身上下的自由摆动,有更多的趣味性,可以增进协调性、心肺功能,甚至肌力等。目前的专业有氧教练也逐一将 Disco、Jazz 等各类型的舞蹈,加以整合而成,让你在一堂课里,不断吸收新奇好玩的舞步,又可达到减肥塑身的目的。

适合人群:喜爱欧美流行音乐,有一定健美操基础。

运动强度可根据动作的掌握、对音乐的理解自行调节,可作为提高协调性的减脂运动,最重要的是调节心情、缓解压力、追求与众不同的感觉。

三、搏击操

最早是由欧洲的搏击选手与职业健身操运动员推出的。而其具体形式都是将拳击、空手道、跆拳道、功夫,甚至一些舞蹈动作混合在一起,并配合强劲的音乐,成为一类风格独特的有氧健身操。

一节完整的搏击操会消耗大量的热量,由于搏击操动作多变,包括如直拳、勾拳、摆拳、正踢、侧踢、侧蹬等搏击动作,而且在做每个动作时要求迅猛,有爆发力,所以在锻炼全身每一块肌肉的同时,我们身体的弹性、柔韧性及反应速度也将得到前所未有的提高。

尤其是搏击操中的所有动作几乎都要求腰腹保持平衡并发力,所以一节课下来对腰腹部的锻炼超过了任何其他健身方式。

适合人群:脂肪堆积过多的年轻人。

注意事项:搏击操运动强度较大,如出现低血糖,请先休息片刻后再决定是否继续。

若发生以下情况,可停止练习:腿部疲劳、人体局部出现痛状不适、眩晕、心率过快等。

第五节　健美操的练习常识

做健美操要想取得理想的锻炼效果,必须科学地安排练习时间与次数,并注意运动卫生。

一、合理安排练习时间与次数

进行健美操练习,可根据自己的工作、学习情况及生活习惯,安排在早上、白天或晚上。其中以下午 3 时至晚上 8 时这段时间为最好,因为在这段时间内,体力比较旺盛,另外工作之后进行锻炼也可以起到消除疲劳的作用。每星期安排 2~3 次,每次 1~2 小时,如在饭前练习要休息半小时才能用餐,饭后练习则要休息 1 小时以上才能进行;晚上练习,要在临睡前两小时结束,以免因过度兴奋影响入睡。

二、注意运动卫生

做健美操前应先进行准备活动,使身体发热,提高神经系统的兴奋度。因为,人体从安静状态进入运动状态需要克服内脏器官的生理惰性,开始运动应逐渐加强,这样,血液循环和气体交换才能逐渐得到改善;新陈代谢才能逐渐旺盛,使关节、肌肉、韧带的柔韧性和灵活性增强,既可以防止损伤,又可以使肌体作好机能上的准备。练习完毕,要做整理活动,使运动时流入肌肉中的血液慢慢流回心脏,机体逐渐恢复平静状态,紧张的肌肉得到舒展放松。运动后洗热水澡,能使全身感到舒适、精神焕发,精力更加充沛。

三、相关细节

健美操融体操、舞蹈、音乐为一体,以有氧练习为基础,近年来为广大青少年所青睐,但是跳健美操要想取得良好的效果,一些细节不能忽视。

从着装上讲,参加健美操锻炼应根据季节的变化和练习环境的温度适当变化。一般穿棉质弹性好的服装宜于运动,特别强调运动时一定穿运动式弹性好的、柔软性强的运动鞋和运动袜子,因为健美操对下肢关节及足弓具有一定冲击力,穿舒适的鞋袜可以起到保护作用,避免受伤。

跳健美操前必须做热身运动。

天气较暖时,身体容易活动开,热身运动的时间可短一些;天凉时,活动时间要稍长些。通常情况下,热身运动的时间应控制在总锻炼时间的 20% 左右,做到身体感觉发热为宜。

在健美操锻炼时,要根据自身的体质和运动负荷的承受能力,适当安排运动时间和强度。勉强锻炼,不仅不利于健身,反而会给身体带来不良影响。

放松运动是跳健美操一个不可忽视的环节。通过放松运动可使心脏较快地恢复到正常工作状态,可促进整个机体较快地得到恢复,还能加速乳酸的消除,可避免肌肉充血、僵硬。

饮食也会对跳健美操效果产生重要影响。一般进食后需间隔 1.5～2.5 小时才可进行健美操锻炼,若饭后休息时间短,则食量可少一些。原则上应是运动前的一餐食量不宜过多,并且应吃一些易于消化,且含有较多糖、维生素和磷的食物,同时应尽量少吃含脂肪、纤维素及刺激性、过敏的食物。运动后,则应休息 30 分钟以后再进食,运动后应多进食些高能量、低脂肪含蛋白质多的食物,运动时出汗较多还应及时补充水分。

第六节　健美操练习的注意事项

在各大健身场所内,健美操项目深受欢迎。资深健身教练提醒大家,在进行健美操锻炼时,要注意以下几点事项,才能收到良好的健身效果。

一、准备活动

充分的准备活动能使关节、韧带、肌肉温度升高,增加身体灵活性,提高神经系统兴奋程度和心血管活动水平,从而防止运动伤害的发生。

二、合理安排锻炼计划

锻炼者要根据自身体质安排健美操运动的时间、强度、练习组数等。有慢性病的人要在医生的指导下进行锻炼,心血管疾病患者应减少剧烈运动,避免快速旋转头部和突发性动作,患重感冒时最好停止健美操运动。

三、及时补充水分

在锻炼过程中应注意及时补充水分,以保证身体健康和正常机体的需要。补充水分的方法最好

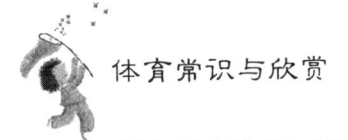

是少量多饮,随时保持体内水的平衡。

四、进食后两小时进行锻炼

一般进食后间隔两个小时才可进行健美操锻炼。因为进食后胃中食物充盈,立即运动会影响消化,容易出现腹痛、恶心等症状。而且运动前应吃些易于消化的食物,运动后应休息30分钟后再进食。

五、空腹锻炼不可取

如果长期空腹锻炼,会导致体重急剧下降,脏器功能受损,产生疾患,影响健康。

六、锻炼时服装的选择

最好选择有弹性、纯棉、柔软、舒适的服装。每次练习后,要及时清洗服装,保持服装干爽。鞋子不仅要大小合适,而且要有衬垫,并具备一定的弹性和弯曲性。切忌穿高跟鞋和厚底鞋。

第七节　健美操的相关弊端

有关方面专家研究发现,不合理的健美锻炼会给健美者带来种种弊端。

1. 听力减退

高强度的健美操加上较大音量的音乐,可能损害运动者本人的内耳功能,引起眩晕、耳鸣、耳内胀痛以及对高频率声音的听力丧失等恶果。据专家介绍,重复的刺激运动会使内耳中一些被称做耳石的结构松脱;一旦耳石脱落离开原来的位置,便不会重新返回,因而继续将错误的信息传给大脑。加上伴奏音量过大,更加促成了这一恶果的产生。

2. 男性化

一些保健医生发现,不少女性运动员趋于男性化,长出胡须甚至胸毛。究其根底在于过度进行举重锻炼等力量性练习项目,导致了雌性激素大量丧失。

3. 健身后遗症

常去健身馆做器械操的女性,诸如举重等负重运动,对骨盆产生巨大压力,可造成会阴部肌肉松弛和脆弱,严重者引起子宫下垂或脱出、大小便失禁等,谓之健身后遗症。

怎样避免运动伤害呢?其方法有多种。

多做平衡操:方法是:面墙站立,双脚并拢,挺腰直背,两眼平视前方,双手前伸,手掌紧贴墙壁,弯曲两肘,全身做一前一后的运动,每天做8~10次。

选好锻炼项目:女性的着重点应放在练形体上,因此以平衡操、健美操、仰卧起坐等项目为首选。此外,还应考虑现在的体型,如瘦高者多做投掷、器械操、篮球操等,矮胖者多练练跳远、短跑、单杠、引体向上。至于游泳、跳水、跳绳等,无论哪种体型皆宜。

掌握好运动强度和时间:一般根据自身体质和特点选项,不要盲目效法别人,举重等高负荷运动应尽量少参与,伴奏的音量也不要过强。

思考题

1. 简述健美操的分类与种类。

2. 进行健美操锻炼时应该注意什么?

第十五章

瑜　　伽

"瑜伽"这个词，是从印度梵语"yug"或"yuj"而来，其含意为"一致"、"结合"或"和谐"。瑜伽是一个通过提升意识，帮助人们充分发挥潜能的哲学体系及其指导下的运动体系。瑜伽姿势是一个运用古老而易于掌握的方法，提高人们生理、心理、情感和精神方面的能力，是一种达到身体、心灵与精神和谐统一的运动形式。

瑜伽不只是一套流行或时髦的健身运动这么简单。瑜伽是一个非常古老的能量知识修炼方法，集哲学、科学和艺术于一身。瑜伽的基础建筑在古印度哲学上，数千年来，心理、生理和精神上的戒律已经成为印度文化中的一个重要组成部分。古代的瑜伽信徒发展了瑜伽体系，因为他们深信通过运动身体和调控呼吸，可以控制心智和情感，以及保持永远健康的身体。

第一节　瑜伽的起源

瑜伽起源于印度，距今有5 000多年的历史文化，被人们称为"世界的瑰宝"。瑜伽发源印度北部的喜马拉雅山麓地带，古印度瑜伽修行者在大自然中修炼身心时，无意中发现各种动物与植物天生具

有治疗、放松、睡眠或保持清醒的方法，患病时能不经任何治疗而自然痊愈。于是古印度瑜伽修行者根据动物的姿势观察、模仿并亲自体验，创立出一系列有益身心的锻炼系统，也就是体位法。这些姿势历经了5 000多年的锤炼，瑜伽教给人们的治愈法，让世世代代的人从中获益。

在数千年前的印度，高僧们为追求进入天人合一的最高境界，经常僻居原始森林，静坐冥想。在长时间单纯生活之后，高僧们从观察生物中体悟了不少大自然法则，再从生物的生存法则，验证到人的身上，逐步地去感应身体内部的微妙变化，于是人类懂得了和自己的身体对话，从而知道探索自己的身体，开始进行健康的维护和调理，以及对疾病创痛的医治本能。几千年的钻研归纳下来，逐步衍化出一套理论完整、确切实用的养身健身体系——瑜伽。

再简单一点来说，瑜伽是生理上的动态运动及心灵上的练习，也是应用在每天的生活哲学。瑜伽的习练目标是达到对自身心灵的良好理解以及调控，能熟知并掌握肉身感官，就如艾扬格在《光耀生命》中强调的达到圆融纯一的状态。感官的集中点就是心意，能够驾御心意，即代表能够驾御感官；通过把感官、身体与有意识的呼吸相配合来实现对身体的控制。这些技巧不但对肌肉和骨骼的锻炼有益，也能强化神经系统、内分泌腺体和主要器官的功能，通过激发人体潜在能量来促进身体健康。

人体的神经系统、内分泌腺体和主要器官的状况决定着一个人的健康程度。有规律的瑜伽练习有助于消除心理紧张，以及由于疏忽身体健康或提早衰老而造成的体能下降。因此练习瑜伽能保持活力，令思路清晰。

现代生活节奏快，竞争激烈，压力较大。当然，适度的压力也是必要的，因为压力可以激发兴趣，振奋精神，使人精力充沛。但是，如果这种压力超过我们所能承受的限度，身体就会感到紧张不适，自我免疫力下降，体力不支，有时还包括心理上的挫败感、肌肉紧张(可导致脊椎疼痛)、疲惫不堪、呼吸短促甚至神志不清等。

瑜伽包含伸展、力量、耐力和强化心肺功能的练习，促进身体健康，有协调整个机体的功能，学习如何使身体健康运作的同时也增加了身体的活力。此外，培养心灵和谐和情感稳定的状态也引导你改善自身的生理、感情、心理和精神状态，使身体协调平衡，保持健康。

第二节　瑜伽的发展历史

现代学者将瑜伽分为三个时期：

一、前古典时期

由公元前5000年开始，直到(梨俱吠陀)的出现为止，约有3000多年的时期，是瑜伽原始发展，缺少文字记载的时期，瑜伽由一个原始的哲学思想逐渐发展成为修行的法门，其中的静坐、冥想及苦行，是瑜伽修行的中心。

二、古典时期

由公元前1500年《吠陀经》笼统的记载下来，到了《奥义书》明确的记载瑜伽，到《薄伽梵歌》出现，完成了瑜伽行法与吠檀多哲学的合一，使瑜伽这一民间的灵修实践变为正统，由强调行法到行为、信仰、知识三者并行不悖。大约在公元前300年时，印度圣哲派坦佳里(pantanjali)创作了《瑜伽经》，印度瑜伽在其基础上真正成形，瑜伽行法正式订为八支体系。

三、后古典时期

由"瑜伽经"以后，为后古典瑜伽。主要包括了"瑜伽奥义书"，密教和诃陀瑜伽。"瑜伽奥义书"有21部，在这些"奥义书"中，纯粹认知，推理甚至冥想都不是达到解脱的唯一方法，它们都有必要通过苦行的修练技术所导致的生理转化和精神体会，才能达到梵我合一的境地。因此，产生出了节食、禁欲、体位法、七轮等，加上咒语、手英身英尚师之结合，是后古典时期瑜伽的精华。

19世纪的"克须那摩却那"是现代瑜伽之父。其后的"爱恩加"和"第斯克佳"是圣王瑜伽的领导者。另外印度锡克族的"拙火瑜伽"和"湿婆阿兰达"瑜伽也是二个重要的瑜伽派别。一个练气一个练心。

第三节　瑜伽的分类

一、古典瑜伽分类

瑜伽经过几千年的发展演变，已经衍生出很多派别。

正统的印度"古典瑜伽"包括智瑜伽、业瑜伽、信仰瑜伽、哈他瑜伽、王瑜伽、昆达利尼瑜伽六大体系。不同的瑜伽派别理论有很大差别。智瑜伽提倡培养知识理念;业瑜伽倡导内心修行,引导更加完善的行为;信仰瑜伽是将前者综合并衍生发展而来的;哈他瑜伽包括精神体系和肌体体系;王瑜伽功偏于意念和调息。这些不同体系理论的瑜伽,对于修习者来说都是通往精神世界的工具。

二、智瑜伽

提倡培养知识理念,从无明中解脱出来,达到神圣知识,以期待与梵合一。智瑜伽认为,知识有低等和高等之别。寻常人所说的知识仅仅局限于生命和物质的外在表现。这种低等知识可以通过直接或间接的途径获得。然而智瑜伽所寻求的知识,则要求瑜伽者转眼内向,透过一切外在事物的本质,去体验和理解创造万物之神——梵。通过朗读古老的、被认为是天启的经典,理解书中那些真正的奥义,获得神圣的真谛。瑜伽师凭借瑜伽实践提升生命之气,打开头顶的梵穴轮,让梵进入身体获得无上智慧。

三、业瑜伽

业是行为的意思。业瑜伽认为,行为是生命的第一表现,比如衣食、起居、言谈、举止等等。业瑜伽倡导将精力集中于内心的世界,通过内性的精神活动,引导更加完善的行为。瑜伽师通常采取极度克制的苦行,历尽善行,崇神律己,执著苦行,净心寡欲。他们认为人最好的朋友和最坏的敌人都是他本身,这全由他自己的行为决定。只有完全的奉献和皈依,才能使自己的精神、情操、行为达到与梵合一的最终境界。

四、信仰瑜伽

专注于杜绝愚昧杂念,启发对梵的敬仰之心,以期与梵同在。信仰瑜伽认为智、业、信仰是相互联系的。知识是生活的基础,行为是生活的表现。一个人如果没有知识,会陷入极大的盲目性,行为也失去了依托。但无论是知识还是行为,都应该受到信仰之心的指导,否则,知识便成了粗朴无用的知识,行为便成了低劣愚昧的行为。信仰瑜伽师奉行"以仁爱之心爱人,以虔诚之心敬神",出没于山林或身居闹市,终身目的是纯洁自己的灵魂,杜绝杂念,把精神寄寓于梵中。

五、哈他瑜伽

意为日月。哈他瑜伽认为,人体包括两个体系,一为精神体系;一为肌体体系。人的平常思想活动大部分是无序骚乱的,是能力的浪费,比如:疲劳、兴奋、哀伤、激动,人体只有一小部分用于维持生命。在通常情况下,如果这种失调现象不太严重时,通过休息便可自然恢复平衡,但是如果不能主动地自我克制和调节,这种失调会日益加剧导致精神和肌体上的疾病。体位法可以打破原有的骚乱,消除肌体不安定的因素,停止恶性循环的运动;通过调息来清除体内神经系统的滞障,通过庞达控制身体的能量并加以利用。

六、王瑜伽

如果说哈他瑜伽是打开瑜伽之门的钥匙,那王瑜伽就是通往精神世界的必由之路。哈他瑜伽重在体式和制气,王瑜伽偏于意念和调息。通常使用莲花坐等一些体位法进行冥想,摒弃了大多数严格的体位法。王瑜伽积极提倡瑜伽的八支分法,即禁制、尊行、坐法、调息、制感、内醒、静虑、三摩地。瑜伽冥想方法很多,但体位姿势大都采用莲花坐,练习冥想时通过意念来感受实体的运动,控制气脉在体内流通,产生不同的神通力。一点凝视法是瑜伽者常常喜爱的一种冥想练习,这通常是在环境幽静的地方,或在山林湖海边将注意力集中在某一固定的实体中,比如克里希那神像或是蜡烛、树叶、野花或是瀑布、流水等等;使自己的精神完全沉浸在无限深邃的寂静中。

七、昆达利尼瑜伽

又称为蛇王瑜伽。昆达利尼证明了人体周身存在 72 000 条气脉,七大梵穴轮,一根主通道和一条

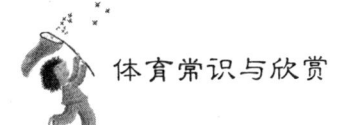

体育常识与欣赏

尚未唤醒而处在休眠状态的圣蛇。通过打通气脉,使生命之气唤醒那条蛇,使他穿过所有的梵穴轮而到达体外,一旦昆达利尼蛇冲出头顶的梵穴轮,即可获得出神入化的三摩地。现在练习昆达利尼瑜伽的人是相当少的,因为昆达利尼对人的要求很高,经常练习数十年之久的瑜伽者并没有获得任何神通力或是三摩地境界。昆达利尼瑜伽是瑜伽中较为难以练习的方法,只有持之以恒方可获得力量。

八、其他类型

1. 四季养生瑜伽

将传统的中医文化和古老的印度瑜伽二合为一,对应二十四节气,通过不同的瑜伽体位调节人体的动态平衡,将瑜伽练习与中医养生完美地结合在一起,更好地适应国人体质,满足人们健康养生的需求。由我国著名资深瑜伽导师张梅历经 20 年修习而创写。

2. 密宗瑜伽

TantraYoga。千年师徒的秘密传承,着重于开发生命能量,超越凡人境界的修练。密宗瑜伽的特色为复杂曼陀罗图案(Yantra)、详密的宗教仪轨、不对外公开的内容、利用性能量引出生命能量的修练法、变换物质的练法、利用尸体的修练法、太阳能修练法等等。

3. 高温瑜伽

BikramYoga。强调在温度高达摄氏 40 度上下的教室里练习体位法,以大量流汗为乐,偶有人因身体不佳受不了而产生呕吐虚脱等症状。因为 BikramYoga 有专利问题,高温瑜伽练法有的称为HotYoga(热瑜伽)以规避,名称不同内容一样,但是业者会以更好的温湿度调控设备作区隔。

4. 舒缓瑜伽

RestorationYoga 是以尽量放松身心为主的体位法练习,教练内容以引导身体放松舒缓为主,主要针对有失眠、高压力问题的人。著名的 SivanandaYoga 派别近似此类。

5. Iyengar 瑜伽

以著名的印度国宝 B. K. Iyengar 大师为名的瑜伽,Iyengar 大师目前年高 80 多岁,从事瑜伽教学数十年,是当今全世界最推崇的瑜伽祖师。其瑜伽锻炼以姿势的精准、着重练习顺序、使用辅助器材等等为特色,也是目前公开介绍呼吸锻炼法最多的瑜伽上师。

6. Ashtanga 瑜伽

SriK. PattabhiJois 创立的瑜伽教派,Pattabhi 大师是 Iyengar 大师的师兄弟。Ashtanga 的特色是强力连续的体位法操练,强调动作与呼吸的配合,以及采用 Ujayi 呼吸法,AshtangaYoga 依照困难度安排数套连续不断的体位法顺序,每套完全练完要 1~2 小时甚至更久,其中包含许多困难的动作,AshatangaYoga 会让练习者对自己的身体产生强烈的信心。

7. 双人瑜伽

以情侣夫妻配对练习体位法为特色的瑜伽,非派别,因为瑜伽教室要增加课程特色以吸引学员而产生。

8. 孕妇瑜伽

顾名思义,同样因为瑜伽教室要增加课程特色以吸引学员而产生。

孕妇练习瑜伽可以增强体力和肌肉张力,增强身体的平衡感,提高整个肌肉组织的柔韧度和灵活度。

在妊娠的第一阶段,孕妇做任何费力的身体操练常常会不能坚持而最终放弃。建议孕妇从妊娠第 4 个月开始进行锻炼。对没有流产史、积极健康的未来母亲,只要觉得准备好了就可以开始进行一些轻柔的增强身体力量和提高肌肉柔韧性和张力的锻炼。

在整个妊娠过程中,孕妇可以练习不同的瑜伽姿势,但必须以个人的需要和舒适度为准,瑜伽的练习因人而异,必须与人的身体状况协调。练习时如有不适感。可以改用更适合自己的练习姿势。

孕妇练习瑜伽可以增强体力和肌肉张力,增强身体的平衡感,提高整个肌肉组织的柔韧度和灵活度。同时刺激控制荷尔蒙分泌的腺体,增加血液循环,加速血液循环,还能够很好地控制呼吸。练习瑜伽还可以起到按摩内部器官的作用。此外,针对腹部练习的瑜伽可以帮助产后重塑身材。

瑜伽有益于改善睡眠,消除失眠,让人健康舒适,形成积极健康的生活态度。瑜伽还帮助人们进行自我调控,使身心合而为一。

但是要注息的是,瑜伽并不是使怀孕和分娩更为安全顺利的唯一方式。瑜伽只是在整个妊娠过程当中帮助孕妇进行适当锻炼。"分娩"要消耗大量的体力,因此大多数孕妇在分娩来临前会感到恐俱和不安,这是很正常的现象。练习瑜伽可以让这个过程变得轻松简单并有助于孕妇在产前保持平和的心态。

9. 亲子瑜伽

让父母与小孩一起进行的瑜伽体位法练习,同样因为瑜伽教室要增加课程特色以吸引学员而产生。

10. 塑绳瑜伽

一般的瑜伽体位法练习加上绳子等器材为辅助。

11. 塑球瑜伽

一般的瑜伽体位法练习加上或大或小的弹性球等器材为辅助。

第四节　瑜伽的相关特征

一、项目规则

时间:一般来说,人们都是利用早晨、中午、黄昏或睡前来练习瑜伽姿势。其实,只要保证空腹的状态,一天中的任何时间都可以练习。换句话说,饭后(3小时之内)是不宜练习瑜伽姿势的。在真正的瑜伽行者看来,清晨4~6点才是练习瑜伽的最佳时刻,因为此时周围万籁俱寂,大气最为纯净,肠胃活动基本停止,大脑尚未活跃起来,容易进入瑜伽的深层练习状态。

地点:练习瑜伽最好能在干净、舒适的房间里,有足够的伸展身体的空间,避免靠近任何家具。房间内空气清新、流通,并且能自由地吸入氧气。最好摆上绿色植物或鲜花,也可播放轻柔的音乐来帮助松弛神经。

当然,也可以选择在露天的自然地练习,比如花园等环境较好的地方,千万不要在大风、寒冷或有污染的空气中练习,也不要在太阳直射下练习(黎明除外,因为那时光线柔和,有益于健康)。

衣着:练习瑜伽姿势时应穿着宽松柔软的衣服,以棉麻质地者为佳,必须保证透气和练习时肌体不受拘束。鞋子必须脱掉,袜子最好也脱掉(天冷时脚部须注意保暖),手表、眼镜、腰带以及其他饰物都应除下。

道具:练瑜伽当然以使用专业的瑜伽垫为好,当地面太硬或不平坦的时候,瑜伽垫能发挥缓冲作用,帮助您保持平衡。但是,如果您没有专业的瑜伽垫,铺上地毯或对折的毛毯也可。不要在过硬的地板或太软的床上进行练习,同时注意不能让脚下打滑。初学者也可使用一些道具来辅助练习某些姿势,可用的道具如瑜伽砖、瑜伽绳,甚至墙壁、桌椅等等。很多姿势都可使用相应的道具,帮助您进行循序渐进的练习;同时更准确掌握每一个姿势传达给身体的感觉。

沐浴:沐浴前20分钟内不要练习瑜伽,因为瑜伽练习会使身体感觉变得极其敏锐,此时若给予忽热忽冷的刺激,反而会伤害身体,消耗身体内储存的能量。沐浴后20分钟内也不宜练习瑜伽,因为沐浴后血液循环加快,筋肉变软,如果马上练习瑜伽,不仅容易使身体受伤,而且会导致血压升高,加重心脏负担。心脏病、高血压、甲亢等疾病患者尤其要注意这一点。

另外,在长时间的太阳浴后不要练习瑜伽姿势。在练习瑜伽之前1小时左右洗个冷水澡,能让您的练习达到更好的效果。

饮食:如前所述,饭后3小时之内不宜练习瑜伽姿势。但是,您可以在练习前1小时左右,进食少量的流质食物或饮料,比如牛奶、酸奶、蜂蜜、果汁等。练习时,您可以喝一点清水以帮助排出体内毒素(当做鸭行式的练习时,您甚至应该大量喝水)。瑜伽练习结束1小时后进食最好。最好吃一些天

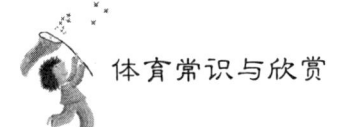

然的食品,避免食用一些油腻、辛辣或导致胃酸过多的食品。进食要适可而止,吃得太饱会让人感到烦闷和懒惰。另外,练习瑜伽后饭量减少,排气、排便增加属于正常现象。

二、技巧

所有的运动在开始之前都会有一些说明及注意事项,瑜伽也不例外,在这章里将详细地说到一些瑜伽练习的注意事项以及为什么会有这些注意事项。

1. 瑜伽易保持空腹状态练习。

饭后3~4小时,饮用流体后半个小时左右练习为佳,练习中另有规定的不依此例。

除了吃得饱会引起运动时腹痛外,其他如准备活动做得不够充分也会引起腹痛。当人体从安静状态急剧转入活动状态,而没有做准备活动或是准备活动做得不充分,胃肠道就因跑跳而受到震动,肠蠕动情况也会发生改变,致使消化的食物及残渣积聚在回盲部,于是在这种膨胀刺激情况下就可能造成疼痛。

2. 在做各种瑜伽练习时一定要在极限的边缘温和地伸展身体,千万不要用力推拉牵扯。如果超出自己极限边缘的动作就是错误的练习。

在这里有一个词可能大家不是很清楚,什么叫在极限的边缘呢? 套句流行歌词说,就是痛并快乐着。我向前伸展,伸展到快无法忍受了,但是在伸展的极限,我感受到了运动的快乐。就可以了。如果用力不当,肌肉会撕裂,拉伤。因此,在做各种瑜伽练习时,一定要在自己身体的极限的边缘温和的伸展自己的身体,千万不要用力的推拉牵扯。

3. 如果在练习的过程中出现体力不支,或身体颤抖,请即刻收功还原,不要过度坚持。

当你体力不支,不要强迫自己去做。只要你经常练习,假以时日,你的身体的耐受力会越来越强,你的体质也会越来越好……

三、瑜伽服购买

对于初学者来说,服装是最基本的装备,我们经常可以看到瑜伽的动作都比较柔软,而且幅度都比较大,所以就要求瑜伽的练习服装一定不要太紧身。太贴身的衣物,对于动作的伸展性并不好,我们看到的瑜伽服基本上都是上紧下松的,上衣一般相对紧身点,但裤子肯定是宽松的,这是为了方便把动作做到位。

很多想学习瑜伽的人都不知道瑜伽服该到哪里去购买。首先,假如你选择便宜的话,那就可以自己解决,一般来说,我们以前穿的宽松的裤子,稍微有点弹力都可以当作瑜伽裤,针织的、棉的、麻的都可以。再次是到一些款式比较追求休闲的时装品牌店去选择,我们知道,最佳的瑜伽服,裤子最好是有抽绳的,长度可以根据需要自由调节,而这样的裤子在很多品牌的服装中都可以找到。至于上衣,一般没有特别大的要求,只要适合自己就好。当然,我们也可以去专业的运动商店购买,在健身房一般也配有标准的瑜伽服供大家选择。

而对于很多不喜欢出门逛街的人来说,在网上搜索一下就可以找到许多瑜伽服的卖家,一个键盘就可以搞定自己需要的东西了。

第五节　瑜伽和印度哲学

瑜伽已有数千年的历史,唯一的经典是根源自公元前200年的著名瑜伽行者(YOGI)帕坦伽利(音译)所著的《瑜伽经》(瑜伽的重要理论著作)。严格来说,瑜伽是一种身心锻炼的统称,好比中国讲返本归源、导引等等,瑜伽在印度也是一个身心修练的通泛名词。有一段时期进行各种身心修练的人不管任何派别,都被尊称为瑜伽士(Yogi,女性为 Yogini)。

古印度的宗教哲学派别林立,不过有两本著作被大多数印度人尊为经典,一是《奥义书》,二为《博伽梵歌》,古印度婆罗门教提倡"梵我一如"理论,由于印度教的普及,加上另一位有名的瑜伽祖师同时也是印度教祖师商卡拉的影响,这两本书也被往后大多数的瑜伽士奉为经典。瑜伽术本是一种身心修持术,与宗教无关,也可以说古印度任何宗教都采用。它的最高目的是实现人的一切可能,从精神(小我)与自然(梵,大我,最高意识)的合一(即"梵我一如"),一直到成佛成仙,或者其他教派所说的最高目的,瑜伽术都是被认可的途径之一。

印度古语有云:世上有两种超越太阳轨道(获得永恒)的方式:

1. 在瑜伽中离弃世间;

2. 在战场上委弃身体。

这其实与中国传统价值观有所契合,例如道教的"功德成神"说,与儒家的"忠烈祠"信仰。它是一种个人价值观及人生观的体现;用一种特定的肢势回归大自然,充分享受最原始的冥想乐趣。向万物展示自我的存在,在虚无的冥想境界中达到身心的永恒。

第六节　瑜伽的修持方法

一、道德规范

道德首要。没有道德任何功法都练不好,必须以德为指导,德为成功之母,德为功之源。瑜伽道德基本内容:非暴力、真实、不偷盗、节欲、无欲。这是瑜伽首先要求修持者遵守的道德规范。

二、自身的内外净化

外净化为端正行为习惯,努力美化周围环境;内净化为根绝七种恶习:欲望、愤怒、贪欲、狂乱、迷恋、恶意、嫉妒。

三、体位法

是姿势锻炼,能净化身心,保护身心,治疗身心。体位法种类不可胜数,他们分别对肌肉、消化器官、腺体、神经系统和肉体的其他组织起良好作用。不仅提高身体素质,还可以提高精神素质,使肉体、精神平衡。

四、呼吸法

是指有意识的延长吸气、屏气、呼气的时间。吸气是接受宇宙能量的动作,屏气是使宇宙能量活化,呼气是去除一切思考和情感,同时排除体内废气、浊气,使身心得到安定。

五、控制精神感觉

精神在任何时候都处于两个相反的矛盾活动中,欲望和感情相纠缠,其次是同自我相联系的活动。控制精神感觉,就是抑制欲望使感情平和下来。集中意识于一点或一件事,从而使精神安定平静。

六、冥想、静定状态

只有通过实际体验去加以理解,难以描述。

七、坚持者进入"忘我"状态

即意识不到自己的肉体在呼吸、自我精神和智性的存在,已进入了无限广阔的宁静世界。

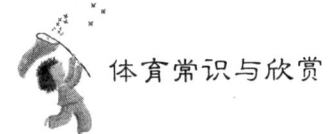

以上八个阶段综合起来即瑜伽。

八个阶段又分四个步骤来实现：

第 1 和 2 阶段是思想基础，思想准备。

第 3 和 4 阶段是肉体训练，通过各种姿势训练达到去病强身的目的。

第 5 和 6 阶段进行初步静坐修持静功。

最后两个阶段，是高层次修持，进行冥想、静定阶段。

第七节　瑜伽练习的常见误区

以下列举一些练习瑜伽的常见误区，练习者加以注意。

1. 只有身体柔软的人才适合练习瑜伽

因为练习瑜伽，身体才变得柔软，而非身体柔软的人才适合练习瑜伽，这是多数人对瑜伽的误区。此外瑜伽讲求适度即可，而并不追求动作完成的幅度大小，只要练习者尽力而为便可收到理想的效果。

2. 瑜伽就是一种减肥运动

瑜伽练习的最终目的是身（身体）、心（思维、情绪等）、灵（感知事物的本能）三者的平衡，因此练习者不仅获得了身体的健康，还获得了心理的健康和本能的发展。就健身而言，瑜伽的作用还包括调节内分泌，治疗和辅助治疗疾病，减缓疲劳和压力等等。因此，仅仅把瑜伽认为是一种减肥运动的观点是不完全的，减肥只是练习瑜伽的目的之一。

3. 瑜伽是一种女性化的运动

瑜伽虽然在女性群体中受到了莫大的欢迎，但瑜伽并非女性的专利。因为，瑜伽最初的练习者（或称发明者）全是男性，这一点可从瑜伽的很多动作上得到证实。此外，当今知名的瑜伽大师几乎全是男性。在欧美某些国家，男性练习瑜伽的普及程度甚至高于女性。

4. 瑜伽需要团体练习才有氛围

团体练习固然有其氛围所在，但瑜伽本质上是一种自我修习的方式，因此，在自我练习的过程中更容易全身心投入，从而收到事半功倍的效果。

5. 瑜伽就像柔术或舞蹈

瑜伽同柔术、舞蹈的练习目的完全不同，柔术和舞蹈是以表演为主要目的的，而瑜伽的练习目的是从身、心、灵三方面进行全面修习，过程中需要体位、呼吸、冥想、放松等多种技法的配合，其目的是完全的健康和自我修习。因此瑜伽同柔术、舞蹈虽然形似，却神差千里。

6. 坚持练习是一件痛苦的事

瑜伽并非是一种累人的运动，相反它可以解除疲劳，焕发精神，每天练习瑜伽就像做了一个全身由内脏、腺体到肌肉、骨骼，甚至大脑的休闲按摩，其舒适感觉非其他方式所易获得。此外，任何一种健身运动都需要长期的坚持，才能取得理想的成绩！

第八节　瑜伽的饮食习惯

一、瑜伽对食品的认识

瑜伽哲学认为，食物同时具有生理和心理的作用。有些食物有益，有些食物有害。

1. 刺激性食品

瑜伽称为"变性食物",在提供热量同时也刺激身心。这种食品具有刺激性,并且含有咖啡因。提炼过的糖、洋葱、大蒜、辣椒,以及任何具有强烈味道,如甜、酸、苦、辣、咸的原料或作料。如果消耗过多刺激性食品,它将刺激内分泌和神经系统,使大脑激动起来,从而与瑜伽的平静知足背道而驰。

2. 压抑性食品

瑜伽中指"惰性食物",此类食物扰乱身心安定,使人易怒,易妒,变懒惰萎靡。这种食品具有一定的抑制作用,让我们丧失能量,毒害我们的身体系统。压抑性食品包括不新鲜的、没味道的、腐烂或过熟的食品,例如罐头、冷冻、经过加工或腐烂的食品、肉类和酒精类饮料。

3. 健康食品

称"悦性食品",给身心带来纯净和愉悦,促进生长。这种食品非常干净鲜活。例如新鲜水果和蔬菜、坚果、豆制品、粮食、奶制品和蜂蜜。

二、练瑜伽应该多吃的四种素食

1. 蔬果汁:把洗干净的蔬菜或是果汁放入有水的锅中,通过长时间的炖熬,蔬菜或是水果的颜色和营养都溶解到水里,把炖烂的蔬菜或水果捞出来扔掉,在汤中放入盐和糖等到温和时饮下。

2. 沙拉:所有可生吃的蔬菜都可以做成沙拉,如黄瓜、西红柿、胡萝卜、莴苣、卷心菜等。

3. 新鲜水果:对于任何人来说,水果总是有营养的食物。为了使瑜伽练习取得良好的效果,吃新鲜水果是非常重要的。并不是必须吃那些昂贵的水果,一般常见的水果同样有丰富的营养。

4. 生坚果:如榛子、开心果、杏仁、山核桃和核桃仁等等,把这些坚果混合起来,每天只需要吃一小把。生坚果具有使体内生热的功能,所以宜于冬天食用,夏季可以少吃。

思考题

1. 简述瑜伽运动的起源与发展。
2. 瑜伽运动修持方法是什么?
3. 瑜伽运动在我国的发展分析。

第四篇
民 族 体 育

　　我国是一个多民族国家,各民族在长期的社会实践中创造、积累和发展了具有显著民俗特点的,以健身、防身、娱乐为主要目的的身体锻炼活动。民族体育完全来源于生产与生活,反映了各民族的生活习俗、文化特点、道德风尚和宗教信仰,是各民族政治、文化、生活的一种特殊表现形式,并且具有传统性、风俗性、表演性等特点。

　　本篇介绍了一些历史悠久、特点鲜明、观赏性强、群众喜欢的民族体育项目,并特别推介了趣味性高、操作性强、儿童喜欢的民族体育游戏。

第一章

民族体育概述

第一节　民族和民族体育的概念

一、民族的概念

民族是指人们在一定的历史发展阶段形成的有共同语言、共同地域、共同经济生活以及表现于共同的民族文化特点上的共同心理素质的稳定的共同体。

二、民族体育的概念

民族体育是社会体育的组成部分。各民族在长期的社会实践中所创造积累和发展起来的带有显著民俗特点，以健身、防身、娱乐为主要目的的身体锻炼活动。民族体育往往以其悠久的历史、动人的传说、华丽的色彩和独特的情绪反映了各民族的生活习俗、文化特点、道德风尚和宗教信仰，是各民族政治、文化、生活的一种特殊表现形式，并且具有传统性、风俗性、表演性等特点。

第二节　民族体育的起源

作为人类一种特有社会现象的体育，它随着人类社会的出现而出现，随着人类社会的发展而发展。这一论点不会有多大争议。但是，一谈到体育的起源，就众说纷纭了。有人认为它产生于游戏，有人认为它起源于军事，有人认为它产生于人类心理需要以及宗教活动，有的人认为它起源于生产劳动，等等，至今仍争议不休。

我们认为，社会对人体发展的需要被社会认识并转变为社会的体育是体育形成的发展的动力，民族传统体育大多就是直接从生产劳动中产生。我国少数民族的许多传统体育活动的内容和形式，都是直接反映着社会生产劳动。今天，我们仍旧可以看到一些传统体育项目是当时生产劳动的一部分。以居住在牧区的民族而论，大约从新石器时代起，他们的祖先就开始了游牧生活，因此这些民族的传统体育活动的内容和形式多与游牧有关。对于他们来说，掌握骑马技术是放牧的必要本领，是人人一定要做到，否则就无法生存。因此，在这些民族中，各种各样的赛马以及在马上的各种运动便产生了。例如藏族的跑马射箭、鞭打（用牧鞭甩石头），蒙古族的布鲁（投掷木棒），等等。

还有一些传统体育项目，起源于古代战争。我国少数民族聚居的地区，大部分位于祖国的边疆，国防要地，而且由于历史上统治阶级间的互相争夺，在长期的战争中，这些民族的人民积累了丰富的持械或徒手格斗的经验。这些经验先用于军事训练，以后逐渐在民间传播。这样，各种带有军事体育性质的运动便产生和发展起来。蒙古族的马术、摔跤，瑶族的射弩，回族的武术，纳西族的东巴跳，壮族的月牙刀、三人板鞋竞技，水族的抢花炮，苗族爬坡杆等，都具有明显

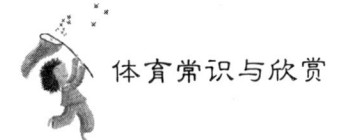

的军事性质。

还有不少民族的传统体育项目,由民族风俗习惯演变而来,直接反映了社会现实生活。又如哈萨克族的姑娘追,高山族的投背篓球,布依族的丢花包,都是起源于古代少数民族青年男女的一种恋爱方式,经过长期的历史演变过程,逐渐成为今天群众性的全民健身活动。

还有一些传统体育项目,则是为了满足人们精神生活的需要而产生的。例如:彝族的跳火绳象征着吉祥幸福;瑶族人民用来纪念祖先盘王的打长鼓;舞铃铛是纪念古代彝族一位为争取彝族人民的幸福生活而献身的英雄等等。

还有一些项目是为了满足人民娱乐的需要而产生的。例如,苗族的跳芦笙,黎族的跳竹竿,瓦族的鸡棕陀螺,壮族的打扁担、打榔,瑶族的打陀螺,朝鲜族的跳板,等等。

综上所述,民族传统体育是在长期的历史发展中因时因地因习俗形成的,具有独特的内容和形式,有助于促进各民族的身心健康,成为各民族群众喜闻乐见并积极参与的传统体育活动,具有极强的生命力。

第三节　民族体育的特性

民族传统体育是一种具有特殊形式的体育活动,完全来源于生产与生活。概括地讲,民族传统体育蕴含六大特点:

第一是民族性。民族传统体育一般是指一个民族或一个民族地区的体育项目,反映的是创造这类健身运动形式的民族的群体性格,如藏族的押加,蒙古族的摔跤,傣族的孔雀拳等。

第二是地域性。由于各民族所处的地理环境、自然条件的不同,形成了独具特色的传统体育活动,如草原的摔跤、骑射,丛林的射弩等,留下了不同环境下生产、生活的烙印。

第三是传统性。民族传统体育从它产生之日起就按照传统的方式不断沿袭、继承和发展,保留着适合健身与娱乐的活动特点。

第四是健身性。民族传统体育也具有现代竞技体育活动的特点,在愉悦身心中承受一定的生理负荷,促进人体体能、体质的提高,如摔跤。

第五是趣味性。民族传统体育由最初的个人兴趣发展到集体兴趣,很大程度上取决于趣味性,如竞争激烈的木球、精彩刺激的毽球等,带给人无穷乐趣。

第六是群众性。民族传统体育起源于日常的生活、生产活动,流传于民间,如高脚竞速、蹴球、毽球等,很多都是人们见过,甚至亲自参与过的项目。

目前,一个民族传统体育项目能否入选少数民族传统体育运动会,首先要具备三个条件:有少数民族特色;是少数民族传统体育项目;具有竞技性,适合普及推广,健身性强。

第四节　民族体育的分类

我们分类的主要原则是从活动内容与形式来划分。以歌舞伴乐为形式的称之为娱乐类;以对抗竞争为形式的则称为竞技类。

1. 娱乐类。包括土家的摆手舞、板凳龙;苗族的跳芦笙;壮族的舞龙舞狮;黎族的跳竹竿等。

2. 竞技类。有蒙古族的摔跤;藏族的骑射箭;回族的武术;傣族的划龙舟;侗族的抢花炮;朝鲜的秋千;傈僳族的射弩;高山族的竿球;土家族的跷旱船、拔腰带等。

  3. 健身类。有空竹、踢毽子等。

 思考题

  1. 什么是民族体育? 它有什么特性?

  2. 民族体育是如何分类的?

第二章

民族体育项目欣赏及介绍

第一节　竞　技　类

一、龙　舟

赛龙舟是端午节的一项重要活动,在我国南方十分流行,它最早当是古越族人祭水神或龙神的一种祭祀活动,其起源有可能始于原始社会末期。赛龙舟是中国民间传统水上体育娱乐项目,已流传2 000多年,多是在喜庆节日举行,是多人集体划桨竞赛。史书记载,赛龙舟是为了纪念爱国诗人屈原而兴起的。由此可见,赛龙舟不仅是一种体育娱乐活动,更体现出人们心中的爱国主义和集体主义精神。龙舟船的大小因地而异。比赛是在规定距离内,同时起航,以到达终点先后决定名次。我国各族的龙舟赛略有不同。汉族多在每年"端午节"举行,船长一般为20～30米,每艘船上约30名水手。

1. 航道

根据河道条件,设男女400米,500米,600米,800米,1 000米(可按当地条件变更距离)直道竞赛。

比赛应设在静水水域,航道是直的,起航线与终点线必须平行并与航道线垂直。

根据参赛队数及场地条件,设2或4,6,8条航道,每条航道宽度可按9米,11米,13.5米布置。

航道最浅处水深不得少于2.50米,航道内不得有水草、暗礁和木桩,航道外5米内应无障碍物。

2. 器材

按各地传统龙舟式样规格制造,制作材料不限。

舵桨及划桨规格按各地传统要求制作。

3. 龙舟附属装置

传统龙舟可按各习惯制作龙头和龙尾,并备有锣、锣架、鼓和鼓架等,另可带水标二个,预备划桨若干个。

4. 队员

队员必须身体健康,会游泳,熟悉水性。

龙舟参赛队员为25人。

每队设队长一名(运动员兼),比赛时必须佩戴标志。

每队登舟比赛队员为23人,包括:舵手、锣手、鼓手各1人,划手20人。

每队替补队员2人。替换时需经裁判员验明资格,并于检录登龙舟前替换完毕,登龙舟后不得替换。

二、秋　千

秋千是中国古代北方少数民族创造的一种运动。春秋时期(公元前770年～前476年)传入中原地区,因其设备简单,容易学习,故而深受人们的喜爱,很快在各地流行起来。汉代(公元前206年～220年)以后,秋千逐渐成为清明、端午等节日进行的民间体育活动并流传至今。新中国成立后,随着各种现代体育项目的兴起,秋千运动除在少数地区仍广为流行外,在中国大部分地区已成为儿童的专项活动。1986年2月,国家体委制订了《秋千竞赛规则》(草案),同年,秋千被列为全国少数民族体育运动会正式比赛项目。到1999年第6届全国少数民族运动会,秋千已发展为包括6个单项的较大项目。

秋千比赛规定,只限女子参加,分设单人、双人和团体赛,项目分高度比赛和触铃比赛。高度比赛以在规定的试荡次数内荡达的最高点来计算成绩,触铃比赛是以在规定的高度上和时间内运动员触铃的次数来计算成绩。比赛场地为20米×8米的长方形平坦地面,秋千架高12米,起荡台高1.3米。在高度比赛中,选手均有6次试荡机会,而在触铃比赛中则只限1次。

秋千运动不仅是一项精彩的竞赛运动,更能够锻炼人的意志,培养勇敢精神。同时,它对人体生理机能的健康发展也是十分有益的。

三、叼羊

叼羊在柯尔克孜语中称为"吾拉克",是"争小山羊"的意思,是柯尔克孜族人非常喜欢的一种竞技体育活动。它不仅考验参赛者的力气和智慧,而且还考验其骑马的技术以及驯马技术。

首先选一只羊,把羊头切下,从脖子处掏出内脏,灌水洗干净,砍去四条腿,并将羊的脊梁骨敲断,然后在食盐水里泡上一两个小时,这就是骑手们将要争夺的那只山羊了。参赛的选手一般分成两组,多者六七人,少则三四人。在赛场附近挖一个1.5米左右的小坑,作为优胜者扔羊的地点。随着主办者把羊向地上一扔,骑手们策马而上,要身不离鞍俯身从地上拣起山羊,拾起者把山羊压在右腿底下的马鞍处,拼命往前奔跑,后面的人紧追不舍,你争我夺,异常激烈,最后获胜者还可以获得丰盛的奖品。

四、抢花炮

抢花炮是壮族、侗族的传统体育项目,历史悠久,具有强烈的对抗性和民族特色。比赛在长60米、宽50米的场地上进行,双方各出场8名运动员;在场上激烈争抢花炮。

花炮的发射方法,历来沿用火药发射法:在场地中央发炮铁筒内装填火药点燃引爆,以其冲击力把花炮(铁环)送入空中。但是,在群众聚集的场合明火点燃火药的危险作法,在现代社会被许多地区和城市禁示,火药发射的不安全因素成为影响该项目发展的障碍。

抢花炮比赛全场共40分钟,分上、下两个半场,每半场20分钟,中间休息10分钟。比赛开始,抢得花炮一方快速向对方炮台区跑进,可用传递、掩护、假动作等战术多人配合组织进攻。另一方可以拦截、阻挡、追赶、搂抱(合理部位)等方法,抢到花炮或阻止持花炮运动员前进。当持花炮运动员越过端线进入对方炮台区,把花炮投入篮内即为得一分,在规定的比赛时间内,得分多的队为胜。

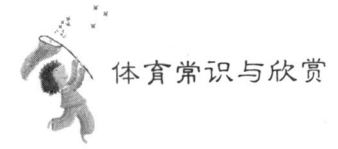
五、摔跤

摔跤运动历史悠久,开展广泛,深受各民族喜爱。每逢年、节及重大喜庆日都要举行摔跤比赛。一般有五种民族式摔跤:

1. 搏克(蒙古族式摔跤)

比赛设团体赛和个人赛,团体赛采用三人轮赛制,个人赛为单淘汰制。运动员均不分体重级别,俩人相遇以一跤定胜负。胜负的标准:在比赛中,先倒地或膝关节及其以上任何部位先着地者为负。

运动员一般穿着有金属铆钉镶边皮制的"卓得戈"(跤衣),"班泽勒"(跤裤),"策日布格"(彩带),

"淘术"(套裤),"果特勒"(蒙古靴或马靴)和"布苏勒"(皮制腰带)。

2. 且里西(维吾尔族式摔跤)

比赛方法是:双方运动员必须先抓好对方腰带,裁判员发令后,比赛即开始。在比赛中,运动员双手均不得离开对方的腰带去抓握对方的其他部位。运动员可用扛、勾、绊脚等动作将对方摔倒(肩胛骨着地,侧身着地或臀着地)为胜。比赛不分年龄,按体重分为 52 公斤,57 公斤,62 公斤,74 公斤,90 公斤五个级别。比赛采取三局两胜制。

3. 格(彝族式摔跤)

运动员双手从两侧抓住对方腰带,通过腰、腿、脚(勾,掰,翘,挑)等技术动作应用,将对方摔倒为胜。赛前一天称量体重,按体重分为五个级别(标准同前)。比赛采用三跤两胜制。

4. 北嘎(藏族式摔跤)

双方运动员必须双手抓好对方腰带(可一手在前,一手在后,或双手在对方背后握抱)。运动员仅靠腰臂之力提起对方将其旋转摔倒,禁用脚绊或蹬踹对方。运动员肩、背、腰、臀、髋、头、体侧,任何一个部位着地即为负。比赛按体重分为五个级别(标准同前)。

5. 绊跤

绊跤是满族、回族式摔跤。运动员按体重分为五个级别(标准同前)。两人身着摔跤衣,在 10 米×10 米的比赛场地上互摔,以把对手摔倒为胜,并根据动作质量得 1 分、2 分或 3 分,每场比赛三回合,每回合 3 分钟,中间休息 1 分钟。以三回合中得分多者为胜。如未到比赛终止时间,而一方已超过对手 10 分,则超过 10 分者为胜。

六、赛马

赛马是众多民族喜爱的传统体育项目。在内蒙古、新疆、西藏、青海、甘肃、云南、贵州、四川等地区尤为盛行。由于各地民族习俗不同,赛马项目与形式也各有千秋。常见赛马项目有:速度赛马、走马、跑马射击、跑马射箭和跑马拾哈达。参赛马必须是国产马,赛前经过调教。

速度赛马:在周长为 1 200 米的椭圆形赛道上顺时针跑过,距离为 90 米、2 000 米、3 200 米、5 000 米。

走马:① 马匹在行进过程中以一侧的前后肢同另一侧的前后肢交替迈步。② 处在交叉位置上的前后肢同时起地,而后又同时着地交替迈进。两种类型蹄音皆为两声两节奏。走马距离为:900 米、

2 000米、5 000米。

跑马射击：在长方形场地上设置靶架、气球。运动员骑马持枪向相距 35 米的两个气球射击,命中目标得 2 分。以两轮比赛成绩之和评定名次,得分多者列前。

跑马射箭：弓箭以竹或木制成。运动员骑马向相距 50 米的两个靶标射出箭支。命中靶心得 3 分,命中中环得 2 分,命中外圈得 1 分。以两轮比赛成绩之和评定名次。

跑马拾哈达：主跑道长 110 米,左、右各设一个摆放哈达的区段,每段摆放 10 条哈达。比赛限时 12 秒,超时扣分。每拾一条哈达得 1 分。以两轮比赛成绩之和评定名次。

七、木球

木球是回族传统体育项目,是由回族青少年放牧时"打篮子"和"赶毛球"活动演变而来。

比赛在长 40 米、宽 25 米的场地上进行。每队上场队员 5 人,手握击球板,运用传、接、运、抢和击球射门等技术,避开对方防守,将球击入对方球门得分。全场比赛时间 40 分钟,每半场时间为 20 分钟,两半场中间休息 10 分钟。

木球比赛近似曲棍球和冰球。运动员持击球板快速奔跑、传接配合,被击出的球快速飞出,瞬间入门得分。木球竞赛显示个人高超技巧与集体配合默契,深受回族青少年喜爱。木球的形为长圆柱体,球体长 9 厘米。击球板由竹、木或非金属合成材料制成,全长 70 厘米,由板柄和板头两部分组成。

球门宽 1.2 米,高 0.8 米,球门后装球网。

在紧张激烈的对抗性活动中,本届运动会在安全原则上的诸多改进,将使得木球运动更安全、实用,木球运动将更易于在群众中流传,具有更强的生命力。

八、毽球

毽球运动是侗族、苗族、水族同胞喜爱的传统体育活动手毽演变而来。手毽是各族人民在播种水稻时,扔接稻秧的一系列动作启发下产生的,是侗族带有社交性质的体育项目。

毽球比赛场地长 11.88 米,宽 6.1 米,中间以球网相隔。比赛双方各派 3 名选手出场。其技法以踢、触为主,可用头、脚及身体去接球,但不能用手臂去触球。毽球打法类似于藤球、排球。

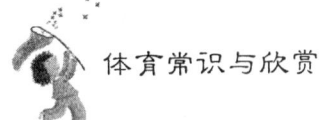

毽球是用4支白色或彩色鹅翎成十字形插在毛管内、与下部毽垫连接而成。比赛采用三局两胜制,得分方必须是发球方(第三局采取每球得分制),以先得15分者为胜一局。

九、珍珠球

珍珠球是满族传统体育项目,是由模仿采珠人的劳动演变而来。比赛在长28米、宽15米的场地上进行(场地分水区、封锁区、得分区),每队上场6人。比赛分上、下两个半场,每半场15分钟,中间休息10分钟。

比赛时,水区内双方各有3名运动员负责进攻或防守,进攻者可将球向任何方向传、拍、滚、运,目的是向站在本队得分区内的持抄网队员投球得分。封锁区内有2名持蛤蚌(球拍)的对方队员,用封、挡、夹、按等动作,阻挡进攻队员向网内投球。每队有1名持抄网队员在得分区活动,用拍网试图抄(采)中本方队员投来的珍珠(球)。每抄中一球得一分。在规定的比赛时间内,得分多者为胜队。

球的外壳用皮革或橡胶制成,内装球胆,表面应为珍珠(白)色。球的圆周长54～56厘米,重量300～325克。球拍为蛤蚌形状,用具有韧性的树脂材料制成。抄网兜口为圆形,兜口内径25厘米。

第二节 娱 乐 类

一、跳竹竿

跳竹竿是黎族人民喜闻乐见的一种传统体育活动,有着浓郁的乡土气息。每当重大节日或新谷登场,人们都要举行跳竹竿,而且往往通宵达旦。

黎族是海南岛上最早的居民,主要分布在海南岛的中部和西南部,现有人口130余万。黎族的语言属于汉藏语系壮侗语族的黎语支,文化特征与中国南方的壮、布依等民族有着密切的渊源。

海南黎族竹竿舞也叫跳竹竿,黎语意为"跳柴",原是黎族一种古老的祭祀方式。据传,跳柴是黎族一种已有数百年历史的古老祭祀方式。黎家经过辛勤耕作,换得新谷归仓时,村里男女老少就喜气洋洋,身穿节日盛装,家家户户炊制新米饭、酿造糯米酒,宰杀家养禽畜,祭祀祖宗和神灵。酒醉饭饱后,众人结伙来到山坡上,点燃篝火,跳起竹竿舞。竹声叮咚,庆祝稻谷丰登,祝愿来年有更好的收成。"跳柴"每年从开春之日起,直至元宵,几乎夜夜篝火通明,欢跳不息,热烈气氛充溢着山坡村寨。

随着时代的变迁,跳柴习俗在黎族中传播、演变。如今,祭祀色彩已逐渐消失,它已成为一种集文化娱乐和体育健身为一体的活动。过去那种只限"女打男跳"的习惯,如今也换之为"男女混合打跳"。过去,"三月三"为黎寨的山恋节,现今也增加了跳竹竿等富有健康意义的活动内容。青年男女凭借跳竹竿活动,寻找"搭档",架设"鹊桥",建立情谊。

竹竿舞一般是在晒谷场或山坡的地坪上,平行摆开腿一样粗的两条方木作垫架,垫架上横放若干条手腕粗的长竹竿,持竿者相向地双手各执一条竹竿尾端,把竹竿与垫架、竹竿与竹竿碰击出有节奏的声音,称为"打柴"。持竿者姿势有坐、蹲、站三种,变化多样。在有节奏、有规律的碰击声里,跳舞者要在竹竿分合的瞬间,不但要敏捷地进退跳跃,而且要潇洒自然地做各种优美的动作。当一对对舞者灵巧地跳出竹竿时,持竿者会高声地呼喝出"嘿!呵嘿!"场合极是豪迈洒脱,气氛热烈。如果跳舞者不熟练或胆怯,就会被竹竿夹住脚或打到头,持竿者便用竹竿抬起被夹到的人往外倒,并群起而嬉笑之。相反,善跳的小伙子在这时,往往因机灵敏捷,应变自如而博得姑娘的青睐。

每年举行的博鳌亚洲论坛年会上,竹竿舞备受青睐,众多与会嘉宾和政要在开会之余,与黎族小伙、姑娘共跳竹竿舞是一道亮丽的风景线。

竹竿舞也是一项健身运动,外国的游客又称作"世界罕见的健美操"。这个运动项目盛行于海南岛五指山区的乐东、东方、昌江、白沙等黎族自治县黎胞聚居地区,据考证已有数百年的历史。

二、赛骆驼

赛骆驼也是蒙古族的传统竞技项目之一,在内蒙古西部阿拉善一带广为流传。旧时,牧民在放牧

和驮运等生产活动中多骑骆驼,后来骑骆驼逐渐发展为民间的一项体育活动——赛骆驼。每逢春节那达慕大会的时候,便举行这一活动。参加赛驼的人,首先要做好准备工作,在赛前半个月就开始"吊"驼,少给其水,吃些含蛋白质的精料。吊驼非常重要,它关系到骆驼的赛跑速度,而且影响到牧畜的健康,如不提早吊驼,牲畜参加比赛后就会脱毛,生病。

赛驼有赛跑和射箭两项内容。赛前,要在高处点燃一堆火,由参赛的主人牵着骆驼向火堆焚香,并绕香顺着太阳运转的方向走三圈,目的是为了求得一个吉祥如意。有的地区在赛前要给骆驼颈上挂哈达。

比赛时,赛手不分男女,身着艳丽的参赛服骑在驼背上,在起跑线排成一行。裁判员发令后,众骑手挥鞭驱驰骆驼疾跑。赛程一般为3~5公里,以先到达终点者为胜。也有的在赛途中置靶进行射箭比赛,以中靶的多少定胜负。儿童参加比赛,多挑选两三岁的小骆驼。别看骆驼形体笨拙,一旦奔跑起来却是疾如飞马,引人入胜。

赛后按到达终点的顺序绕着象征时运的火堆小步跑三圈,使骆驼平喘。绕火小跑意在尊崇和鸣谢火神的护佑。接着要向火祭酒,并从跑第一名的骆驼开始,献祝颂辞。

三、大象拔河

押加又称"大象拔河",是藏族人民喜爱的一项民族传统体育运动,在西藏已有百年的历史。1999

年,在第6届全国少数民族传统体育运动会上,该项目第一次被列为运动会的竞赛项目。

押加比赛在平整硬质地面上进行。比赛场地为长方形,宽2米,长9米。比赛时,由两名运动员在比赛场地上,将一条长绸布带做成的圆环分别套于颈部(带子从两腿间通过),四肢着地并背向对方,向自己的前进方向奋力爬进,以一方将置于两者之间的坠条拉过自己一侧的决胜线为胜利。本项比赛按体重分级别进行。

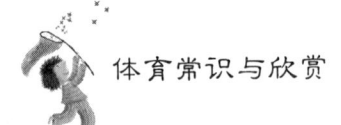

在藏区押加比赛开展得很普遍,一到节假日各地都举行押加比赛。平日农牧闲暇时,在牧场上、在田间,人们互相把两条背带或腰带连在一起,以游戏的形式联系和比赛。由于押加的基本技术、比赛规则和场地设备比较简单,男女老少都可参与,是一项比较容易开展的民族传统体育项目。

四、抛绣球

抛绣球是壮族人民喜闻乐见的传统体育项目。它的历史可追溯到2 000多年前。当时用以甩投的是青铜铸造的古兵器"飞砣",并且多在作战和狩猎中运用。随着社会的进步,物质生活的提高,飞砣也逐渐发展成现在的绣花布囊即绣球。绣球是姑娘们用手工做成的彩球,以圆形最为常见,也有椭圆形、方形、菱形等。绣球大如拳头,内装棉花籽、谷粟、谷壳等,上下两端分别系有彩带和红坠。人们在茶余饭后互相抛接以娱乐身心,起到沟通感情的作用。随着历史的发展,后来逐渐演变成为壮族男女青年表达爱情的方式。

抛绣球是广西壮族人民在歌圩开展的一项传统体育活动。每年春节、三月三、中秋节等传统佳节,壮族人民都要举行歌圩。在歌圩中男女青年相邀聚集在地头、河畔,他们分成男女两方,拉开适当距离,互相引吭高歌,用歌声来表达问候和增进了解,歌词内容广泛,涉及理想、情操、农事等。对歌有问有答,丝丝入扣,声音此起彼落,娓娓动听,姑娘们情不自禁地拿起手中精致的绣球,向意中人抛去,小伙子眼疾手快,准确无误地接住绣球,将它欣赏一番后,又向姑娘抛回去。经过数次往返抛接,如果小伙子看上哪一位姑娘,就在绣球上系上自己的小礼物(例如银首饰或钱袋),抛回馈赠女方,馈赠愈重说明小伙子对姑娘情意愈深。姑娘接住小伙子的礼物时,若收下,就说明她接受了小伙子的追求。这时,两人或继续对歌表达情意,或相约到僻静处聚会。

抛绣球的另一种民间形式是男女分为甲、乙两队,甲队选出两名歌手抛绣球至乙队并唱一首歌,乙队接到绣球后派两名歌手在最短的时间内将球送还甲方,并回歌一首,如此循环往复。参加"送球"、"还球"的歌手一般都是七步成诗的民歌高手。另外还有一种形式就是在场地上立一高10米左右的木杆,杆顶钉有中间挖成圆洞的木板,男女分列两旁,将球投向圆洞,以穿洞而过者为胜。

抛绣球作为壮族人民的传统体育活动,在广西具有广泛的群众基础,有一定的社会性、民族性、实用性及趣味性,这无形中增强了此项目的吸引力,而美丽的绣球和其乐融融的歌声更使人有一种心动不如行动的感觉。抛绣球技术动作简单,易于掌握,它能促进人们的友谊,起到以球传情、以球传神的作用,其中的奥秘是不可言喻的,只有加入这项活动中才能体会到它的魅力所在。抛绣球不但具有社交娱乐的作用,而且能锻炼人的体力、意志,提高人的灵敏性和身体素质,能培养果断、坚毅、自信和积极向上的高尚品质和情操。

五、打蚂蚱

"打蚂蚱"是撒拉族民间传统的体育活动之一,深受当地青少年喜爱。所谓的"打蚂蚱",就是将长约50厘米,粗约3厘米的木棍两头削尖制成"蚂蚱",用木板制作一块长约70厘米,像大刀一样的拍板去打。"打蚂蚱"比赛可单打,也可双打。就地画一个直径为2米的圆圈为雷区;将"蚂蚱"放在雷区内任意一个地方,用木板打"蚂蚱"一头,使"蚂蚱"弹起,在"蚂蚱"落地前必须用拍板将它拍出雷区,若拍板脱手则视为犯规,将失去进攻权,若"蚂蚱"没有弹出雷区,攻方可继续。攻方在雷区内将"蚂蚱"击出,"蚂蚱"落地前,守方随"蚂蚱"跑动,设法将"蚂蚱"接住可取得进攻权。将"蚂蚱"从落地处掷向雷区,若投进雷区,双方可互换攻守位置。如果掷不进雷区,攻方用拍板将"蚂蚱"拍向更远的地方,然后用拍板丈量"蚂蚱"与雷区的距离,板数多者为胜。胜方罚败方单腿跳一段距离,或唱歌,或表演节目。

第三节 健 身 类

一、空竹

抖空竹亦称"抖嗡"、"抖地铃"、"扯铃",是一种汉族民间游艺活动。流行于全国各地,天津、北京、辽宁、吉林、黑龙江等地尤为盛行。原是庭院游戏,后经加工提高,有了竞技性质,并成为传统的杂技项目。分双轴、单轴,轮和轮面用木制成,轮圈用竹制成,竹盒中空,有哨孔,旋转发声,中柱腰细,可缠绳抖动产生旋转。玩的人双手各拿两根 2 尺长的小竹棍,顶端都系一根长约 5 尺的棉线绳,绕线轴一圈或两圈,一手提一手送,不断抖动,加速旋转时,铃便发出鸣声。抖动时姿势多变,绳索翻花,表演出串绕、抢高、对扔、过桥等动作,称作"鸡上架"、"仙人跳"、"满天飞"、"放捻转"等。也有用壶盖、酒瓶等器具代替空竹的。

空竹,以竹木为材料制成,中空,因而得名。"抖空竹"原是一项十分有趣的民间游戏,在中国北方,逢年过节,人们特别是孩子们,都喜欢抖空竹,并能耍出许多花样。

空竹俗称风葫芦,早为宫廷玩物,在古时候年轻女子玩空竹被视为高雅之举,现代年轻女子表演空竹被视为绝妙之技。抖空竹在杂技节目中代表着中国的国粹精品,演遍世界各地,早在 1986 年就荣获"明日杂技艺术节法兰西共和国金奖",为中国赢得巨大荣誉。

（一）溯源

抖空竹在我国有着悠久的历史,早在三国时期,曹植写过一首诗《空竹赋》;宋朝时期,宋江写过一首七言四句诗:"一声低来一声高,嘹亮声音透碧霄,空有许多雄气力,无人提挈漫徒劳。"明代刘侗、于奕正在《帝京景物略》卷二中记述了空钟（空竹）的制作方法及玩法。清代坐观老人在《清代野记》中写到:"京师儿童玩具,有所谓空钟者,即外省之地铃。两头以竹筒为之,中贯以柱,以绳拉之作声。唯京师（指北京）之空钟,其形圆而扁,加一轴,贯两车轮,其音较外省所制,清越而长。"

清代,抖空竹已发展成为受人欢迎的杂技节目。杂技艺人们在原有花样的基础上,又创作出许多新的花样和高难技巧。表演时与优美的舞姿和动听的伴奏音乐融为一体,更提高了人们的审美情趣。在发展过程中,艺人们不仅表演抖传统的车轮式双头空竹,又设计出陀螺式的单头空竹,而且还可以把茶壶盖、小花瓶等器物作为抖弄的道具进行表演。

最使人称奇的是,民国初年在中国北部的天津又出现了一位以酒葫芦为道具的民间艺人田双亮。天津是最早发明制作空竹的地方,所产的"刘海牌"、"寿星牌"空竹驰名中外。

（二）艺术特色

空竹为圆盘状,中有木轴,以竹棍系线绳缠绕木轴拽拉抖动。空竹又分为单轮（木轴一端为圆盘）和双轮（木轴两端各有一圆盘）。双轮空竹比单轮空竹容易操作。圆盘四周的哨口以一个大哨口为低音孔,若干小哨口为高音孔,以各圆盘哨口的数量而分为双响、四响、六响,直至三十六响。拽拉抖动时,各哨同时发音,高亢雄浑,声入云表。

空竹抖动时姿势多变,使绳索翻花,做出"过桥"、"对扔"、"串绕"、"抢高"等动作,也有以壶盖等器具代替单轴空竹而游戏的。抖空竹的技巧颇多,有"仙人跳"、"鸡上架"、"放捻转"、"满天飞"等诸般名目,令人眼花缭乱,目不暇接,其中"蚂蚁上树"将长绳一端系于树梢,一端手持,另有一人抖动一只空竹,迅速将飞转的空竹抛向长绳,持绳者用力拉动长绳,将空竹抖向五六十米高的空中,待空竹落下时,抖空竹者将其稳稳接住,令观者惊叹不已。

抖空竹的动作,看上去似乎是很简单的上肢运动,其实不然,它是全身的运动,靠四肢的巧妙配合完成的。一般玩的空竹约 200～300 克,也有为了练劲的把空竹做得比较大,甚至几公斤的都有。一个小小的上下飞舞的空竹,玩者用上肢做提、拉、抖、盘、抛、接;下肢做走、跳、绕、骗、落、蹬;眼做瞄、

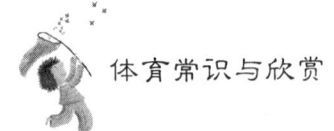

追;腰做扭、随;头做俯仰、转等动作,要在最有利的一刹那间来控制它,在空中完成各种动作,过早过晚都要失败,这就需要做到反应快、时间准、动作灵敏、协调。而跳跃时,则不但要跳,腰部动作也很重要,上肢随同摆动,有时颈部也要运动。连续跳跃,心跳可以加速。

抖空竹运动量可随意控制,可视自己的体能来确定运动量。不必与人争抢冲撞。不受场地限制、占地小、器具简单,投资少,男女老少都可参加。其抖法多种多样,有单人抖、双人抖、多人抖;有正、反、花样抖等百余种玩法。抖空竹寓游戏于运动之中,只要玩得开心,合理掌握运动量,不但能够达到强身之目的,还能享受到其中的乐趣,其锻炼效果堪与慢跑、游泳、骑车、划船、爬坡、越野和徒手体操相媲美。青少年可以对高难动作进行练习,增加户外活动作为电脑游戏的补充,老年人和慢性病患者,可以通过不十分激烈的动作进行练习,坚持下去大有好处。尤其老年人腰腿不便是常见的慢性病,抖空竹基本在于腰和四肢,如经常适度抖空竹,对舒筋活血,益寿保健,有一定的益处。

抖空竹是我国独有的民族体育运动之一,它不仅是锻炼身体的手段也是一种优美的艺术表演,很具观赏性,它同武术一样,应该加以挖掘、整理、继承和发展。

（三）传承意义

抖空竹在中国民族文化渊源中既古老又新鲜,深得人民大众的喜爱,集娱乐性、健身性、技巧性、灵活性、表演性于一体,同时又具有收藏价值的物品既可作为玩具,还可作为体育器具。

它同武术一样,应该加以挖掘、整理、继承和发展。发展抖空竹运动,还对其他体育项目如武术、体操、跑步等也不失为一种良好的辅助运动练习,特别是中小学,在体育课上增加抖空竹训练,对青少年的发育也大有裨益。

随着城市的飞速发展与人们生活方式的改变,空竹作为历史发展的见证和民俗文化的传承方式,其存续的文化空间面临萎缩,因此,有关部门有必要采取各种有效措施对其进行保护。

（四）空竹、杆、线绳简单介绍

空竹近几年有了很大的发展,按功能分有电子空竹、盘丝空竹和普通空竹;按材料分有竹制、木制、工程塑料、金属和橡皮空竹以及这些材料复合组成的空竹;按玩法分有单人玩的空竹和双人玩的空竹;还有一些根据个人喜好制作的多层和宝塔形（风鼓）空竹。这些空竹总的来说可分为两大类:单头空竹和双头空竹。

电子空竹是利用高科技技术在空竹的风鼓里装上电子芯片并在电子芯片里注入音乐（你喜欢的歌曲）,在风鼓的周边和鼓面装上闪光灯（小型彩色灯泡）,再在轴心里装上干电池或充电电池,当空竹高速旋转时就会发出娓娓动听的歌声和梦幻般的光环,使人赏心悦目。

盘丝空竹是为了适应盘丝动作的需要对普通空竹进行了改进,主要是对靠近风鼓端的轴和线槽连接处的半径加大而靠近轴头端的轴和线槽连接处的半径减小稍微带一点倒锥型,改进后空竹不易从线绳上脱落,俗称不离线。盘丝是抖空竹中非常重要的一种基本技术,好多花样从中衍生。所以有了盘丝空竹对空竹爱好者发挥技艺很有好处。

橡皮空竹目前是从台湾引进的技术,多为双头。形状跟杂技演员舞台上用的一样是双碗形。橡皮空竹的出现使空竹爱好者在抖空竹场地的选择上有了非常大的空间。它的最大好处是不受场地的限制,大家都知道目前城市里土质松软的土地越来越少,而水泥地、花砖地等硬质土地越来越多,使用竹、木、塑料等材质制作的空竹在硬质土地上极易摔破,而橡皮空竹任你潇洒却不易摔破,对初学者尤为好处多多。

杆是抖空竹的必备器具,一般杆的直径约8～12毫米,特殊需要也有更细或更粗的,长度为450～550毫米为佳,现在发展一种长杆技艺杆长多大于1米,杆的材质,传统的使用竹、木而现在则多用玻璃钢棒或工程塑料棒,也有用钓鱼竿改制的。为了增加表演的花样,在杆上还附加了许多附件,如:托碗（直径60毫米）、挂钩（横、竖两种）、支杆等。

线绳是用一般的棉线,可以买也可自己搓制（用手套线或其他棉线）,要注意线绳拧的方向,右手抖空竹线绳向右拧,左手抖空竹线绳向左拧,反了则在抖空竹的过程中线绳会自动缠开。线绳长度是杆长加 3/4 臂长为易。连接方式过去把线绳拴在杆两端的线槽内,这样在盘丝时容易把线缠在杆上,而现在是把线绳穿入一个特制的螺帽内(可用自行车气门芯螺帽代替)。

国家非常重视非物质文化遗产的保护,2006 年 5 月 20 日,该遗产经国务院批准列入第一批国家级非物质文化遗产名录。2007 年 6 月 5 日,经文化部确定,北京市宣武区的张国良和李连元为该文化遗产项目代表性传承人,并被列入第一批国家级非物质文化遗产项目 226 名代表性传承人名单。

二、踢毽子

踢毽子,又叫“打鸡”。起源于汉代,盛行于南北朝和隋唐,至今已有 2 000 多年的历史了,是中国民间体育活动之一,也是一项简便易行的健身活动。

清代踢毽的技艺已相当高,也为中国古代妇女所喜爱。清初著名词人陈维崧曾赞美女子踢毽,说女子踢毽比踢足球还巧妙,比下棋还有趣味。

20 世纪初,欧美近代体育传入中国以后,踢毽子仍为中国青少年喜爱的体育活动。北京、上海、广东、浙江、河北、湖南、福建、山东等省市都举行过规模较大的踢毽子比赛。1935 年,旧中国第六届全国运动会上,曾把踢毽子列为国术比赛项目。女子盘踢、交踢的冠军是浙江的程月珍,男子盘踢冠军是上海的周克扬(成绩接近 5 000 对),交踢冠军是南京的戴金尧(成绩 140 对)。程月珍盘踢成绩是 1 494 对,交踢是 36 次。

自 1984 年前国家体委发布“毽球竞赛规则”后,踢毽子进入了一个新阶段,具备了规则、竞赛性和可裁判性这些“竞赛三要素”,标志着踢毽子成为名副其实的正规的竞技运动。但自 1984 年以来的 26 年间,毽球运动的发展相当缓慢,迄今只吸引到中国高达 1 亿踢毽人口的 1%即 100 万人的参与。绝大多数毽友甚至没有听说过“毽球”这种竞赛活动,原因在于毽球的技术难度过高,而顶级比赛的观赏性又超低,使得这项比赛难以推广。

最新的踢毽子竞赛方法是于 2009 年 5 月发明的“中国竞技毽”。其观赏性、普适性和竞赛性都要明显高于老式的毽球比赛。在中国民间广泛流传的踢毽子的最具竞赛性的玩法是“对踢”或叫“对打”,这种踢法是踢毽运动中距奥运精神“更高、更快、更强”最近的一种动作,因而受到中国年轻人的普遍喜爱。对踢要求对阵双方以距地面较低的高度(中间最高点为 90～120 厘米)向对方脚下大力踢毽,高手之间的对踢高度甚至低达 20 厘米。这种“低平毽”的踢法非常接近足球射门动作,所以被中国竞技毽吸收作为极具观赏性和技术性的比赛样式。由此可以看出,中国竞技毽是对传统踢毽运动的一项突破性创新,将使踢毽运动令人耳目一新,成为在全球广为流传的运动竞赛形式。

(一)羽毛毽的概述

在古代,毽子一般用禽类羽毛和金属钱币做成。发展到现在,毽子制作的种类繁多,除沿用古代的办法以外,一般的说有四种。其一,用橡胶制作毽座,含毽底和毛筒一次成型,在毛筒上套金属片和塑料片,在毛筒中插上鹅毛或其他禽类羽毛制作的现代工业化生产的羽毛毽。其二,用金属片为底,以纸剪成各种花色缨的手工制作的纸毽。其三,以各种色布条为缨,以大组扣为底做的手工布毽。其四,以塑料做成的各色装饰性毽子。

羽毛毽由底座加鹅毛或其他禽类羽毛加垫片制成。在一般日常的踢毽活动中所使用的毽子,按照外观尺寸来区分,可以大致分为大毽、中毽、花毽和毽球毽。大毽是供一般初学者和平时娱乐所用。中毽使用范围最广,既可用于娱乐,也可用于比赛。在中国竞技毽的各单项比赛中只使用中毽,而不使用其他尺寸的毽子。花毽的装饰性最强,使用的羽毛品种繁多,包括鹅毛、鸡毛、驼鸟毛等等。毽球毽飞行速度最快,其羽毛短小、高度很低,一般使用鹅毛制作,只在毽球比赛中使用。

(二)场地

传统踢毽子对场地要求不高,只需一小块比较平坦的空地,越是技艺高的对场地要求越宽。在室内、室外均可进行。场地面不受限制,只要平坦即可,主要根据参加人数和水平而定。

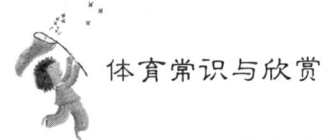

（三）基本动作

不算双脚同时离地的跳跃动作和其他复杂动作，踢毽子的基本动作共有 8 种，即盘、蹦、拐、磕、抹、背(音"杯")、勾、踹。由于参与踢毽子的民众遍及全国各地，而且踢毽子运动的流传又年代久远，所以对同样的动作形成了各地的多达几百种不同的称谓。下面以中国北方地区的叫法作为参考，列出踢毽子的 8 种基本动作。

1. 踢法的新旧名称对照和对动作的解释

（1）内踢/盘踢：用脚内侧在身体前方或侧面踢。

（2）直踢/蹦踢：用脚面在身体前方或侧面踢。

（3）外踢/拐踢：小腿向同侧身体侧后方弯起，用脚外侧或脚后跟在身体侧面或侧后方踢。

（4）膝击/磕踢；膝部向前提起弯曲，用大腿的正面或膝部击毽。

（5）叉踢/抹子：一只脚不离地，另一只脚从背后绕至前腿外侧用脚内侧或脚心踢。

（6）背踢/倒打、背(音"杯")毽：一只脚不离地，另一只脚向身后弯曲用脚心踢。

（7）倒勾/倒勾：背对毽子即将运行的方向，在身体前上方用脚面向身后踢。

（8）踹毽/踏毽：在身体前方、侧面或身后用脚心或脚外侧踢。

2. 跳跃动作

跳跃动作比一般动作的难度大。对跳跃动作是指换腿做出对称的跳跃动作，难度更大。

（1）跳直踢：一条腿向前提起离地，另一条腿单腿起跳腾空，后离地腿在身体前方用脚面直踢并先落地。

（2）对跳直踢：在用一条腿完成跳直踢后，当毽子回落后，立即连续用另一条腿完成与第一次动作对称的跳直踢。

（3）跳叉踢/单飞燕：一条腿向前弯曲提起，另一条腿单腿起跳腾空，然后用后离地的腿从背后绕至前腿外侧用脚内侧踢。

（4）对跳叉踢/双飞燕：在一条腿完成跳叉踢之后，当毽子回落后，立即连续用另一条腿完成与第一次动作对称的跳叉踢。

（5）跳跪踢/鸳鸯拐：双腿同时蹬地起跳并向身后弯曲，用一只脚的脚外侧踢。

（6）对跳跪踢/双鸳鸯拐：在完成一次跳跪踢后，当毽子回落后，紧接着立即用另一只脚外侧完成与第一次动作对称的跳跪踢。

（7）跳背踢/跳倒打、跳背毽：一条腿先向前抬起离地，另一条腿向后蹬地起跳并向后弯曲，然后用后离地腿在空中完成背踢动作。

（8）对跳背踢/双跳倒打、双跳背毽：在用一只脚完成跳背踢之后，立即用另一只脚做出第 2 次跳背踢。

（9）转体踢：在一个动作完成之后，身体原地旋转 360 度，然后在毽子不落地的前提下接续下一踢毽动作。

（10）头击：用头部的任何位置迎击毽子并将毽子送出。

（11）胸腹停/卸毽：用胸部或腹部的任何位置将毽子的运动停止并等待毽子自然下落。

（12）停毽/卸毽：用身体的任何部位将毽子的运动停止并等待毽子自然下落。但对肩胛骨以下的手臂直至手指尖的停毽动作有特殊规定，即不允许将手臂抬起后接触毽子，否则将被视为"手毽"而等同于毽子落地。

3. 违规动作

（1）"手毽"

任何将肩胛骨以下直至手指尖抬起脱离自然下垂状态并接触毽子的动作都被视为"手毽"违规，无论参赛者是"有意"或"无意"。在双臂和双手自然下垂状态下，以静止方式停止毽子的飞行，然后任凭毽子自然下落并接续下一个动作，这样的动作不视为手毽，而视为允许的"停毽"。

（2）"留毽"

导致毽子在身体、鞋或服装任何部位滞留不动的各种动作都称为"留毽"。"滞留不动"是指毽子和与其接触的身体、鞋或服装的相对关系，不是指毽子在空间中的绝对静止状态。为保持比赛的节奏，在中国竞技毽和老式的毽球比赛中都禁止留毽。运动员有义务穿适宜的服装和鞋，以避免任何造成留毽的情况发生。

但在花毽比赛中则对于"留毽"有着完全不同的规则，其中有些动作甚至要求运动员将毽子有意识地停留在身体的某个特定部位，例如规定动作中的"朝天蹬"，就要求运动员将腿伸直并向上方垂直抬起，以脚心接住并留住毽子在脚心停留不动。

（3）"落毽"

无论在民间娱乐或是正式比赛中，"落毽"都被视为是一种动作失败的结果。但在中国竞技毽或毽球比赛中，如果运动员将毽子踢过中间网并使毽子直接落在对方场区内则不视为"落毽"，而是进攻得分的动作。只有毽子落在本方场区内的地上，无论是因为对方动作的结果还是本方动作的结果，都被视为"落毽"而失分。

（四）踢法

1. 单纯比踢的技术

一只脚着地，另一只脚踢。着地的脚可以移动，也可以不准移动（俗称"定桩"）；踢的脚可以着地，也可以不着地（俗称"悬"，比赛正式开始前，常用此法定参赛人员出场次序。）参加者可以依次轮换踢，连续踢得多者或先完成任务者为胜方。也可以"加宝塔"，即第一人踢一下，第二人踢两下……依此类推，周而复始，直往上加，到其中一人踢"死"为止。"死者"可向"生者""抛毛"，即将毽子用手抛给人家踢，直到人家没踢到或你接到踢来的毽子为止。比赛再重新开始。

2. 兼比踢的花样

最常见的是"打跳"，即毽子一抛，双脚同时跳起，用一只脚踢它。可以连续跳，也可以跳了踢，踢了跳。还有"打偷"，即一只脚着地，另一只脚从背后"偷偷"去踢；"打环"，双脚跳起，一只腿弯曲起来，另一只脚踢；"打翘"，双脚跳起，一只腿向前伸直，另一只腿踢；"打剪"，双脚跳起，两腿向前作剪剪子动作，用其中一只脚踢毽子。此外，还可以故意用反脚踢，（注意：有人是左撇子，右脚则是反脚），或双脚轮换踢……

（五）健身功能

踢毽子以下肢肌肉的协调运动为主，功夫在脚上。锛、磕、拐、盘，转身稳步，起跳骗腿，前合后仰，在他人看来，就像欣赏跳舞。髋关节、膝关节、踝关节等，以纵轴为中心摆动，带动远端供血最困难、动作难度最大的部位，增强了肌肉的力量和相应关节的柔韧性。盘、拐、绕等动作，缝匠肌、腘肌、股肌等腿部肌肉得到锻炼；而锛、磕、落等，足背肌、足底肌的作用必不可少。至于花毽儿的一些高难度动作，像"雾里看花"、"苏秦背剑"、"倒挂紫金冠"、"外磕还龙"、"朝天一炷香"等等，头顶、后背、脚跟、脚面等部位，毽子上滚下翻，滴溜儿乱转。这时，腰肌、髋肌、臀肌，甚至胸肌、腹肌等都要参与。骨骼肌的动静脉短路枝大量开放，下肢血流的动力性平衡得到维持。既增强了肌肉、骨骼的运动功能，又有效地预防了一些血液回流障碍性疾病，尤其是办公族罹患的下肢"深静脉血栓形成"性疾病。

长期低头伏案，颈椎前倾，疏于活动，容易得颈椎病；胸、腰等部位脊椎的生理弯曲失常，久之则拱腰驼背，成为所谓"办公室型体态"。踢毽子时，随着毽子的起落，脊椎各关节屈伸有节、有度，椎体的深、浅层肌及颈前、颈后肌等一张一弛的功能锻炼，避免了椎关节的僵化，增强了关节的稳定性，预防了颈椎病，修整了腰肢体态。踢毽儿时双上肢有节律地摆动，运动了肩、背部肌肉、关节，对中老年人罹患的肩周炎，也有较好的防治作用。

踢毽子还可以防治"亚健康"状态。踢毽子要求人的思想高度集中。瞬间完成踢的动作，技术到位，动作准确，毽子才能遂心着意。大脑皮层势必建立起新的兴奋灶，转移思维，"换换脑子"。对于调节高级神经活动、化解心理压力十分有益。毽子虽小，娱乐和艺术等功能俱全，魅力十足。心到、眼

到、脚到;反应要灵敏,动作要迅速,相互配合要心领神会。很多人把踢毽子又叫"走毽儿"。大家围在一起,你一脚,我一脚,飞舞的毽子牵动着所有人的眼球,调动着所有人的责任感,激发着所有人团结进取的精神,有效地防治了"亚健康"状态。

思考题

1. 竞技类民族体育有哪些?
2. 娱乐类民族体育有哪些?
3. 健身类民族体育有哪些?

第三章

民族传统幼儿体育游戏

第一节　翻　花　绳

一、基本介绍

翻花绳，一种流行于 20 世纪 60～80 年代的儿童游戏。又叫"解股"、"翻绳"、"线翻花"、"翻花鼓"、"编花绳"等。土族、满族、蒙古族等称之为"解绷绷"，在杭州称为"挑花花线"。

二、翻绳益处

可锻炼玩者的耐心和敏捷性，能在娱乐中寻找解决问题的方式。

翻绳游戏具有巧手、健脑、启智的作用；有助于提高幼儿的合作意识和合作能力；有益于增强幼儿的活动兴趣、自信心和自制力。

三、工具介绍

取粗细适中的棉线或毛线，长度一米左右，将绳两头打结，做成绳圈即可。

四、游戏玩法

游戏的玩法是先打个小巧的结，环绕于双手，撑开在空中，准备动作就做好了。翻花绳分单人和双人两种。

单人的玩法是将绳圈套在双手上，用双手手指或缠或绕或穿或挑，经过翻转将线绳在手指间绷出各种花样来。

双人翻花绳的玩法是：一人以手指将绳圈编成一种花样，另一人用手指接过来，翻成不同的花样，相互交替，直到一方不能再翻下去为止。

线绳翻花在世界上不同地域和种族中都是非常普遍的游戏。现今有数千种翻法，其中一些还非常复杂。一些常见的花样有专门的名称，如"面条"、"牛眼"、"麻花"、"手绢"等。

五、相关技巧

翻花绳中，要尽量顺利完成整套花样。头脑清晰、眼明手快、手指灵活才能变出花样，否则就会打结。

六、其他相关

与许多民族喜爱翻绳游戏不同的是，以渔猎为生的爱斯基摩人不准小孩子玩翻绳的游戏，他们担心渔网会像绳子一样缠绕在一起。另外，中国民间也有翻绳会下雨的说法。

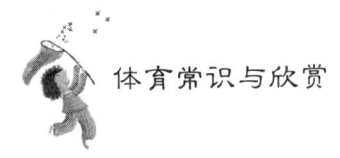

第二节　抽陀螺

一、基本介绍

　　抽陀螺俗称"抽贱骨头"，是一种民间传统游戏。它历史悠久，山西夏县西阴村仰韶文化遗址(距今约五六千年)中曾出土陶制小陀螺。陀螺有陶制、木制、竹制、石制多种，以木制居多。木制陀螺为圆锥形，上大下小，锥端常加铁钉或钢珠。玩时，以绳绕陀螺使其旋于地，再以绳抽打，使之旋转不停。抽打得越狠旋转得越快，故称"抽贱骨头"。

二、起源与发展

　　中国早在宋朝时就已经出现了类似陀螺的玩具，名字叫做"千千"。它是一个长约 3 厘米的针形物体，放在象牙制的圆盘中，用手撑着旋转，比赛谁转得最久就为赢家。这是当时嫔妃宫女用来打发深宫内无聊时光的贵族游戏。"陀螺"这个名词，最早是出现在明朝，刘侗、于弈正合撰的《帝京景物略》中有："杨柳儿青，放空钟；杨柳儿活，抽陀螺；杨柳儿死，踢毽子。"的记载。至于陀螺究竟是不是由"千千"演变而来，那就不可考了。但明朝时陀螺已成为儿童的玩具，而不是宫女角胜之戏了。根据记载，当时陀螺是木制的，实心而无柄，用绳子绕好了，一抛一抽，陀螺便在地上无声地旋转。当它缓慢下来时，再用绳子鞭它，给它加油，便可转个不停。这种玩法传了两三百年，一直到民国初年，还有这样的玩法。

三、玩法

　　一般孩子抽陀螺的方法有两种：水平抽法和垂直抽法。一般孩子们玩陀螺有两种比赛方式。第一叫做分边法，是将参加的人分成两组，然后大家一起抽陀螺，看看哪一组的陀螺先倒在地。倒在地上的陀螺，就称为"死陀螺"，只有任由对方劈击宰割了。赢的这一方，用自己的陀螺，高举过头，对准目标，向下猛击。第二是画圈法，在地上画一个圆圈，圆圈的中央，再画一个小圆圈，各人轮流将自己的陀螺往圈子里打，使陀螺能旋转出来。如陀螺已固定在一点上旋转，这时，可用绳子将它圈出来，只要到达圈外还在旋转，都不算它"死"。如果陀螺停止在圈内，或一抽下去就不动了，都算死了，要放在当中小圆圈内，任别人处罚。若处罚别人的陀螺也停在圈内，照样要放在小圆圈内，任人处罚。如果很幸运的没有被击到，或是被击到而没有被分解，可以拿出一个陀螺，用水平抽法，将自己那个小圆圈内待死的陀螺击出圈外。

　　由于时代进步，制作材料不同，大家玩的陀螺各式各样，且玩法也有不同。

第三节　滚铁环

一、基本介绍

　　滚铁环是一种中国传统民间儿童游戏，流行于 20 世纪 60、70 年代。

　　滚铁环是旧时汉族儿童游戏，流行于全国各地。他们手捏顶头是 V 字形的铁棍或铁丝，推一个直径 66 厘米左右的黑铁环向前跑，发出哗啷哗啷的声音。有的还在铁环上套两三个小环，滚动时更响。

滚铁环是那个年代男孩子的炫技宝物,拥有铁环就如同现在的孩子带着滑板上学一样,非常风光。玩法是用铁钩推动铁环向前滚动,以铁勾控制其方向,可直走、拐弯。铁环的动作有一定的难度,需要一定的技巧。技术好的孩子能把铁环从家一路滚到学校,绕过各种障碍,甚至可以过水塘上楼梯。那时候在放学的路上,经常可以看到一群背着书包满头满脸脏兮兮的男孩子,手里拿着铁钩,推着铁环奔跑在马路上,哗琅哗琅的声音响成一片,场面颇为壮观。

滚铁环是项深受少年儿童喜爱的运动项目,自娱性强,还可以锻炼人的协调能力和平衡能力。但是,随着少年儿童现代生活内容的逐渐丰富,尤其是机动车日益增多,推铁环活动受到了很大限制,曾有着悠久历史和广泛群众基础的推铁环活动,日渐冷落下来。从拓宽体育课程教材外延、弘扬民族传统体育文化、推荐具有地区特色体育运动项目、锻炼学生体质的目标出发,可以鼓励儿童参加校园内的滚铁环活动,或在加强安全教育前提下,倡导山区儿童在田间小路上滚铁环。因推铁环是一项有益于身心健康的民族传统体育运动项目,民族体育运动会的竞赛项目中,一直保留着这一传统项目。

二、制法及玩法

通常是用一根粗钢筋,弯成一个直径约40厘米的圆圈,然后用一个半圆的钩作"车把",讲究者还会在铁环上套上数个小环,铁环滚起来时,小环会在铁环上滚动,发出悦耳的声音。比谁跑得快时,几个人同时出发,滚着铁环拼命往前跑,快者胜;比谁慢时,停在原地不动,必须保证铁环不倒,时间长者胜。滚铁环的技术一学就会,又熟能生巧。初学时,先将铁环向前转,然后拿"车把"赶快去推着向前走,不倒就行。以前路上车少,在路上滚铁环安全几乎不成问题。孩子们上学一路上滚着铁环走,不但能够免去行路的单调,而且加快了行走的速度,乐趣无穷。一路上铁环哗啦哗啦地响着,声势浩大,还能推出许多花样来。技术好的人,单手拿铁钩将铁环往前一送,铁环就乖乖转动起来。滚在路上也能"停车",即铁环斜靠在"车把"上,要滚时弯钩轻轻起动就行。累了,用弯钩钩住铁环使其停止。大小不一的铁环,靠着一根铁钩推动向前,谁要落下,谁就输了。有的孩子的铁环实际上是个钢圈,这种铁环有滚好长一段路而不倒下的优势,凸凹的路面和水坑也不在话下,自豪得不得了。当时有些孩子搞不到真正的铁环时,大多用滚木桶上的铁圈或竹圈代替。

三、比赛规则

滚铁环竞赛规则如下:

(一)比赛项目

100米竞速,100米障碍,4×100米接力。

(二)比赛器材

铁环内直径为45厘米,用8毫米光圆钢筋制成,柄长70厘米,柄勾长度不超过3厘米,环上应系3~5个小环。

(三)场地及设施要求

1. 速度跑:为保证运动员安全及比赛顺利进行,每组不超过4人,即1,3,5,7道安排运动员参加,2,4,6,8道为隔离道。

2. 障碍跑:起跑后20米处开始蛇行跑,即每隔5米插竿一根,共5根。第5根竿与独木桥的距离20米,桥与小道的距离为15米。

桥的制定:全长2米,桥高30厘米,桥宽30厘米,木料制成。

　　第三章　民族传统幼儿体育游戏

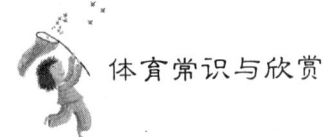

小道：跨栏的栏板 2 块,将 2 块栏板固定成宽为 15 厘米的小道。

3. 接力区为 10 米。安排如下：

第一接力区为 95～105 米

第二接力区为 195～205 米

第三接力区为 295～305 米

四、比赛办法

个人项目要求铁环不出跑道,顺利通过障碍,不影响他人,必须在推铁环不失控的前提下比速度。集体项目除保证上述条件外,还必须保证在接力区内完成传接任务的情况下比速度。

五、成绩计取

枪响开表,人与环以二者最后通过终点者停表计时。

六、下列情况出现,可重推环继续参加比赛

1. 起跑后或推环过程中,环倒地,但未出跑道,又未影响他人。

2. 各种障碍没能顺利通过,但环未处跑道,可重新推环过障碍。

3. 环离开本跑道倒地,在不影响他人比赛的前提下,必须严格遵守在本跑道坏环地点起步,方可继续参加比赛。

七、下列情况出现,均取消比赛录取资格

1. 坏环 2 次。

2. 环推出本跑道,又影响他人。

3. 未能完成规定障碍者。

4. 铁环失控(即环与钩远离超过 30 厘米)

5. 未在接力区完成传接任务。

6. 接力区内完成传递任务后,传环运动员协助或帮助接环运动员前进。

7. 禁止套环,禁止钩小环。

第四节　木　头　人

一、基本玩法

限制在一个空间内,画个大圆圈,一个人追,其他人跑,就在快被追到的紧急关头,马上喊出"木头",然后就变成了"木头人"静止不动,必须有其他被追者摸一下,"木头人"才被解救恢复自由。如果被人追到,来不及喊"木头",那就换你追其他人了。

二、运动性

跑步,玩伴之间需要互相帮助,互相解救。

三、可操作性

单纯跑步对小朋友来说太枯燥,玩"木头人"跑步就有趣多了。

第五节　跳　房　子

一、基本介绍

跳房子，一种流行于20世纪50～80年代的儿童游戏。也称跳方阵、跳方格、跳格子，香港称为跳飞机。

跳房子时因为是用一条腿支撑跳动，故青海等地俗称"瘸房房"。

二、游戏来源

跳房子是古老的游戏，罗马时代遗留下来的镶嵌地面上就曾经发现类似跳房子的图案。跳房子也是一种世界共同的儿童游戏，只是大家所画的房子形状和数量的组合各有不同罢了。

跳房子是一种世界性的儿童游戏。在电影里，18世纪的欧洲曾经有过。在现实生活中，20世纪的中国也曾经有过。跳房子也叫跳格，这是过去女孩子们经常玩的一种游戏。用一只沙包（或者一块瓦片）作为游戏的辅助物，先把沙包扔到指定的地点，然后蹦蹦跳跳、飞檐走壁、穿房越脊，把沙包拾回来便大功告成。有时一边玩她们还一边唱："正月十五黑咕隆咚，树枝不动刮大风，刮得面包吃牛奶，刮得火车上天空……"

三、游戏玩法

参加人数不限，形式有两人轮换跳，几个人轮流跳，多人分成两组轮换跳等。跳之前，先在地上用有色石块画出连在一起的方格，有正方形、长方形，也有长方形与半圆形相结合的，也有画成飞机形状的。形式有两人轮换跳，几个人轮流跳，多人分成两组轮换跳等。

跳时先将一片状石块或用粗瓦片磨成的圆片（也有用沙包的）放在第一方格外，跳者全神贯注，用一只脚将石块轻轻踢进第一格内，然后单脚跳进第一格内，用支撑脚将石块踢进第二格。依次进行下去，直至将石块踢过全部方格。如果中途累了，可以在规定的方格内休息片刻。如果有人在踢的过程中出现石块压线、出格或石块连穿两格的现象，算失败一次，下一轮重新从第一格跳起。先到达终点的，要把石块放在脚背上，轻轻走出方格。先完成全套动作者为胜，负者要接受胜者的处罚。

也有的地区跳房子时，全部格子跳完后，可以自由选择一格，据为己有，下次跳至该处时，可双足着地休息片刻再跳，其他人或瓦片到这个地方时，必须跃过或踢过，不准入境。当一方占格子超过一半时就算胜利。

当投瓦片投错地点或瓦片压在线上，跳格时脚不小心踏在线上或瓦片被踢出格外或压线，均算失败，由对方跳。

江苏各地称跳房子为踢瓦，活动方式与各地基本相同，不同点是：一方将所有格子跳完后，就可以"盖屋"。"盖屋"要求跳格子的人背向"城"（格子），将瓦片从头顶向"城内"丢，丢进"城内"就算"盖屋"成功，再踢时，可以在"盖屋"的格内休息（双足可以落地）。所有的格子都盖完了的人算胜。

香港的"跳飞机"游戏玩法如下：

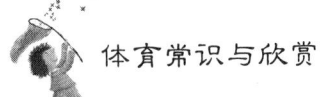

玩者首先把一条手链(有时会以其他差不多体积的物件取代)抛进第一格,然后拾起。之后,玩者把手链抛进第二和第三格,然后单脚跳入第一格,然后顺序到手链之前的一格,再把手链拾起。第四、五格及第七、八格是一对并排的机翼。玩者在拾被抛入第六格或第九格的手链时,可双脚分站在两格之内。到拾第九格的机头时,玩者在踏进第七、八格之后,要跳起转身背向机头,然后把手伸往身后摸索手链。玩家做错动作、抛出界或失去平衡,均算输,下次玩时,则要从上次失手的地方开始。

第六节 老鹰捉小鸡

一、基本介绍

老鹰捉小鸡是一种传统的儿童游戏,属于追赶躲避的一种群体性游戏。

二、游戏玩法

多人游戏,游戏方法为:游戏开始前先分角色,即一人当母鸡,一人当老鹰,其余的当小鸡。小鸡依次在母鸡后牵着衣襟排成一队,老鹰站在母鸡对面,做捉小鸡姿势。游戏开始时,老鹰叫着做赶鸡运作。母鸡身后的小鸡做惊恐状,母鸡极力保护身后的小鸡。老鹰再叫着转着圈去捉小鸡,众小鸡则在母鸡身后左躲右闪。游戏规则:若老鹰用手拍着小鸡的身子便算捉到了,小鸡便要从队里退下来。一场游戏结束后,重新分配角色,上一轮被抓到的小鸡则成为下一轮的老鹰角色,开始新一轮的游戏。

三、类似游戏

新疆柯尔克孜族的"老鹰吃仙鹤"游戏和老鹰捉小鸡类似。"老鹰吃仙鹤"由一个扮老鹰,一人扮母仙鹤,余者为小鹤。老鹰捉仙鹤时,众仙鹤围绕母仙鹤转,受其保护,此游戏气氛活跃紧张,生动有趣。

老鹞叼小鸡是满族儿童喜爱的一种游戏。参加游戏的儿童,一人扮作"老鹞子",一人扮作老抱子(母鸡),其余的排成一队,扯着后衣襟躲在老抱子后面。老鹞子左右捕捉老抱子保护的小鸡,一边玩,一边互相问答。老鹞子每抓到一个小鸡,便让其背着走一段,然后"吃掉"。依次抓扑,直至叼完为止。

此外还有山东民间的"马虎叼羊",青海土族的"抓羊",广西民间的"狼吃小羊",台湾民间的"围虎陷"和流行于山东成武一带的"杀羊羔"等,都是类似老鹰捉小鸡的游戏。

第七节 打弹珠

一、基本介绍

打弹珠,又叫打珠子、打玻璃珠,是一种流行于20世纪下半叶的儿童游戏。

二、历史起源

打弹珠的游戏历史悠久,据说起源于16世纪,当时两名年轻人同时喜欢上一名女孩子,便决定用弹珠比赛分胜负,打弹珠的游戏便因此产生。

三、工具介绍

弹珠是由玻璃制成的彩色小球。弹珠最早的材质包括廉价的石头和昂贵的大理石。19 世纪初,出现了用陶瓷制成的弹珠。1870 年后,出现可大量生产的黏土弹珠。不过,真正使弹珠大放异彩的是 1846 年由一位德国玻璃工匠制作的玻璃弹珠。

1890 年,从丹麦移民美国的马丁·克理斯丹森发明了能大量生产玻璃弹珠的机器,1905 年申请专利后,他在美国俄亥俄州开了一家工厂。到了 1914 年,他的工厂每月可生产上百万颗玻璃弹珠。

四、游戏玩法

两人以上参与。打弹珠的玩法有很多种,下面介绍两种比较常见的玩法。

1. 两人拿出弹珠放在平整的地上,一个人用手指弹自己的弹珠撞击别人的弹珠,弹中的弹珠归为己有。

2. 先在地上挖五个小洞,把弹珠弹入预先准备好的洞内。谁先打完五个洞,谁的弹珠就变成了老虎,然后再打着别人的弹珠,就可以把别人的弹珠吃掉(归自己所有)。

和打弹珠相似的游戏是"弹槐豆",弹槐豆是流行于我国江南地区的游戏。游戏时,众儿童各出数量相同的槐豆,然后由一儿童将槐豆全部撒在桌面上,用指头弹一槐豆,使之与另外一个槐豆相碰。如果弹中了,这粒槐豆便被他赢去;如果弹不中,则由别人弹。依次弹下去,直到桌面上只剩下一粒槐豆时结束。最后以赢槐豆多为胜。

五、打弹珠比赛

第一届"弹珠世界杯"于 1939 年在英国米尔罗伊举行。现在每年都举办世界弹珠冠军比赛。弹珠比赛的规则很简单。在直径大约 180 厘米的圆形区域内,一共放有 49 个红色的弹珠,比赛双方各持一个不同颜色的弹珠,轮流向圆圈外弹击红色弹珠。首先将 25 个红色弹珠弹出圈外的一方获胜。

在 20 世纪 20 年代,美国大报每年都举办弹珠比赛。美国新泽西州的威尔伍德市(Wildwood)至今仍持续举办全国弹珠比赛。

第八节 骑 马 打 仗

一、基本介绍

骑马打仗,一种中国传统民间儿童游戏。唐朝李白也曾在《长干行》中说:"郎骑竹马来,绕床弄青梅。"说的是小孩子拿竹竿当马骑,在房间里跑来跑去。长大一些的孩子就不再骑竹马了,变成互相当马,背在背上。

二、游戏益处

既不需要专门场地,也不需要器械服装。短短的几分钟时间活动了身体,清醒了头脑,在全部是男生的情况下很容易开展。有利于提高学生的机智、灵敏、快速反应能力,锻炼学生强健体魄,培养学生团结协作、勇猛顽强的品质。

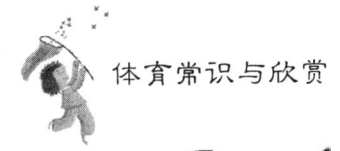

骑马打仗

三、游戏规则

四个人（或多人）做好热身后，即可玩耍。建议：最好选择一块比较松软的沙地或草坪，以免摔伤。

（一）输赢规定

1. 首先十几个孩子分成两拨，然后自愿组合，两人一组。（一般比较高大的孩子当马，把另一个背起来。）

2. 只要把人从马上拉下来或使对方连人带马一起摔到，对方这一对就得下场。直至对方一对都不剩。

（二）动作规定

1. 骑马者（乙）只能用手与对方搏斗，可以采用拽、拉、推等方法。

2. 马（甲）只能用脚，可以采用绊的方法，严禁用手参加搏斗，但可以用身体去撞对方的马。

3. 在双方搏斗过程中，可以采取逃、跑，但马不能超出指定区域，骑马者也不能着地，哪一方骑马者先着地为输。

（三）战术

一个人背着另一个人，被骑的就是"马"，做一匹好马是很要学习一些战术的。一般开始对冲的时候都是两三对一起冲到对方最厉害的一对面前，合力把对方拉下来。但也不是太奏效，因为对方总会有人保护。所以大部分情况是比较厉害人和对方正面拉锯，不厉害的就想办法迂回到对方后面去偷袭；迂回的时候受阻被拉下马即退出比赛。战士与马必须配合默契，马儿左冲右突，战士奋力厮杀，暂时打不过的逃到稍远的边缘，喘息一下再杀入战场。绊马索不可以用，因为这种行为属于不正当竞争，也容易出危险。

第九节　丢　手　绢

一、基本介绍

丢手绢，又叫丢手帕，是我国传统的民间儿童游戏。

丢手绢起源于公元 1243 年左右，由黎族人民所创，后来由黄道婆带到了上海，并很快传到中原地区。

二、游戏玩法

多人游戏。开始前，推选出一个丢手绢的人，其余的人围成一个大圆圈坐下。游戏开始，大家一起唱歌，"丢啊，丢啊，丢手绢，轻轻地放在小朋友的后边，大家不要告诉他。快点快点抓住他，快点快点抓住他。"被推选为丢手绢的人沿着圆圈外行走。

在歌谣唱完之前，丢手绢的人要不知不觉地将手绢丢在其中一人的身后。被丢了手绢的人要迅速发现自己身后的手绢，然后迅速起身追逐丢手绢的人，丢手绢的人沿着圆圈奔跑，跑到被丢手绢人的位置时蹲下，如被抓住，则要表演一个节目。如果被丢手绢的人在歌谣唱完后仍未发现身后的手绢，而让丢手绢的人转了一圈后抓住的，就要做下一轮丢手绢的人，他的位置则由刚才丢手绢的人代替。

三、游戏意义

1. 有利于孩子应变能力的发展

此游戏能有效促进幼儿身体基本动作的发展,提高大肌肉的运动机能。在游戏过程中,幼儿始终处于主体地位,并保持着身心愉悦的精神状态,这对形成幼儿乐观开朗、积极向上的性格具有积极的意义。

此游戏可锻炼孩子的应变能力、身体的灵活性和在公共场合的表现能力。

2. 成人也可以玩童年游戏

对于童年游戏的盛行,心理专家认为:这与20世纪70、80年代青年的成长年代有重要关系——现在的年轻人多为独生子女,小时候在家大都备受呵护,如今踏上工作岗位,遇到最头痛的问题不是能力,而是复杂的人际关系。因此,他们渴望回到童年,这种渴望通过玩童年游戏可以得到暂时满足。

除了满足内心的渴望,玩童年游戏还有神奇功效——改善人际关系。心理专家表示:当年轻白领的人际关系压力通过玩丢手绢、拍洋画、滚铁环等童年游戏释放后,他们的人际关系会明显改善。

第十节 跳 橡 皮 筋

一、基本介绍

跳橡皮筋是20世纪60~80年代流行的,两脚在皮筋之间交替跑跳中完成各种动作的全身运动。

二、游戏方法

它以跳跃为主,穿插着点、迈、勾、挑、跨、碰、压、踢、绊、搅、绕、盘、踩、掏、摆、顶、转等十几种基本动作,同时以各种技巧动作编排成组合动作,配合歌谣,跳出各种花式图案。运动时,有单脚跳和双脚跳两种形式,由两人拉着约三四米长的橡皮筋两端,牵直固定,参加者即可在皮筋的中间由单人或多人依次轮流跳。皮筋的高度一般随着参加者的过关,慢慢从脚腕向头部升高,最高点常常将橡皮筋勒在头颈上。由于跳橡皮筋可以令参加者全身肌肉得到运动,也是一种较为健康的运动方式,深得孩子、家长和学校的喜欢。

跳皮筋分为单人跳和集体跳两种。单人跳由二人拉着约3至4米长的皮筋,在皮筋的中间单人跳或多人依次轮流跳。集体跳由多人同时参加,是将数条皮筋拉成各种图案,如三角形、四方形、五角形、多边形、菱形、斜线形、人字形、八字形、波浪形、扇面形等。

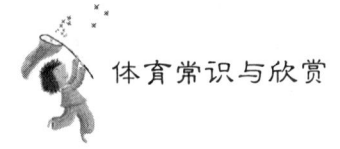

三、跳皮筋童谣

小皮球,驾脚踢(发音是这样),马兰开花二十一,二五六,二五七,二八二九三十一,三五六,三五七,三八三九四十一,四五六,四五七,四八四九五十一,五五六,五五七,五八五九六十一,六五六,六五七,六八六九七十一,七五六,七五七,七八七九八十一,八五六,八五七,八八八九九十一,九五六,九五七,九八九九一百一!

第十一节 石头剪子布

一、基本介绍

"石头、剪子、布"起源于中国,然后传到日本、韩国等地,随着亚欧贸易的不断发展,传到了欧洲,到了近现代逐渐风靡世界。"石头、剪子、布"发源自中国人发明的猜拳游戏,中国从汉代就有猜拳游戏,而其他国家都没有产生这种游戏的土壤和相关历史。在与亚洲交往之前,西方根本就没有任何有关"石头、剪刀、布"的记载。19世纪后期的西方的作家在提到它的时候明确说明这是一种亚洲游戏。

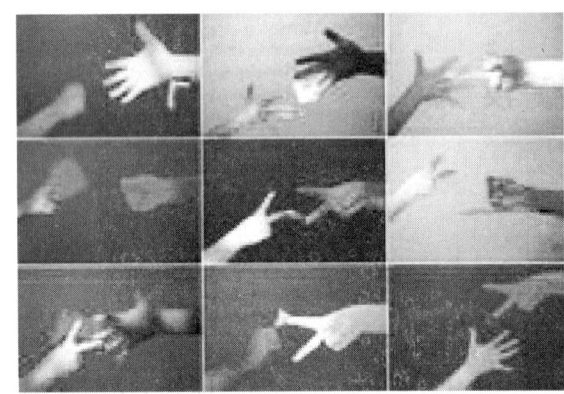

有时使用其他的次序来表达,如"剪刀、石头、布",各地经常有其独特称呼(见下文)。这是一种在儿童和青少年中广泛流传的手技游戏,有时跟"掷硬币"、"掷骰子"有相同的功能,就是用来产生随机结果以作决策。但有时它并不随机,因为游戏者可以根据经验,判断对手的手法,所以说,玩这个游戏是有一定技巧的。

二、游戏玩法

这三种基本手势(从左到右分别是石头,剪子,布)能赢其余两者之一。

三、游戏规则

两个玩家先各自握紧拳头,然后其中一人或者两人一起共同念出口令(如"石头—剪子—布!"或"一—二—三!"),在说最后一个音节的同时,两个玩家同时出示自己心中想好的手势("石头"、"剪子"或"布")。

石头 ——握紧的拳头。

剪子 ——或称"剪刀",中指和食指伸直,其余手指握紧。

布 ——五指伸直,张开手掌。

每一个手势代表一个"武器",互相克制的原则是:剪子剪不动石头(石头胜利);布被剪子剪开(剪子胜利);石头被布包裹(布胜利)。如果双方出示了一样的手势,就是平局。

通常这种简短的比赛可能会被重复多次,以三局两胜或五局三胜来决定胜负。

四、其他玩法

在中国北方寒冷的冬季,即使在室外短时间伸出手也可能让人感到不舒服,于是不用手的玩法应运而生。玩者双脚并拢在原地跳三下以实现同步。在第三跳落地时根据双脚的位置来表示所使用的

"武器"。双脚并拢是"石头",一前一后是"剪子",一左一右是"布"。

第十二节 拍 洋 画

一、基本介绍

拍洋画,是一种在20世纪80年代流行很广的儿童游戏,在北方部分地区叫"扇洋片"。

洋画是一种质地坚硬的彩色小画片,题材多为《封神榜》《西游记》等小说、动画片中的人物。洋画的尺幅相对比较固定,一幅整版洋画的尺寸十分近似,具体的尺寸约为25.5厘米×18厘米。不仅如此,各地版式也十分相似,其中,以每一整版横排五张洋画,纵列五枚洋画,全版共25枚洋画的版式最为常见。每张洋画的尺寸约为4厘米×3厘米。

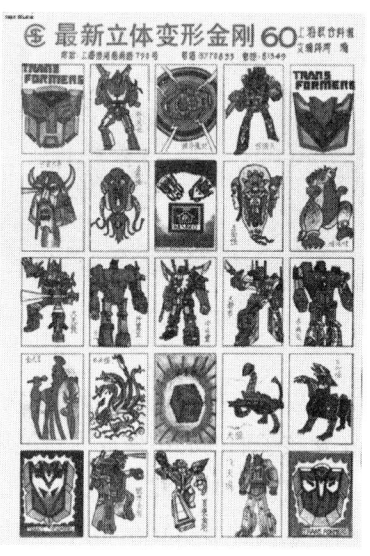

洋画,又称洋片、公仔纸或翁仔标,是一种旧时供儿童玩乐用的纸牌,也是该类游戏的通称。纸牌的形状及大小都不一定,台湾以直径4~5厘米并带有花边的圆形居多,香港则以长方形居多,材质则以2毫米左右的厚纸板为主。纸牌上面通常印有各式各样色彩丰富的图案,图案的美观及稀有是儿童评判该纸牌价值的依据之一。其游戏形态相当丰富,而且因为对抗性和搜集性强,特别受到男童的喜爱。在电子游戏盛行前,洋画和弹珠、竹枪等同被儿童视为"宝物",经常随身携带,也是儿童在同伴间显现"地位"的象征之一。

游戏时孩子们把洋画合在一起,摆在地上,轮流用巴掌去拍,或者用洋画去拍洋画,能拍翻即可拿走。

二、起源与历史

第一次世界大战前后,卷烟厂为了推销香烟,便在香烟盒里装一张彩印小画片,人们将其称为"洋画"。不同的地区叫法不一样,在上海,洋画被称为"香烟牌子";在广州,洋画被称作"公仔纸";而在西北地区,洋画还被称为"拍将"。儿童比较喜欢收集洋画,还拿出洋画来玩游戏,拍洋画就是这样产生的。

三、游戏玩法

人数:至少两人

玩法:有以下几种不同的玩法,胜者可以赢得对方的洋画。取胜方法有正反来回,留一张、两张不翻等等。

正拍:将洋画的正面朝上,反面朝下,用手拍打,使正面翻转向下者为胜,否则拍击权即转交对方。

反拍:将洋画的正面朝下,反面朝上,用手拍打,使正面重又向上者为胜,否则拍击权即转交对方。

双翻:一次拍打导致两张洋画同时翻转者获胜,如只有一张洋画翻转,则视为失败。拍击权即转交对方。

一条龙:一条龙又叫"清一色",拍打者必须依次将台面上所有洋画"拍反",否则视为失败。拍击权即转交对方。

满堂红:满堂红又叫"过三关",限定游戏参与者每人每次只能出一或两张洋画,拍击者需将台面上所有的洋画"拍反",然后再将这些已翻转的洋画全部"拍正",此后,还需挥手扇风,利用气流之力将洋画"掀翻",连续通过三关者,方可赢得台面全部洋画。

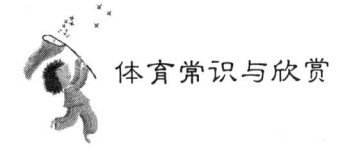

第十三节 羊 拐

一、基本介绍

羊拐,又名嘎拉哈,是一种满族妇女和儿童的传统游戏。这种游戏在满洲入关征服明朝中国时由满洲人带到北京地区。嘎拉哈这个名字是满语的汉语音译,满文音译是 gachuha,在清代的正式汉文

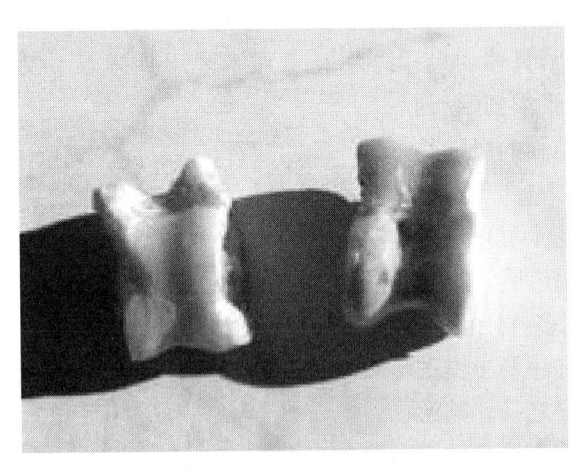

写法是"背式骨",原指兽类后腿膝盖部位、腿骨和胫骨交接处的一块独立骨头。游戏使用猪或者羊的膝盖骨,有时也有狍子、牛或者猫的膝盖骨,现时也有使用合成材料制作,把骨头蒸煮刮净之后,或者涂上颜色(通常为大红),或是保持原色。狍子骨的嘎拉哈比较小而方正,四面也比较平整,所以是上等的嘎拉哈,但狍子的嘎拉哈比较少,所以与狍子骨相近的羊骨更加流行。相比起来,牛骨太大,很难能一手抓四个,而猫骨太小,很难控制特定的面,所以玩牛骨和猫骨的人很少。多是羊的膝盖骨,共有四个面,以四个为一副,能提高人们的敏捷

力。以小羊拐为上品。此外,人们还常常将羊拐涂成红色。由于当时北京并没有过多的牛羊肉,羊拐在女孩子们的心中便成为一笔珍贵的财富。

它是旧时代北方(尤其东北)小女孩的玩具。将其放在平面上会有四种形状向上,配合口袋做游戏。这四种形状在东北大多地区被称为:

针——最狭小的侧面;

轮——较宽的侧面;

壳——有凹陷的大表面一侧;

肚——凸起的大表面一侧。

二、游戏玩法

游戏时需要一个皮球或者沙包(装沙子、大米或是黄豆的六面立方形布口袋),再有一块报纸大的坚硬、平实的场地。玩的时候只许用一只手,如果是皮球,手把球扔起,在球落地再弹起的时间里摆好嘎拉哈,再接住球;如果是沙包,则是在抛起沙包再接住的时间里摆。根据抓起嘎拉哈的形状不同,得的分数也不同,再抛起口袋,将嘎拉哈放下,同时碰地上原有的嘎拉哈,使它们的形状变化,更容易寻找自己下次抓的对象。抓嘎拉哈的时碰动不需要抓的为坏,抓起嘎拉哈没接到口袋为坏。玩的时候,最少可以一个人,最多可以很多人,分成两伙儿进行对抗赛。有的一替一次轮流抓,有的只要不"坏"就连续抓下去,哪伙先抓够一定的数哪伙就赢。比较高难的游戏里,也有扳很难站立的第五面、第六面的,但那大多是因为一些嘎拉哈的形状比较特殊,或是被磨平过,才有可能站住。北方小姑娘多喜欢此游戏。

思考题

1. 说说你小时候最喜爱的民族传统幼儿体育游戏。

2. 根据你对当今幼儿的了解,试着创编几个幼儿喜爱的体育游戏。

第五篇
体育运动与身心健康

　　毛泽东在《体育之研究》一文中说，运动可以"强筋骨，因而增知识，因而调感情。因而强意志。筋骨者，吾人之身；知识、感情、意志者，吾人之心。身心皆适，是谓俱泰。"

　　现代社会，人们在紧张的生活节奏中更需要健康，更重视健康，体育运动对人的身心健康具有重要意义。本篇通过阐述体育运动对身体健康、心理健康的影响，介绍运动处方和预防运动损伤的相关知识，帮助人们掌握更加科学的、适合自己的锻炼方法，促进身心健康发展。

第一章

体育运动与身心健康的概述

第一节　体育运动对身心健康的意义

　　体育是随着人类社会发展而发展起来的一种社会现象,从它有目的、有意识、有规律地与健身、医疗相结合,从养生之道与生产劳动区别开来而独立存在开始,就成为人们锻炼身体、增强体质、延长寿命的重要方法,并发展成为与德育、智育相结合的整个全面教育的组成部分。健康是人类生存发展的一个基本要素,今天,健康问题,人口、环境和能源问题已成为21世纪全球性的问题,人类没有健康就会一事无成。在当今世界上,不断发展的科学技术给人们生活带来了日益优越的条件,也为我们的健康带来了很多不利的影响。据统计,现代社会有30%～50%的人处于健康的"第三状态"。可见强身健体是多么具有现实意义。在影响健康的诸多良性因素中,体育运动作为一种特殊的活动,已远远超出其本质的功能,随着社会的进步,人们不断地赋予体育新的功能。体育活动与身心健康是人类永恒的主题。

一、生命在于运动

　　法国的启蒙思想家伏尔泰的名言"生命在于运动",一语道破天机,提示了生命的奥秘所在,成为颠扑不破的真理。随着科学的发展、医学的进步,人们越来越认识到运动与休息、劳与逸的重要性,只有二者处于相对平衡运动状态下生命才能健康。国外科学家曾做过如下实验:把一些善于飞翔和奔跑的幼小的喜鹊和羚羊,关在笼子里饲养,由于笼子太小,这些动物在生长发育期间得不到足够运动,等它们长大后,表面看来,与其他野生的同类并无多大差异,甚至还要显得健壮美丽。但在把它们放生时,悲剧发生了:喜鹊在天空飞了半圈,就一头栽下,死了;羚羊刚跑了几步便跌倒在地再也起不来了。事后,试验者对喜鹊和羚羊的尸体进行解剖,发现羚羊死于心脏破裂,喜鹊死于动脉撕裂,这些都是因为缺乏必要的运动锻炼所致。

　　动物是如此,我们人类呢? 前苏联的一个心脏病研究所,曾把身体健康状况相似,年龄都在20～30岁之间若干男子分成两组:第一组在30个昼夜中一直躺在床上,不准他们做其他活动;第二组也同样躺在床上,但允许他们在专门的机械上进行锻炼。实验进行到第5天,第一组受试者便觉得头晕目眩,四肢无力,而第二组受试者则没有什么大的反应。实验结束后,第一组受试者一站起来,便感到心慌气短,力不从心,严重者处于昏迷状态。而第二组受试者,仍保持了相当体力和工作能力,没有第一组人员反应那么强烈。实验表明运动对人而言,也同样是非常重要的。

二、体育活动与现代社会生活中运动不足病

（一）现代生活的特点和运动

　　回顾20多年前我国人民的生活方式和劳动情况,再看看现在,随着科学技术的进步和改革开放的发展,使得我们的生活环境和劳动条件发生了巨大的变化,令人惊叹不已,机械化、知识化、信息化和高科技化。构成现代生活的特征。然而,在当今世界,科学技术的迅猛发展,在为我们提供了许多

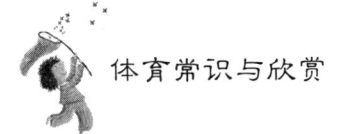

优越条件的同时,也给我们带来了新的危机——运动不足及运动不足病。其表现如下:

1. 精神过度紧张

以传送带、自动化及网络为代表的生活方式,不仅夺去了劳动者自身劳动生产的喜悦,反而增加了厌倦感。另外,由于追随机器工作,还要跟上高科技发展的节奏,人们的精神紧张程度越来越高,增加了精神的疲劳。还有,在社会生活中,随着城市人口的高度集中、交通混杂,噪声增加,以及为了生活、生存而带来的激烈竞争等,均是造成使人容易疲劳的因素。

2. 身体运动不足

生产过程中的效率化、管理科学化等,不单在矿山、工业第二产业中实行,而且也贯穿整个生产部门,这种倾向正在日趋发展。同时,各种家用电器及电信的普及,使得日常生活中身体运动的机会越来越少。而运动不足必然导致体力下降。体力下降后,日常生活和工作一般还可应付,但稍一超过日常生活负荷水平,就会感到困难吃力。例如,稍走快些或赶乘汽车,心脏就像快行的钟表一样,感到气喘胸闷、两腿疲倦无力;还有许多人,工作之后疲劳得已毫无余力再料理家务。

据美国国家卫生研究院统计,全球每年因与缺乏运动有关的疾病导致 200 万人死亡。仅美国一国即占 30 万人,仅次于吸烟造成的死亡数。我国的情况也不容乐观,据统计我国城市儿童超重的已占 40%,估计再过 10 年我国将有 2 亿胖子,糖尿病人已高达 2 000 多万,如无法有效控制,到 2010 年可能将达 4 000 万人。饮食过量且缺少运动是重要的根源。

3. 公害问题严重

以空气污染、水质污浊和噪声泛滥等为代表的公害,目前在我国也是一个很大的社会问题,事实表明,由于广泛应用化肥、农药,粮食、蔬菜及果品等严重污染,同时也有一些假冒伪劣产品在危害人类的生命。而贪污腐化现象及杀人放火等刑事案件,也严重影响社会的稳定,危害着人们的身心健康。我们不仅是要努力清除这些公害,而更重要的是培养我们战胜这些公害的体力和能力。

4. 营养过剩和肥胖

在第二次世界大战前,日本人体格在世界各民族中属于中等,而现在正接近强大民族,其主要原因应归功于营养。近 20 年来,"过胖"则成为幼儿以至中老年人广大年龄阶层普遍存在的问题。今天的肥胖原因,不仅仅是因为营养摄取过多,也是因为随着城市化和自动化,人们日常生活中运动量减少、运动不足的结果。这种肥胖之所以成问题,不仅是因为随着肥胖程度加大,运动能力越来越下降,而且很容易引起心血管系统疾病。

上述情况是现代生活的四大特征,也是妨碍健康的四种主要因素。当然,我们人类作为生物为了生活和生存,具有天然的适应能力和代偿能力。如果我们想过着幸福、健康的社会生活,那么就要尽自己最大的努力,在适应环境变化的同时,必须在青少年时期就培养强壮的身体和精神力量,造就基础体力。

日本学者加贺谷等人曾调查日本家庭主妇日常生活中的心率,结果表明在一天当中心率超过 100 次的几乎没有。增强全身耐力所必需的运动强度,虽然因年龄而稍有差异,但一般都需要进行使心率超过 130～150 次的体育锻炼。过去认为身体只要活动活动就好,而现在的体育科学的发展已经改变了这种看法。现在要求相当明确地弄清楚:某种体育锻炼进行到何种程度会引起身体发生什么变化,进行科学、合理的体育锻炼。

(二) 运动不足和运动不足病

根据一项对 30～45 岁的公司职员所做的调查发现,这些上班族平均每日工作超过 8 小时,主要的能量消耗过度集中于工作之中,交通方式多为坐车,闲时很少散步,约有 10% 的人选择的运动是游泳、登山或慢跑,但并没有规律。而有 33% 的受测者完全没有运动的习惯,是标准的"坐式生活族"。对于没有运动习惯的"坐式生活族"专家提出的建议是,尽快开始每日至少半小时的日常生活形式的体能活动。如爬楼梯、散步,甚至打扫卫生。

研究表明,每周只要维持 500 大卡的轻微活动量,会比完全静态生活的人减少 13% 的死亡危险。

若又能随着体能与健康状况改善,逐渐增加体能活动与运动强度,适量的体能活动(大于 2 000 大卡),即可降低高达 24％的死亡危险。总之,健康不能只在意病理方面问题,还需要健康心理和良好体能的相互配合,方能做个健康快乐的现代人。

运动不足病是指与以运动不足为主要原因有关的一组疾病。一般包括肥胖病、心肌梗塞、冠心病、高血压症、动脉硬化症、神经官能症、腰痛病、电视症、电脑网络症等。

如上所述,现代生活四大特征是妨害健康的主要因素。所谓"运动不足症"日趋增多,是随着现代生活条件和环境变化而引起的,因此必须进行综合治理,即要从国家行政途径、预防途径和医疗途径去解决,在防治运动不足或运动不足病方面,开展群众性体育锻炼是积极有效的办法,而提倡有氧运动和新兴的运动处方有重要的意义。

三、延年益寿、抵抗疾病离不开体育活动

人的寿命能有多长?迄今为止,谁也没有搞清楚。为此,人们想出各种各样的方法以测量人的寿命,主要有以下三种:

生长期测算法;一般来说,哺乳动物的寿命相当于生长期 5～7 倍。人的生长期需要 20～25 年,以此推算,人的自然寿命应在 100～175 岁。

性成熟期测算法:哺乳动物的寿命一般相当于其性成熟的 8～10 倍。人的性成熟期为 14～15 岁,照此推测人的寿命在 110～150 岁。

细胞分裂数与分裂周期算法:即哺乳动物的寿命等于其细胞分裂周期与分裂次数的乘积。人体的细胞分裂周期平均为 24 年左右,而细胞分裂次数为 50 次左右,按此测定人的寿命应为 120 岁左右。

由此可见,无论采用哪种方法,人的寿命都应在百岁之上。人类生存历史也证明,人确实也能够活到百岁以上。但现实中的百岁以上的老人并不是普遍存在的。

那么,为什么绝大多数的人都活不到自己的自然寿命呢?其重要原因就在于人的衰老期的提前到来。人为什么会衰老呢?人们用不同的方法,从不同的角度来解释这一现象:有人认为,人体衰老可分为生理性衰老和病理性衰老两种,生理性衰老指随着年龄增加,机体器官系统的功能发生衰退性变化,从而引起衰老。病理性衰老则指由于各种疾病引起的人体老化,通常两种衰老是结合存在的,以病理性衰老占主导地位;有人认为人体衰老是细胞死亡所致,即人的大脑约有神经细胞 14 亿个,人过花甲以后,这些神经细胞便开始死亡,每天大约有 10 万个细胞死亡,而人体也开始衰老。因为神经细胞很难再生,当减少到一定数量时,人便自然死亡。此外还有遗传学说、免疫学说、大脑中心学说、内分泌学说、细胞分裂学说、消耗学说、自由基学说等。这些学说,站在科学立场上,从某一方面去解释人体衰老的原因,自然有合理的地方。但是,人体的衰老乃是一个功能性变化与器质性变化相统一的过程,是一个综合性的衰退过程!从根本上说,人体衰老有两大因素:一是外在因素,如环境、情绪、疾病等现代生态环境的恶化,或者因激烈竞争而引起的高度紧张等,都可引起衰老;二是内在因素,如遗传因素。总体来看,人的衰老是一个不可逆转的过程,但人们也可通过各种途径延缓衰老的到来从而延长寿命。科技的日益发展,社会经济的不断增长,为人们提供了良好的营养条件、医疗条件、生活条件等,这些条件都可不同程度地防止衰老,延年益寿。但最重要的一点是生命在于运动,运动锻炼才是延缓衰老的良方,如有人做过对比研究,经常运动的人与不运动的人相比,死亡率要小很多。

四、体育活动对人整体素质的影响

体育与健康既是一个国家和民族的物质文明的窗口,也是精神文明的窗口,体育活动也是人类整体素质的明显标志。因此,如何正视身心健康,如何拥有身心健康,是人生价值的一个重要课题,也是人生质量的内涵。知识、体质、精神理念、行为方式、形象气质、言谈举止和专业技能等都是个人的无形资产。据研究,经常参加体育活动可以在以下几个方面对人发生影响:(1)完善形体;(2)增强机

第一章　体育运动与身心健康的概述

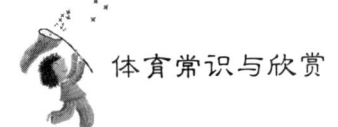

能;(3) 充沛精力;(4) 提高社会影响等,从而提升人的整体素质。

身体素质是人一生的本钱。青少年时期打下的体能和体力基础至关重要,它是人类身体素质的基础。那么,什么是身体素质? 身体素质是人在运动中,生产劳动和日常生活的身体活动及表现出来的身体机能能力。它是人体健康水平的综合表现之一,也是衡量人体的形态结构,包括了人体生长发育的水平、身体的整体指数与比例(体形)、身体的姿态、营养状况及身体组成部分等。体能、体力是指人体各器官系统的机能在肌肉活动中表现出来的能力,它包括了力量、速度、灵敏、柔韧、耐力,以及走、跑、跳、投、攀登、爬越、举重等人体基本活动能力。适应能力是指人体在适应自然环境中所表现的机能能力,它包括了对自然环境的适应力和对疾病的抵抗力(气温、气压、饥饿、疲劳、震动、心理刺激、病毒病菌侵袭和种族、生理、疾病遗传等)。

身心素质在当前已成为提高生产力和经济增长的内在动力之一。这意味着人的寿命、力量强度、耐久力、经历、心态和生命力等都带有一定的投资性质,而这种投资不仅可以延长人的寿命,使人们从事日常工作的体力有所增长,也会使人们的热情和抱负大大提高,而且还可以改善人体健康状况,缺勤、体弱、疲劳、倦怠和残疾的概率大大减少,健康的身体和旺盛的精力可以提高工作效率,从而提高国民的素质和劳动生产力,推动社会的进步。

提高人的素质的核心是建立人类对社会的责任感,而完成这一使命主要靠教育,因为教育是发展人类素质的基础手段,既是人生的系统工程,也是社会的系统工程。其根本目的是提高人类的责任感,增强人类的体质,开发人类的体能,把人类身心健康调控到最佳状态;降低人们对身心健康所支付的成本,避免人的发展的严重失衡和体能的衰退,达到既会做事,又会做学问,更会做人的时代要求。

人的生命过程即是运动的过程,运动本身就是一种生命现象。接受体育教育就是学会开发生命体能的具体方法和如何降低生命的成本,并通过传递体育与健康知识、传递健身与环保行为,使受教育者的身心健康水平更符合人类的理想。

五、大中小学生健康现状需要体育活动

目前肥胖、近视及心理健康问题是影响学生健康的主要问题。调查显示,80%的大学生视力近视,32.3%的学生因心理压力而患心理疾病,每年因病退学、休学和自杀的学生数字更是触目惊心。中小学生的肥胖率在9.8%至26.3%之间,近视眼患病率为45.6%,一些重点中学甚至高达78.6%。

据报道,北京大学、清华大学对570名学生进行了调查,发现学生们每天除了上课外,有一半以上的人每天还要花2~5小时的时间做作业。而这些学生升入高校之前,62%的人每天做功课的时间长达4~5小时,每周能从事1~2次体育活动的学生仅占41%。因此,大、中、小学生减轻学业负担,加强体育锻炼,实施《全民健身计划纲要》,贯彻全民健身的"一二一"工程,在当前显得尤为重要。

六、健康新问题与体育锻炼

针对以下现代健康的新问题,体育运动的价值和意义可见一斑。

(一)人们的适应能力越来越差

现代技术使人们对自然的生活条件大大改善,冬有暖气取暖,夏有冷气降温,出门远行有飞机、汽车代步,而与此同时,人们的锻炼机会也越来越少。再加上食物过于丰富,人们将越来越多地陷入肥胖、动脉硬化和心脑血管病的陷阱,稍有风吹草动、日晒雨淋,便会出现头昏、发烧、鼻塞等不适。

(二)免疫力和抗病力面临问题

过分讲究卫生,讲究舒适,生活中过度自我保护,使机体接触病原体的机会大大减少,而机体免疫抗病系统会因为缺乏相应刺激出现"用进废退"的情况,人们的抵抗力可能会普遍下降。

(三)抑郁症会成为人类的第二杀手

世界卫生组织近日公布的一项统计结果表明,世界范围内抑郁症的年患病率已达3%~5%。有关专家指出,抑郁症将成为仅次于癌症的人类第二杀手。同时将很可能成为除心脏病外给社会经济

造成负担最大的一种疾病。

（四）新的病种不断出现

部分地区环境污染严重,生态平衡被破坏,生物基因受到重创,通过食物链不断积累最终进入人体的各种毒素会毫不留情地破坏人体的卫护神——酶,致使身体各部分器官的功能难以正常发挥,导致生理过程的致命恶变。目前人类基因畸形恶变的比率和速度都在不断扩增,其中最为突出的就是各种癌症发病率的急升和人类精子数量的锐减、畸形比例增加及其活力的明显衰弱。同时由于交通便捷,来往频繁,再加上人们不洁与不自爱,生活行为放纵使疾病扩散机会明显增大,新的病菌原体不断"脱颖而出"。仅近20年来就有各型肝炎、第四级病毒(如埃博拉)、SARS、HIV、口蹄疫、禽流感等30余种新疾病出现,而对其中许多新病种,人类迄今为止尚无有效治疗手段,这不能不说是人类面临的又一巨大威胁!

健康成为现代生活中的一个重要的议题。要解释健康的概念很困难,它不仅由各种身体机能的指标去衡量,还包括人们对待生命和对待生活的态度。寻找健康的方法很简单:亲近自然的生活方式,积极参加体育锻炼,健康就在我们的身边。

第二节　身心健康的概念

健康是人类生存发展的要素,它既属于个人也属于社会。以往人们普遍认为"健康就是没有病痛,有病就是不健康"。随着科学的发展和时代的变迁,现代健康观告诉我们,健康已不再仅仅是指四肢健全,无病,除身体本身健康外,还需要精神上有一个完好的状态。人的精神、心理状态和行为对自己和他人甚至对社会都有影响,更深层次的健康观还应包括人的心理、行为的正常和社会道德规范,以及环境因素的完美。可以说,健康的含义是多元的、相当广泛的。健康是人类永恒的主题。

一、世界卫生组织关于健康的定义

世界卫生组织(WHO)关于健康的定义:"健康乃是一种在身体上、精神上的完满状态以及良好的适应力,而不仅仅是没有疾病和衰弱的状态。"这就是人们所指的身心健康,也就是说,一个人在躯体健康、心理健康、社会适应良好和道德健康四个方面都健全,才是完全健康的人。有人对这几方面的健康做了如下解释。

（一）躯体健康:一般指人体生理的健康。

（二）心理健康:一般有三个方面的标志:第一,具备健康的心理的人。人格是完整的,自我感觉是良好的、情绪是稳定的,积极情绪多于消极情绪,有较好的自控能力,能保持心理上的平衡。有自尊、自爱、自信心以及自知之明。第二,一个人在自己所处的环境中,有充分的安全感且能保持正常的人际关系,能受到别人的欢迎。第三,健康的人对未来有明确的生活目标,能切合实际地、不断地进取,有理想和事业的追求。

（三）社会适应良好:指一个人的心理活动和行为,能适应当时复杂的环境变化,为他人所理解,为大家所接受。

（四）道德健康:最主要的是不以损害他人利益来满足自己的需要,有辨别真伪、善恶、荣辱、美丑等是非观念,能按社会认为规范的准则约束、支配自己的行为,能为人的幸福作贡献。

二、世界卫生组织提出健康的标志

（一）精力充沛,能从容不迫地应付日常生活和工作的压力而不感到过分紧张。

（二）处事乐观,态度积极,乐于承担责任,事无巨细不挑剔。

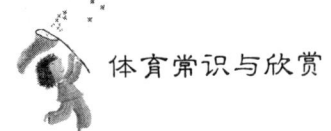

（三）善于休息，睡眠良好。

（四）应变能力强，能适应环境的各种变化。

（五）能够抵抗一般性感冒和传染病。

（六）体重得当，身材均匀，站立时头、肩、臂位置协调。

（七）眼睛明亮，反应敏锐，眼睑不发炎。

（八）牙齿清洁、无空洞，无痛感；齿龈颜色正常，不出血。

（九）头发有光泽，无头屑。

（十）肌肉、皮肤富有弹性，走路轻松有力。

然而，健康标准对不同年龄、不同性别的人则有不同的要求。世界卫生组织的年龄分期是：44 岁以前的人被列为青年；45～59 岁的人被列为中年；60～74 岁的人为较老年（渐近老年）；75～89 岁的人为老年；90 岁以上为长寿者。

三、心理健康标准

（一）智力正常

智力正常是人正常生活最基本的心理条件，是心理健康的首要标准。世界卫生组织提出的国际疾病分类体系，把智力发育不全或阻滞视为一种心理障碍和变态行为。

（二）善于协调与控制情绪，心境良好

心理健康者能经常保持愉快、开朗、自信、满足的心情，善于从生活中寻求乐趣，对生活充满希望。

（三）具有较强的意志品质

健康的意志有如下特点：目的明确合理，自觉性高；善于分析情况，意志果断；意志坚韧、有毅力，心理承受能力强；自制力好，既有现实目标的坚定性，又能克制干扰目标实现的愿望、动机、情绪和行为，不放纵任性。

（四）能动的适应和改造环境

其表现在于：一是乐于与人交往，既有稳定而广泛的人际关系，又有知己的朋友；二是在交往中保持独立而完整的人格，有自知之明，不卑不亢；三是能客观评价别人，以人之长补己之短，宽以待人，友好相处，乐于助人；四是交往中积极态度多于消极态度。

（五）保持人格的完整和健康

心理健康的最终目标是保持人格的完整性，培养健全人格。人格完整健康的主要标志是：① 人格的各个结构要件都不存在明显缺陷与偏差；② 具有清醒的自我意识，不产生自我同一性混乱；③ 以积极进取的人生观作为人格的核心，并以此有效地支配自己的行为；④ 有相对完整统一的心理特征。

（六）心理行为符合年龄特征

一个人的心理行为经常严重地偏离自己的年龄特征是心理不健康的表现。

第三节　大学生体育健身和健心的新目标

为了全面贯彻党的教育方针，促进大学生的健康发展，使当代大学生成为社会主义事业的建设者和接班人，于 2002 年制定了《全国普通高等学校体育课教学指导纲要》，该纲要是国家对大学生在体育课程方面的基本要求，是新时期普通高等学校制订体育课程教学大纲、进行体育课建设和评价的依据。

一、体育课程的性质

体育课程是大学生以身体练习为主要手段,通过合理的体育教育和科学的身体锻炼过程,达到增强体质、增进健康和提高体育素养为主要目标的公共必修课程。它是学校课程体系的重要组成部分,也是高等学校体育工作的中心环节。

体育课程是促进身心和谐发展,思想品德、文化科学教育、生活与体育技能教育与身体活动有机结合的教育过程,是实施素质教育、培养全面发展的人才的重要途径。

二、体育课程目标

(一)体育课程基本目标

1. 运动参与目标

积极参与各种体育活动并基本形成自觉锻炼的习惯终身体育的意识,能够编制可行的个人锻炼计划,具有文化欣赏能力。

2. 运动技能目标

运动技能目标有:熟练掌握两种以上健身运动的基本方法和技能;能科学地进行体育锻炼,提高自己的运动能力;掌握常见运动创伤的处置方法。

3. 身体健康目标

这是指能测试和评价体质健康状况,掌握有效提高身体素质、全面发展体能的知识与方法;能合理选择人体需要的健康营养食品;养成良好的行为习惯,形成健康的生活方式;具有健康的体魄。

4. 心理健康目标

根据自己的能力确定体育学习目标;自觉通过体育活动改善心理状态、克服心理障碍,养成积极乐观的生活态度;运用适宜的方法调节自己的情绪;在运动中体验运动的乐趣和成功的感觉。

5. 社会适应目标

它是指能表现出良好的体育道德和合作精神,正确处理竞争与合作的关系。

(二)体育课程的发展目标

发展目标是针对部分学有所长和学有余力的学生确定的作为大多数学生的努力目标,分为五个领域目标。

1. 运动参与目标

形成良好的体育锻炼习惯;能独立制订适用于自身需要的健康运动处方;具有较高的体育文化素养和观赏水平。

2. 运动技能目标

积极提高运动技术水平,发展自己的运动才能。在某个运动项目上达到或相当于国家等级运动员水平;能参加有挑战性的野外活动和运动竞赛。

3. 身体健康目标

能选择良好的运动环境,全面发展体能,提高自身科学锻炼的能力,练就强健的体魄。

4. 心理健康目标

在具体有挑战性的运动环境中表现出勇敢顽强的意志品质。

5. 社会适应目标

形成良好的行为习惯,主动关心、积极参加社区体育事务。

三、用新的眼光看待学校体育的功能

社会发展了,人们对学校体育功能的认识也向多元化方向发展。这是学校体育的进步。在认识学校体育具有多元功能的时候,首先要强调的功能是增强学生体质的功能,这是学校体育首要的、不

可替代的功能。但是,对学校体育增强学生体质这一本质功能的认识,也要随着时代的发展而发展。过去人们对体质的认识,主要是身体机能的强弱、身体素质的好坏和身体是否有疾病。1999 年《中共中央国务院关于深化教育改革全面推进素质教育的决定》颁布。明确提出学校教育要树立健康第一的思想。健康是比体质更广的概念、它不仅包括身体的健康,还包括健康的心理和良好的社会适应能力,即世界卫生组织对健康的定义:"健康不仅是没有疾病,而是身体、心理和社会适应的良好状态。"在健康第一思想的指导下,学校体育的本质功能应该从过去增强学生体质扩展为增进学生健康,使学生身体、心理和社会适应能力都得到健康发展。

如何落实学校体育要贯彻健康第一的指导思想? 过去在教学中最常用的手段是进行多种多样的身体练习,通过身体练习增强体质。最近,美国等国家把我们习惯用的体质一词叫做体适能,而且把体适能分为生理学意义上的体适能(包括代谢、形态、骨密度等)、与健康有关的体适能(包括身体成分、心肺功能、柔韧性、肌肉耐力、肌肉力量等)和与技能有关的体适能(包括灵敏、平衡、协调性、力量、速度、反应时等)。在今后的体育教学中,应该注重发展学生与健康有关的体适能,适当发展与技能有关的体适能,这样才能更好地体现学校体育增进学生健康的本质功能。

此外,提高学生的体适能只是增进学生健康的基本内容。要在增进学生健康的同时,促进学生心理健康和社会适应能力的发展,特别是提高学生对身体健康的认识、掌握有关身体健康的知识和科学的健身方法,提高自我保健意识,养成健康的行为习惯和生活方式,为终身体育奠定基础,使学生的身体、心理和社会适应能力健康地发展。

思考题

1. 体育运动对身心健康的意义?
2. 如何理解身心健康?

第二章

体育运动与身体健康

第一节 影响身体健康的因素

一、影响身体健康的因素

人的体质状况和健康水平受先天的遗传因素和后天各种因素相互交叉、相互渗透的影响。

（一）遗传

遗传是人的体质发展变化的先天条件，对体质和健康的强弱有重要影响。人的染色体除决定人的性别外，在胚胎发育过程摄取环境中的许多物质，形成与亲代相似的多种特征，如体态、体质，甚至影响人的性格、智力、功能等方面；此外，还携带许多隐性或显性的疾病，如色盲、聋哑等遗传缺陷。重视遗传对健康的影响有特殊的意义，这是因为遗传疾病种多，发病率高（约占一般疾病的20％），虽然有治疗方法可以纠正或缓解一些临床症状，或防止发病，但是目前尚无有效的根治方法。而且，遗传性疾病不仅影响个体终身，也是重大的社会问题，在家庭、伦理、道德、法制和医疗康复等方面，成为很大的难题。许多先进国家，大力发展康复医学，遗传残疾人是他们的当然对象。其中，重要的是加强预防措施，如提倡科学婚姻、优生、优育、计划生育，提倡适龄婚配，适龄、适时生育，用法制来管理婚姻和生育，这是关系一个民族世代繁衍、增强人民体质、获得健康美好生活的基本措施之一。

（二）后天因素影响

保健专家将后天因素归纳为四类：一是环境（自然环境和社会环境）；二是生物学因素（机体的生物学和心理学因素）；三是生活方式；四是保健设施。

1. 环境因素

我国古代医学家早在2 000年前就知道自然、气候与人的心理和生理健康有关，有"天与人应"、"天人合一"、"人以天地之气生，四时之法成"的说法。人每时每刻都离不开自然环境，空气、阳光、水是人类赖以生存的自然条件。粮食、蔬菜、鱼肉、食盐等是人类生活所必需的物质。自然界不但为人类提供生存与生活的条件，还为人类提供了审美的对象，在优美的自然环境中，人精神振奋，呼吸畅通，内分泌协调。这些对人的身心健康无疑是十分有利的。但是，大自然中也存在着传播危害人体健康的东西，如某些致病的微生物、污染水中的有害成分、污染空气中的一氧化碳等。再如气候的酷暑严寒，以及空气的湿度、气流、气压的突变等，都影响着人体的健康。

2. 社会环境

社会是人类生存和发展的最基本、最重要的环境。人们一方面享受着社会生产的成果（如科技的进步、工农业的发展，丰富的物质文明和精神文明等）；另一方面社会生产的发展也会对人体健康造成危害（如过度地对自然开发利用，废气、废水及城市噪声等），据研究，现代高科技及其带来的信息网络是一把"双刃剑"。不良的风俗习惯、有害的意识形态，也有害于人的健康。据研究，有些多发病、精神病、神经官能症都与不健康的社会条件有关。

3. 生活方式因素

生活方式是指在某种价值观念指导下，各种生活活动的形式，它包括人们的物质生活、精神生活、

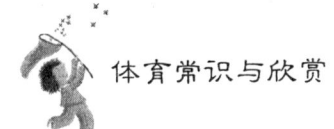

政治生活和社会生活。生活方式分为劳动生活方式、学习生活方式、家庭生活方式、消费生活方式和闲暇生活方式等类别。其中与体育锻炼关系较大的是家庭生活方式、休闲生活方式和消费生活方式等。

在现代社会，人们越来越清楚地认识到，不良的行为和生活方式是影响人类健康的主要原因。联合国世界卫生组织曾经对发达国家疾病率和死亡率的变化进行过详细的调查，认为20世纪70年代以后，在发达国家导致死亡的主要疾病已变成心脑血管、恶性肿瘤、意外死亡以及环境污染所致疾病等，而这些疾病的起因都与人类滥用酒精、药物、过度饮食、缺乏体育锻炼、吸烟、吸毒、性淫乱等不良生活方式和行为有关。目前，发展中国家的疾病主要是由贫困造成的恶性生活条件、不良卫生行为和习惯所致。

体育与生活方式的关系引起人们的高度关注，一些新的概念正在形成，"体育进入生活方式"、"体育生活方式"、"生活体育"等成为不少国际组织的行动纲领，成为许多国际会议研讨的主题。在我国开始推行《全民健身计划纲要》的时候，明确提出了全民健身对改善生活方式、提高生活质量的意义与评价。

4. 卫生保健设施因素

为使21世纪人人享有卫生保健、世界卫生组织于1978年在《阿拉木图宣言》规定，卫生保健服务分为初级、二级和三级。其中初级卫生保健是"全世界在可预见的将来达到令人满意的健康水平的关键"，初级卫生保健是基本的卫生保健制度，它的特点是能针对本区域人群中存在的主要卫生问题，相应的提供增进健康、预防疾病、治疗伤病以及促进身心健康等方面的卫生服务。例如：(1) 保健教育；(2) 供给符合营养要求的食品；(3) 供给安全用水和基本环境卫生实施；(4) 妇女保健和计划生育工作；(5) 开展预防接种；(6) 预防常见疾病；(7) 采取适当的治疗方法；(8) 提供基本药物。

二、健康的五大基本要素

世界卫生组织1988年宣布，每个人的健康60％取决于自己、15％取决于遗传、10％取决于社会因素，8％取决于医疗条件，7％取决于生活环境和地理气候条件的影响。

（一）要自觉、经常适度地参加体育锻炼（尤其是有氧锻炼活动）

据美国权威医学期刊《新英格兰医学杂志》(1986年)发表体育锻炼同延长寿命的关系的调查报告，认为成年人经常进行适度的而不是激烈的体育锻炼可大大延长寿命。被调查的对象是美国哈佛大学的16 936名毕业生，对这些人的调查从1962年一直进行到1978年。他们发现，在那些年龄较大的毕业生中，参加高级体育活动的人死亡率为根本不参加体育活动的人的一半。甚至在那些在校期间不爱运动，而在毕业以后才开始锻炼的人，情况也是这样。所谓适度运动，就是每周消耗8 371千焦耳(2 000千卡)热量的体育锻炼、即相当于打2～3小时的乒乓球，这样，比根本不参加体育锻炼的人死亡率低1/4～1/3。

每当我国体育健儿在国际大赛中争金夺银、五星红旗在赛场上飘扬、《义勇军进行曲》在人们耳畔回荡的时候，一股爱国热情和民族自豪感会在每一个中国人心头油然而生，这是最为生动而又最易于接受的爱国主义教育课。体育运动在带给人们一种向上的精神力量的同时，还可以使人们获得一种健康的生活方式，这对广大青少年具有很强的吸引力。可以让他们远离非法经营的"黑网吧"、电子游戏厅、歌舞厅、录影厅，帮助他们从一些消极、颓废、不健康的娱乐活动中挣脱出来。通过体育运动中体现出的团队凝聚力、竞争拼搏精神、勇敢顽强品质和集体荣誉感，陶冶他们的情操。

（二）科学、合理摄入营养

营养是生命活动的能量源泉。适宜的营养是增强体质、提高健康水平的物质基础。适当的营养是指一切不可或缺的营养素。包括糖类、脂肪、蛋白质、矿物质、维生素和水，使人体得到充足而均衡的营养供应。以维持身体健康，否则就会产生营养不良。单靠一种营养素是无法维持健康的，虽然我们知道某些营养素对身体的某些器官比较重要，但这些营养素并不能单独发挥作用，必须配合其他营养素,才能产生最佳效果。因此,我们一生中每天都应该摄取适当和均衡的营养素。

（三）有健全的心理状态

健康与心理密切相关,良好的情绪可抵制不必要的紧张心态,抵御或排除忧愁、烦恼、恐惧等不良影响,从而可以避免引起内分泌激素的副作用,以保持血液脏器功能及神经系统的正常活动。《黄帝内经》中提出"怒伤肝、喜伤心、思伤脾、忧伤肺、恐伤肾",认为情绪的紊乱可以引起人的不同生理系统的疾病。人既是理性的动物,也是情感动物。如果没有理性,人类的行为就会像脱缰的野马,狂奔乱跑;如果没有情感,人生就会变得乏味。理性给人的行为以方向,情感给人的活动以色彩。健康和情绪存在双向的影响。

（四）建立良好的生活方式

著名教授洪昭光先生总结出当今人类健康生活方式的四句话即健康生活方式的四大基石:"合理膳食、适量运动、戒烟戒酒、心理平衡。"经过实践和验证,他认为人们如果遵守这新的健康生活方式,高血压病可以减少55%,脑猝死、冠心病可减少75%,糖尿病可减少50%,肿瘤可减少1/3,平均生命可延长10年以上。

大学生业余时间生活方式的选择。调查显示,目前大学生的生活方式大多数是健康的。参加体育活动、读书、听音乐、上网、看报纸杂志已成为大学生业余时间选择生活方式的主要内容。其中参加体育活动排在大学生五大业余生活方式之首,占调查人数的80.52%,其中男生占68.28%,女生占31.72%;其次是读书,占被调查人数的74.03%;第三是听音乐,占被调查人数的73.16%;第四是上网,占被调查人数的72.73%;第五是看报纸杂志,占65.80%。从总体上看,男生在参加体育活动、看报纸杂志、听音乐、上网、与朋友聊天、出外旅游等方面比女生的兴趣更强,女生在读书、看电影等方面比男生的兴趣更强。

（五）定期参加体格检查

及早发现、诊断和治疗各种疾病,力争使身体尽早摆脱疾病的缠扰,恢复健康和活力。

第二节 体育锻炼的原则

一、体育锻炼的一般原则

体育锻炼方法虽然简单易学,但要想科学地安排体育锻炼。提高锻炼效果,避免伤病事故,就必须遵循体育锻炼的基本原则。

（一）循序渐进原则

体育锻炼的循序渐进是指在学习体育技能和安排运动量时,要由小到大、由易到难、由简到繁,逐渐进行。不少体育爱好者在开始进行体育锻炼时,兴趣很高,活动量也很大,但坚持了几天,就失去锻炼热情,会出现各种不良反应。产生这种现象的原因可能有多种:开始活动量大,机体无法很快适应,身体疲劳反应也大,锻炼者受不了这么大的"苦"而放弃体育锻炼;对体育锻炼的期望值过高,认为只要进行体育锻炼就会立竿见影,结果锻炼几天后,未见身体机能明显变化,因而对体育锻炼大失所望;开始体育锻炼时活动量过大、身体不适应造成运动损伤等。

基于上述原因,人们在进行体育锻炼时,要逐渐地增加运动量。以跑步为例,开始时可先进行散步等运动强度不大、活动量较小的练习。首先在心理上做好思想准备,活动一周或10天,待身体机能适应后,再进行小强度的慢跑,以后逐渐增加跑步的速度和距离。另外,锻炼者也要充分认识到,体育锻炼效果不可能在短时间内就立见成效,只有坚持锻炼,才能取得理想效果。

（二）全面发展原则

对多数体育锻炼者来说,进行体育锻炼并不是单纯发展某一运动能力或身体某一器官的生理机

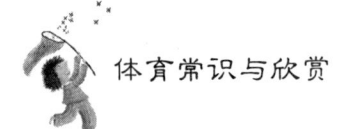

能,而是通过体育锻炼使整体机能全面、协调发展,所以在体育锻炼时,要注意活动内容的多样性和身体机能的全面提高。如果只单纯发展某一局部的生理机能,不仅提高生理机能的作用不明显,而且还会对身体机能产生不利影响。如青年人在进行力量练习时如果只注意右臂力量的发展,天长日久,就会出现右臂粗、左臂细甚至脊柱侧弯的现象。老年人如果只注重运动系统机能的提高,而忽视心脏功能的发展,就会造成运动系统机能和心肺功能的不协调,在进行体育锻炼时,很容易由于心脏不适应运动系统的活动而出现意外事故。

全面发展原则主要有两层意思:一是体育锻炼的项目要丰富多样。不同的体育锻炼项目,对身体机能的影响作用不同。选择多样化的锻炼项目,将有助于身体机能的全面提高,对青少年体育锻炼者来说,更应如此,以免由于单一的体育锻炼造成身体的畸形发展。二是体育锻炼项目的多功能性。如果由于体育锻炼时间和锻炼条件的限制,不可能选择较多的运动项目,那么在确定体育活动内容时,就应当选择一种能使较多的器官或部位得到锻炼的运动形式,以保证做到活动项目虽然单一,但仍可对整体机能产生全面影响。

(三)区别对待原则

体育锻炼时,还要根据每个锻炼者的年龄、性别、爱好、身体条件、职业特点、锻炼基础等不同情况做到区别对待,使体育锻炼更具有针对性。在具体执行区别对待原则时,应做到以下几点:

1. 根据年龄选择体育锻炼项目

老年人可进行一些活动量相对平稳的慢跑、太极拳等项目的体育锻炼,以减少运动损伤。年轻人可进行对抗性强、运动较剧烈的球类运动、爬山比赛等,以增加体育锻炼的兴趣。

2. 根据性别选择体育锻炼项目

男子可进行一些体现阳刚之气的举重、拳击等体育锻炼?则可练习健美操、健美舞等柔韧性运动项目。

3. 根据身体情况选择体育锻炼项目

对从事康复体育锻炼的人来说,体育活动量一般不要过大,其体育锻炼的主要目的是恢复身体机能,或不使身体机能水准过分下降。对于一些有特殊慢性疾病的人,要有针对性地选择适合自己疾病的体育锻炼项目。

(四)经常性原则

经常参加体育活动,锻炼的效果才明显、持久,所以体育锻炼要经常化,不能三天打鱼、两天晒网。虽然短时间的锻炼也能对身体机能产生一定的影响,但一旦停止体育锻炼后,这种良好的影响作用会很快消失。一次性体育活动可以提高人体的免疫机能,增强人体的抗疾病能力,但这种作用在体育锻炼后的第二天或第三天就消失了,所以要想保持身体旺盛体力和精力,就必须坚持参加体育锻炼。

经常参加体育锻炼应注意以下几个问题。

1. 一旦参加体育锻炼,就应自觉地坚持下去,活动的内容和项目可以更换,但锻炼不能停止。

2. 经常参加体育锻炼,并不是说无论什么情况绝对不能停止变动,只要合理安排锻炼计划,如每周锻炼3天,或每周锻炼5次等,只要不是长期地停止锻炼,就能保持锻炼效果。

3. 因气候条件不能在室外进行锻炼时,可改在室内进行,即使暂时变换锻炼内容,对锻炼效果也不会有太大影响。因工作繁忙,而不能按原计划进行体育锻炼者,可充分利用零散时间进行体育活动,一天进行几次短时间的体育活动同样会取得较好的健身效果。

(五)安全性原则

从事任何形式的体育锻炼都要注意安全。如果体育锻炼安排得不合理,违背科学规律,就可能出现伤害事故。为了保证体育锻炼的安全,锻炼者应做到以下几点:

1. 体育锻炼前做好充分的准备活动,各器官系统的机能进入活动状态后,再进行较剧烈的运动。

2. 体育锻炼要全身心投入,体育锻炼过程中不要开玩笑,这对于青少年尤为重要,有时稍不注意,就可能出现运动损伤。

3. 在进行跑步、健美操等体育锻炼时,最好不要在沥青马路和水泥地面上进行,以防出现各种劳损症状。

4. 对于有心血管疾病等慢性疾病的老年人来说,在体育锻炼时应注意控制运动量,因为老年人在进行体育活动时,有时虽然自我感觉较好,但身体并不一定能承受较大的运动量,如果盲目增加运动量特别是运动强度,就很容易出现意外事故。

（六）超负荷原则

在体育锻炼中,使身体既有一定程度的疲劳,又有一定的负荷耐受力,这种状态下的运动锻炼有利于掌握体育技能,并能有效果地增强体质。但机体适应某个运动员后,如长期按原来的运动量进行训练,身体的反应越来越小,工作能力（体力）也只能保持在原有水平上。因此,为了不断提高体力,就要经过一定的时间不断提高运动量,这就是超负荷原则。

二、体育锻炼的内容

体育锻炼的内容是为了达到身体锻炼的目的采用的具体练习项目或运动形式。通常是以内容和目的的关系为依据,将其划分为以下几大类。

（一）健身运动类

它指为增强体质而选用的身体锻炼内容,包括各类体育手段如走路、跑步、骑自行车、舞蹈、划船、游泳及其他日常生活中有锻炼价值的动作。

（二）健美运动类

为了塑造体形、形成正确的姿势而选用的身体锻炼内容,多采用举重、器械体操、徒手操、韵律操、舞蹈、艺术体操等手段。

（三）娱乐体育类

为了丰富文化,愉快地度过余暇时间而进行的带有娱乐性质的活动,如游戏、踢毽子、放风筝、跳橡皮筋、渔猎、游园与郊游、打台球及观看各种体育比赛等,这类活动能使人身心愉快,既锻炼了身体,又陶冶了情操。

（四）医疗、矫正和康复体育类

医疗体育是为了治疗某些慢性疾病或加快病后的恢复所进行的体育锻炼,如太极拳、太极剑、健身跑、按摩等。

矫正体育是指针对某些身体有缺陷或运动功能障碍的人所进行的专门性体育锻炼。

康复体育是指部分器官和组织有残疾的人,为了不至于完全残废。以及重大疾病患者在临床治疗中的体育锻炼。

（五）自然力锻炼（日光、空气和水）类

自然力锻炼的目的在于提高有机体对各种不良因素（冷热、阳光辐射、低气压）的抵抗力,有助于提高工作能力和脑力劳动能力,增强身体健康,降低发病率,任何年龄的人都可以利用自然力锻炼、自然力锻炼可以在专门条件下进行,也可以在日常生活中进行。

（六）格斗性体育类

格斗性体育是指那些掌握和运用徒手或持器械的攻防技术的体育锻炼,达到既能强身,又能自卫的目的,如拳击、角力、擒拿、散打、空手道、击剑等。

（七）竞技运动类

竞技运动是以科学的、系统的训练,通过竞赛的方式达到最大限度发挥个人的体格、体能、心理和运动能力等方面的潜力,从而取得优异成绩的一种体育运动。属于竞技运动的项目有很多,例如田径、球类、举重、摔跤、水上运动、冰上运动等。它的特点是有高超的技艺、竞赛性强、按照严格统一的规则进行竞赛,所取得的成绩为社会承认;上述竞技项目都是极好的体育锻炼内容,但由于竞技运动技术复杂,并且对运动器械与场地设施有特殊的要求,因此以竞技运动作为身体锻炼的内容要从实际

出发。

三、体育锻炼的方法

（一）节选练习法

这是根据主客观条件的要求,只选定一个完整的项目的某一部分或某个动作进行练习的方法。此方法技术简单,负荷自定,可不受场地限制,随时随地练习。节选动作的重点是:完整动作的核心动作,健身功效较全面的动作,对医疗、康复针对性强的动作,个人锻炼条件所允许的动作等,如在室内进行太极拳定位云手练习、武术马步冲拳练习等。

（二）单项重复练习法

这是在相对固定的条件下,锻炼者按照计划和要求练习同一项目的方法。采用此法要合理确定重复的要素,包括重复次数,每次练习的距离或时间,每次练习的强度,各次练习的间歇时间等;要确实保证每次重复的质量;可通过穿插调整或辅助练习消除多种重复的枯燥感。

（三）群项组合法

这是根据锻炼需要,将两个以上具有不同身体发展功能的项目合理搭配,在一次锻炼中交替练习的方法。采用此法要在深入了解各项目功能特点的基础上,按优势互补的原则选定项目;要根据锻炼的目的,合理确定各项练习的比例和次序;要承上启下地安排换项中的间歇,如项目的结构特点允许,可采用循环练习,以调节练习情绪。

（四）变换练习法

这是在改变常规锻炼内容、强度或环境的条件下进行的方法,它能提高中枢神经系统的灵活性,提高身体的调节能力和适应能力;对修订锻炼计划,活跃锻炼气氛也有重要意义。采用这种方法,应以锻炼需要为前提,遇到下列情况时可考虑采用:在提高和改进技术时;在自感体力充沛或欠佳时;在尝试和体验新项目时;近期在同一锻炼地点练习感到乏味时等。变换练习要加强信息反馈和预防伤害事故,不因环境或形式的变化而分散锻炼的主要注意力。采用此法应是短期和非经常性的,否则将影响原锻炼计划的实行。

（五）竞赛与表演法

这是指锻炼者面对观众,在互相比较、彼此竞争的情况下进行锻炼的方法。它可表现锻炼的成果,检查锻炼的质量,对激发和巩固锻炼热情、培养团结、合作、自信、进取等品质具有积极作用。应用此方法应注意控制运动负荷和情绪,加强医务监督。可灵活采用或制定竞赛规则,使之服从并服务于锻炼任务的完成观察和借鉴他人经验,以提高自己的锻炼水平。

四、长期体育锻炼的科学安排

体育锻炼只有持之以恒,才能取得理想的健身效果。锻炼者在体育锻炼前应根据自身条件、健身目的,制定出一个长期稳定而又切合实际的锻炼计划。在制定长期体育锻炼计划时,至少应考虑锻炼者的健身目的、年龄和季节等多方面的因素。

（一）根据健身目的科学安排体育锻炼

在进行体育锻炼前,每个人都有较明显的健身目的,这是人们科学安排体育锻炼的重要依据。如果只是为了增强体质、提高健康水平,那么安排体育锻炼的内容和时间就比较灵活一些,可以跑步、打球、练习武术等,时间可长可短。如果是为了提高肌肉力量、发展肌肉,就应该以力量练习为主,每周训练3次,其余时间用于身体机能全面发展的训练。增加肌肉力量有较科学、现实的目标,制定目标时不要太高,要留有余地,目标过高,肌肉力量增长过快,不仅对肌肉本身不利,反而会破坏机体的协调发展。如果以减肥为主要目的进行体育锻炼,就应该以有氧运动为主,运动的时间相对较长,以使体内的多余脂肪充分消耗,通过体育锻炼减肥,每月减轻体重2千克比较合适。如果女性为了保持优美的身材和体形所进行的体育锻炼,就应该多做一些健美操运动。

（二）根据季节科学安排体育锻炼

不同季节的气候条件对安排体育锻炼也有影响，锻炼者要考虑季节气候的变化规律来安排体育锻炼，并应注意季节交替时体育锻炼的内容的衔接和变换。

1. 春季锻炼

一年之计在于春，春季科学地进行体育锻炼可以为一年的体育锻炼和身体健康打下较好的基础。经过寒冷的冬季，身体各器官的功能包括肌肉的功能都处于较低水平，肌肉、韧带也较为僵硬，所以开春进行体育锻炼，主要是为了加强体内的新陈代谢，逐渐提高各器官的机能水平。体育锻炼的内容应以有氧代谢为主、运动强度要逐渐增加，运动形式多为长跑、自行车、跳绳、爬山、球类等。在春季进行体育锻炼时，要做好准备活动，充分伸展僵硬的韧带，以减少运动损伤。同时，要注意及时地脱、穿衣服，防止感冒。

2. 夏季锻炼

夏季天气炎热，给体育活动带来很大不便，但如果夏季停止体育锻炼又破坏了体育锻炼的连续性，所以夏季既要坚持体育锻炼，又要掌握锻炼的强度和时间。夏季最理想的运动是游泳，这项运动不仅可以提高身体机能，同时又可防暑解热。但并不是所有人都有条件或适合进行游泳运动。夏季人们可选择的体育锻炼项目还有慢跑、散步、太极拳、羽毛球等。在进行这些项目的运动时，最好是在清晨和傍晚进行，运动后要注意水分和盐分的补充，以防身体脱水和中暑。

3. 秋季锻炼

秋高气爽，是体育锻炼的大好季节。体育运动中许多重大的国际比赛都安排在秋季进行，说明秋季适合多种体育活动的开展，如篮球、排球、足球、长跑、武术、自行车等。一些冬季锻炼项目，如冬泳、冷水浴等，也应该从夏末秋初就开始准备，以便使身体有一定的适应过程。秋季进行体育锻炼时，由于天气变化无常，早晚气温较低，锻炼时要注意及时增减衣服。另外，秋天的天气干燥，锻炼前后要补充水分，以保持口腔黏膜的正常分泌和呼吸道的湿润。

4. 冬季锻炼

冬季参加体育锻炼，不仅可以提供身体的一般健康水平，更重要的是可以提高身体的抗寒能力，预防各种疾病的发生，所谓的"冬练三九"就是这个道理。冬季体育锻炼的内容非常丰富，一般人可进行长跑、足球、拔河等；少年儿童可选择跳绳、踢毽子、跳橡皮筋；老年人可选择慢跑、太极拳、广播体操等。冬季锻炼时身体生理机能惰性较大、肌肉组织容易受伤。所以要做好准备活动。运动员好采用口鼻呼吸方式，吸气时，口不要开得太大，防止冷空气直接刺激口腔黏膜。

（三）根据年龄科学安排运动量

体育锻炼时，运动量是影响锻炼效果的重要因素。运动量过小，锻炼效果不明显；运动量太大，会对身体机能产生不利影响。并且，因不同年龄的人身体状况不同，体育锻炼的运动量也不同。

处于生长发育时期的青少年，随着年龄的增加，身体机能不断提高，这就要求锻炼者的活动量不断增加，以使运动量不断适应日益提高的身体机能。如果青少年的活动量只是停留在较低水平，那么所从事的体育锻炼就只能保持身体机能不下降，而无法有效地提高身体机能。

成年人的身体机能较为稳定，进行体育锻炼主要是为了保持身体机能，预防种种疾病。在体育锻炼的开始阶段，活动量可逐渐增加，当身体机能达到一定水平后，就应保持原运动量。从青少年就开始进行体育锻炼者，到成年阶段，活动量也不要继续增加，因为在成人阶段，想大幅度地提高整体机能是不现实的。

老年人参加体育锻炼的目的是为了延缓衰老，所以老年人体育锻炼时的运动量不要太大。体育活动的开始阶段，运动量可适当增加，当活动量达到一定水平后，运动量就应相对稳定。作为长期锻炼计划，老年人活动量的变化趋势应该是逐年减少的。这是由于经常参加体育锻炼的老人虽然身体机能比一般老人好，可以延缓他们的衰老过程，但并不能抑制他们的衰老过程。如果老年人的活动量常年不变，甚至增加，则很容易由于身体机能的不适应，而出现各种意外事故。所以对于老年人来说，

第二章　体育运动与身体健康

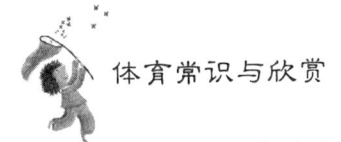

切不要因为自我感觉较好,而随意增加运动量和运动强度。

五、一次体育锻炼的科学安排

体育锻炼实际是以每天为单元进行的,一般情况下,每天进行一次体育活动。每次体育锻炼的时间为 30 分钟左右。个体进行一次体育活动,一般都要经过准备活动、运动强度逐渐增加、保持相对稳定的活动时间、身体疲劳与恢复等阶段,因此,体育锻炼者应学会科学地安排每次锻炼,以获得理想的健身效果。

（一）充分的准备活动

在每次体育锻炼前都要进行充分的准备活动,通过准备活动既可以提高锻炼效果,又可以减少运动损伤。准备活动分为一般性的和专项性的。一般性准备活动指在正式练习前所进行的活动量较小的全身性体育锻炼,运动形式主要是慢跑,同时可做一些伸展性体操和牵拉性练习,主要目的是使身体各器官活动充分。为即将开始的体育锻炼做好准备。活动时间一般为 5～10 分钟,天气冷时准备活动时间可长一些,天气热时可短一些,如果活动的形式是散步,则可以不做准备活动。专项准备活动主要指一些与活动项目相似的准备活动内容,如踢足球运动中的传接球、射门,武术运动中的踢腿、劈叉等。专项活动的时间不要太长、但活动的质量要高。准备活动不仅使身体机能进入最佳状态,而且也要使心理活动达到最佳水平,准备活动结束时,应保证身体和心理全部调动起来。

（二）运动强度逐渐增加

在正式进行体育锻炼时,活动量也要遵循循序渐进的原则,不要一开始就突然增加运动强度,这样会使身体出现一系列不适反应。这是因为人体的各器官都有一定惰性,在运动开始后的一段时间有一个逐步提高的过程。由于内脏器官的生理惰性比运动器官的惰性更大,所以活动一开始,肌肉能进行大强度活动,内脏器官的活动并不能立即进入最佳状态,从而造成内脏器官与运动器官的不协调,出现各种不适症状。因此,活动开始后运动强度要逐渐增加。

（三）足够的锻炼时间

以健身为主要目的的体育锻炼,应当以有氧运动形式为主,因此,运动强度不要过大,但要保证足够的锻炼时间。在体育锻炼中,运动强度并不是主要的,而运动时间是影响锻炼效果的重要因素,因此,体育锻炼者在安排锻炼时间时,应注意以下几个问题:

1. 为了保证基本的锻炼效果,每天锻炼的时间应至少在半小时以上。在运动强度与运动时间之间出现矛盾时,应首先考虑运动时间,如果每天锻炼不能保证半小时的话,即使强度增加,健身效果也不明显。

2. 如果锻炼者的工作、学习较忙,每天无法挤出整半小时的时间进行锻炼,可以采取化整为零的办法,即每次锻炼 10 分钟,每天锻炼若干次,也同样可以取得较好的锻炼效果。对于初参加体育锻炼或身体机能较差者,如果一开始不能进入持续半小时的体育锻炼,亦可采用此办法。

3. 保证足够的锻炼时间不是说每次锻炼的时间越长越好,不管从事什么强度的体育锻炼,即使是散步这种小强度的体育锻炼,锻炼时间也不要超过 2 小时。一般情况下,每天锻炼 1 小时效果最好,身体机能好的,时间可长一些,机能差者,时间可短些。

（四）身体疲劳与恢复

人体体育锻炼一段时间后,必然会产生疲劳。疲劳是一种生理现象,任何体育锻炼都会产生疲劳,人体只有通过体育锻炼产生疲劳、才能出现身体机能的超量恢复。但是,疲劳的不断积累也可能造成身体的过度疲劳,会对机体产生不利影响。所以,了解锻炼时疲劳产生的原因,掌握疲劳诊断和消除办法,对提高锻炼效果具有重要意义。

1. 疲劳的产生原因

运动性疲劳是一个复杂问题。由于体育锻炼的形式不同,产生疲劳的原因也不同。疲劳产生的原因主要有以下几种:

（1）能源物质大量消耗。供给机体消耗的能源物质主要是三磷酸腺苷（ATP）、磷酸肌酸（CP）、糖原和脂肪，其中在运动中发挥重要作用的是 ATP、CP 和糖原，如果运动中这些能源物质大量消耗，体内能源物质供给不足，就可能造成身体机能下降。一般来说，在 10 秒钟以内的短时间太强度运动造成的疲劳主要是 CP 的大量消耗所致，而在长时间耐力性工作中造成肌肉疲劳的主要原因是肌糖原的大量消耗。

（2）代谢产物堆积。体育锻炼过程中能量物质大量消耗的同时，体内的代谢物也急剧增加，代谢产物的堆积可造成体内的代谢紊乱。在所有的代谢产物中，乳酸是造成身体疲劳的主要物质。乳酸是糖原在缺氧状态下的分解产物，乳酸在体内的堆积可使肌肉和 pH 值下降，引起脑和肌肉工作能力的下降，特别是在无氧性工作中，乳酸被认为是疲劳产生的重要原因。除此之外，脂肪代谢产生的酮体、蛋白质代谢产生的氨类物质在体内的堆积都可以使身体疲劳。

（3）水盐代谢紊乱。在炎热的天气中进行体育锻炼，身体大量排汗而不注意补充水，或补水不科学，都可造成体内的水盐代谢紊乱，使血浆渗透压改变，引起细胞内外水平衡失调，造成身体机能下降。

（4）保护性抑制。人体的各种体育锻炼都是由大脑细胞发放神经冲动所支配的，神经细胞长时间兴奋，也会导致神经细胞的工作能力下降。为了避免进一步消耗，神经细胞会产生保护性抑制，因而造成整体工作能力下降。另外，大脑细胞对单调刺激更容易产生疲劳，所以在长跑等体育锻炼中，两腿周而复始的机械运动对大脑皮层的单调刺激极容易使神经细胞产生保护性抑制。

2. 疲劳程度

（1）轻度疲劳：在运动锻炼中，通过一定量和强度的肌肉工作之后，以疲倦的形式表现出来，一般来说，不会使肌肉工作能力下降。

（2）急性疲劳：指在运动中，一次性极限身体负荷时所发生的特征，如肌肉力量、工作能力明显下降，体态虚弱，脸色苍白，心动过速，白血球总量增多，有时尿中出现蛋白。此类疲劳易出现在训练水平差的运动员身上或者平时不爱运动而突然参加剧烈运动的人身上。

（3）过度紧张：在身体机能状态下降的基础上（生病、中毒、炎症）一次性的极限训练或比赛负荷后出现的急性症状。此时身体虚弱无力，头晕（有时会出现昏厥状态），动作失调，心悸，肝区疼痛，心血管系统对负荷反应不正常等。这类疲劳能持续数天至数周。

（4）过度训练：这是当运动员训练和休息结构不合理时造成运动员身体的一种状态。其主要原因有：长期过度负荷，训练方法手段单调死板，违反循序渐进的原则增加负荷，休息不足，比赛频繁，身体有病等。

（5）过度疲劳：这是常以神经机能性疾病为表现形式的身体病理状态。这种状态表现比过度训练明显，情绪低落、冷淡，心区疼痛，消化、排泄机能出现障碍。

3. 疲劳的判断

科学地分析体育锻炼的疲劳症状，及时判断疲劳的出现是防止过度疲劳、提高锻炼效果重要保障，对体育锻炼者来说，应掌握一些常用的疲劳判定方法。

（1）简易生理指标测定法。肌力是最常用的生理指标之一，体育锻炼后肌肉力量不增加反而下降，说明机体产生疲劳；肌力力量持续下降说明身体疲劳程度较深。心率是判断疲劳最简单的重要指标，体育锻炼后心率恢复时间延长，或者第二天清晨安静时心率较以前明显增加，表示机体产生疲劳。

其他测试方法有血压体位反射的测试、呼吸机耐力测定、神经系统机能的测试、生物化学改变以及时间再生法测试。

血压体位反射的测试。脉搏和血压最能充分地反映心血管系统机能状态的特征。可利用血压体位反射检测心血管系统机能的疲劳状态，其最简单的两个方法为：

A. 直立测试。受测者躺在床上，5 分钟后测试心率，起立时重新测试心率。在正常情况下，从躺姿到立姿，心率要增加 10～22 次/分钟。一般认为加快 20 次/分钟以内为及格，超过 20 次为不及格，

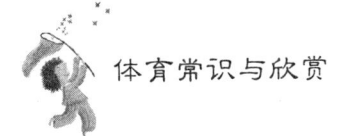

心率增加较多。表明心血管系统神经调节不佳,可视为疲劳状态。

B. 坐姿测试。受测者取坐姿,休息 5 分钟后测血压。随即仰卧床上,躺 3 分钟让人扶起成坐姿,立即测血压、连续 20 秒测试一次,共测试 2 分钟,2 分钟内完全恢复的为正常;2 分钟内恢复一半以上者为调节机能欠佳;完全不能恢复者为调节机能不良。

(2) 呼吸机耐力测定。测试方法采用"洛金塔里测试法"。连续测量 5 次肺活量,每次间隔 15 秒。若次次减少,表明呼吸器官机能状态不佳或疲劳。

此外,也可采用"仪器测试法":呼气后憋气,机能状态良好时,呼气后憋气可达 60～90 秒,疲劳时这一时间大为缩短。如能经常测试、进行动态观察,此测试是很有意义的。

(3) 神经系统机能的测试。由于神经系统在运动中起主导作用,神经系统功能的下降,便会产生保护性抑制。神经系统机能的测试采用"龙伯格姿势"稳定性试验。受测者站立、闭目、两臂前伸,十指张开(另一复杂做法是两脚成一直线,一脚脚尖抵向另一脚脚跟)。测出保持稳定时间和何时出现震颤,稳定时间长为好;疲劳时稳定性受破坏,时间短而且手指出现震颤。

(4) 生物化学改变——唾液 pH 值的变化测试。测试方法是:让受测者尽量把口腔中的唾液全部吞下去,然后使新产生的唾液沿口唇流出,用镊子把测定唾液 pH 值的试纸贴在舌尖上,待其充分吸湿后取出。马上与比色表对照,记下相应的 pH 值。

其原理是:由于长时间的运动,血液中的 $[H+]$ 浓度增加,间接地使唾液的 pH 值降低,向酸性变化,淀粉酶活性提高,乳酸含量增加,因此可以用测定唾液 pH 值的变化来判断运动时所产生的疲劳程度。pH 值愈低疲劳程度愈大。

(5) 时间再生法测试。测试方法:让受测者看钟表的秒针走动 1 分钟,受测者再由闭眼睛开始,每隔 20 秒举手发出信号,做 15～20 次。测试人员记录受测者每次发出信号之间的间隔时间。由此计算出平均值及标准差,按上两个值算出动摇度(标准差/平均值),动摇度在 0.03～0.07 为轻度疲劳,在 0.08 以上为疲劳。

其原理是:随着疲劳的发生,时间再生能力将随之下降。

① 主观感觉。主观感觉是自我判定身体疲劳的重要依据,如果锻炼后虽然工作能力下降,但却感到身体轻松、舒畅,食欲和睡眠情况较好,并有一种舒服的疲劳感,说明这种疲劳是体育锻炼的正常反应。如果体育锻炼后,感到头昏、恶心、胸闷、食欲减退,身体明显疲劳、甚至厌恶体育锻炼,说明身体疲劳程度较重,应及时调整活动量,或停止锻炼。

② 一般观察。体育锻炼后可以让家人和同伴观察锻炼者的机体反应。运动后锻炼者面色苍白、眼神无光、反应迟钝、情绪低落,说明锻炼者的疲劳较重。

4. 疲劳的消除

体育锻炼后尽快地消除疲劳可以缩短身体恢复时间高锻炼效果。常见的疲劳消除手段有:

(1) 足够的睡眠。体育锻炼中能源物质大量消耗,身体机能明显下降,充分的休息是保证疲劳尽快消除的重要手段,而休息的最佳手段为睡眠。因此,在体育锻炼后,要保证足够的睡眠,比不运动时睡眠的时间要长;否则,虽然体育锻炼很努力,但收效甚微。

(2) 整理性活动。在体育锻炼后可采用一些整理性活动,对促进身体机能的恢复有明显的作用。整理性活动主要包括一些小强度慢跑、伸展性练习、按摩等手段。

(3) 营养补充。运动中能源物质的消耗是疲劳产生的原因之一,因此消除疲劳的前提是使消耗的能源物质及时补充。不同的体育锻炼形式补充的能源不同。一般来讲,力量练习后补充蛋白质,耐力练习后补充淀粉和糖类,而水果和蔬菜是各种体育锻炼后都应补充的"家常便饭"。

(4) 其他。在体育锻炼后还可以采用其他一些手段促进疲劳的消除,如教育学措施(按体育教育规律安排运动强度和运动量等)、医学措施(物理疗法和水疗、药物制剂和维生素、电刺激、电睡眠等)、心理方法(心理治疗、心理调整、心理暗示、听音乐等)。这些看似平常的方法对身体机能的恢复都有不可低估的作用。

第三节　体育锻炼对人体形态、机能的影响

人体是由神经系统、循环系统、呼吸系统、运动系统、消化系统、排泄系统、生殖系统、内分泌和感觉器官等组成。体育活动是人体各器官系统协调配合所完成的,同时,体育锻炼又可以对各器官系统的活动产生良好影响。

一、体育锻炼对运动系统的影响

人体的各种运动都是骨骼肌收缩产生力量作用于骨骼,骨骼绕着关节运动所完成的。运动系统包括骨、关节、肌肉三部:体育锻炼可以对运动系统产生良好影响。

（一）体育锻炼对骨的良好影响

人体长期从事体育锻炼,通过改善骨的血液循环、加强骨的组织新陈代谢,使骨径增粗、骨质增厚、骨质的排列规则、整齐,并随着骨形态结构的良好变化,骨的抗折、抗弯、抗压缩等方面的能力有较大提高。

人体从事体育锻炼的项目不同,对人体各部分骨的影响也不同。经常从事以下肢活动为主的项目,如跑、跳等,对下肢骨的影响较大;而从事以上肢活动为主的项目,如举重、投掷等,则对上肢骨的影响较大。体育锻炼的效果并不是永久的,当体育锻炼停止后,对骨的影响作用也会逐渐消失,因此,体育锻炼应经常化。同时,体育锻炼的项目要多样化,以免造成骨的畸形发展。

（二）体育锻炼对关节的影响

科学、系统的体育锻炼,既可以提高关节的稳定性,又可以增加关节的灵活性和运动幅度。体育锻炼可以增加关节面软骨和骨密度的厚度,并可使关节周围的肌肉发达、力量增强、关节囊和韧带增厚,因而可使关节的稳固性加强,使关节承受更大的负荷。在增加关节稳固性的同时。由于关节囊、韧带和关节周围肌肉的弹性和伸展性提高,关节的运动幅度和灵活性也大大增加。

（三）体育锻炼对肌肉的影响

体育锻炼对肌肉的良好影响表现在多个方面:

1. 肌肉体积增加。运动员,特别是举重等力量性项目运动员的肌肉块明显大于一般正常人,这说明体育锻炼和运动训练可以使肌肉体积增大。体育锻炼对肌肉体积的影响非常明显,一般地,只要进行力量训练就可以使肌肉体积增大,而且练什么肌肉,什么肌肉的体积就增大。

2. 肌肉力量增加。体育锻炼可以增大肌肉力量,已被大量实验所证实,而且体育锻炼增加肌肉力量的效果也是非常明显的,数周的力量练习就会引起肌肉力量的明显增加。

3. 肌肉弹性增加。有良好体育锻炼习惯的人,在运动时经常从事一些牵拉性练习,从而可使肌肉的弹性增加,这样可以避免人体在日常活动和体育锻炼过程中由于肌肉的剧烈收缩而造成各种运动损伤。

二、体育锻炼对心血管系统的影响

（一）窦性心动徐缓

体育锻炼,特别是长时间小强度体育活动可使人体安静时心率减慢,这种现象称为窦性心动徐缓。窦性心动徐缓现象被认为是机体对体育锻炼的适应性反应,心率的下降可使心脏有更长的休息期,以减少心肌疲劳。

（二）每搏输出量增加

经常参加体育锻炼的人或运动员无论在安静和运动状态下,每搏输出量均比一般正常人高。特别是在运动状态下,每搏输出量的增加就更为明显,这种变化使人在体育锻炼时有较大的心输出量,

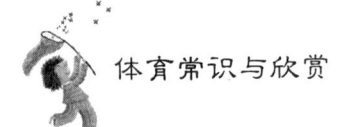

以满足机体代谢的需要。体育锻炼增强每搏输出量的原因是:

1. 心脏收缩力量增加。经常参加体育锻炼可使心肌细胞内蛋白质合成增加,心肌纤维增粗,使得心肌收缩力量增加,这样可使心脏在每次收缩时将更多的血液射入血管,导致心脏的每搏输出量增加。

2. 心室容积增加。体育锻炼后由于心脏收缩力量增加,心肌每次收缩后几乎将心室内的血液全部排空,造成心室内压下降,静脉血量增加,心肌纤维被拉长,长时间的体育锻炼可使心室容积增大,每次心室肌收缩前心室内均有较多的血液,因此心脏每次收缩射出的血液也较多。

(三)血管弹性增加

体育锻炼可以增加血管壁的弹性,这对老年人来说是十分有益的。老年人随着年龄的增加,血管壁弹性逐渐下降,因而可诱发老年性高血压等老年性疾病。老年人通过体育锻炼,可增加血管壁的弹性,以预防或缓解老年性高血压症状,血液是存在于心血管系统内的流动组织,它包括细胞和液体两部分。细胞部分是指血液的有形成分,总称为血细胞。液体部分称为血浆。人体内的血液总量占体重的 7%～8%,在正常情况下,每公斤体重的血量,男性多于女性,幼儿多于成年人。

三、体育锻炼对血液成分的影响

(一)体育锻炼对红细胞数量的影响

体育锻炼对红细胞数量可产生良好的作用,主要表现在可使红细胞偏低的人红细胞含量增加。研究证实,运动员和经常参加体育锻炼的人安静时红细胞数量比不参加体育锻炼的人略高。但人体内的红细胞数量并不是越多越好,红细胞数量过多,会增加血液的黏滞性,加重心脏负担,对机体也是不利的。因此,体育锻炼可使红细胞数量偏少的人有所回升,但不会使红细胞数量过多。体育锻炼对血红蛋白产生的影响基本同红细胞的变化。

(二)体育锻炼对白细胞数量和免疫机能的影响

体育锻炼是否能提高机体的抗疾病能力主要与白细胞数量及免疫蛋白含量有关。研究证实,合理的体育锻炼可以提高白细胞的数量和功能,特别是可以提高白细胞分类中具有重要作用的淋巴细胞的数量,这对于提高机体的疾病能力是至关重要的。另外,体育锻炼还可以提高体内的自然杀伤细胞数量和免疫球蛋白水平,亦可有效地提高机体抗病、防病的能力。

四、体育锻炼对呼吸系统的影响

(一)肺活量增加

肺活量是儿童和青少年生长发育和健康水平的重要指标。经常参加体育锻炼,特别是做一些伸展护胸运动,可使呼吸肌力量增强,胸廓扩大,有利于肺组织的生长发育和肺的扩张,使肺活量增加。另外,体育锻炼时,经常性的深呼吸运动,也可促进肺活量的增长。大量实验证实,经常参加体育锻炼的人,肺活量值高于一般人。

(二)肺通气量增加

体育锻炼由于加强了呼吸力量,可使呼吸深度增加,有效地增加肺的通气效率。因为在体育锻炼时如果过快地增加呼吸频率,会使气体往返于呼吸道,使真正进入肺内的气体量反而减少。适当地增加呼吸频率,从而使运动时的肺通气量大大增加。研究表明,一般人在运动时肺通气量能增加到 60升/分钟,有体育锻炼习惯的人运动时肺通气量可达 100升/分钟以上。

(三)氧利用能力增加

体育锻炼不仅可以提高肺的通气能力,更重要的是可以提高机体利用氧的能力。一般人在进行体育活动时只能利用其氧最大摄入量的 60%左右,而经过体育锻炼后可以使这种能力大大提高,体育活动时,即使氧气的需要量增加,也能满足机体的需要,而不致使机体过分缺氧。

五、体育锻炼对神经系统的影响

运动时,在神经系统的调节下,需要动员人体各种功能来完成动作,而身体的各种活动,又反过来使神经系统得到锻炼。因此经常从事体育锻炼的人,神经系统功能会逐步得到提高,神经系统的兴奋性和灵活性得到改善,从而对外界刺激的反应更准确、迅速,对体内各器官的活动调节更协调。儿童时期,经常根据他们的生理特点进行体育锻炼,可促进神经系统得到良好的发展。神经系统功能的灵活性增强,又会促进运动能力进一步提高。神经系统的分化抑制能力和神经细胞的工作能力提高后,不但易于较快地形成动作技能、正确掌握技术动作,并能持续进行较长时间的练习。

另外,经过长期锻炼的人,对疾病抵抗力和对外界环境变化的适应能力也会明显提高。例如,在突然遇到寒冷时,能迅速使皮肤表层的血管收缩并增加体内新陈代谢的水平;在炎热的环境中,能使身体迅速散热。当病菌侵入时,能很快地把体内各防御机构动员起来,抵御疾病,所以那些经常锻炼身体的少年儿童在气候突然变化时,也很少患伤风感冒。此外,对某些神经系统的疾病,还可采用体育锻炼来治疗。

总之,体育运动对人的身体的影响是多方面的。经常从事体育运动的人与不参加体育运动的人在很多生理机能方面表现出很大的差别。

思考题

1. 影响身体健康的因素有哪些?
2. 体育锻炼应遵循哪些原则?
3. 体育锻炼对人体形态、机能有什么影响?

第三章

运动处方和运动损伤

第一节　科学锻炼的重要性

体育锻炼的手段与方法,是指人们为了增强体质、娱乐身心、强身祛病而采取的各种身体活动或练习内容和方法的总称。它广义上可作为一种活动形式,如爬山、长跑等;狭义上则可指某一种身体练习的动作,如一个俯卧撑等。健身手段与方法来源于生产、生活中的一些动作或对动物各种动作的模仿(如五禽戏,虎、鹿、熊、猿、鹤和猴拳等)以及一些征服自然的手段(如泅渡、滑雪、投掷),但又不同于日常的生活技巧,是日常生活技巧的升华。早在 2 000 多年前古希腊便有赛跑、投掷等竞赛项目,中国也有各种各样的武术。现在随着科学技术日益发展,人们生活内容、形式的不断丰富,健身手段也日益发展,体育锻炼更应该科学化。

一、运动不当危害健康

"生命在于运动",但是,运动也会损害健康吗?

对于这个问题不能简单地思考和答复。但是,运动对人体的影响是巨大的,对健康的作用是不容置疑的。不过,个人的体质特征、运动的方法和时间以及运动的激烈程度等均可影响免疫系统的功能和心脏的功能。

闻名世界的跑步专家斐斯曾写过一本非常畅销的书:《跑步大全》,可他本人却在跑步时死于心脏病发作,终年 52 岁。另外,关于有人在跑步或游泳中猝死的报道也是时有所闻。有时,我们在路旁见到某些跑步者面色苍白,汗流浃背,气喘吁吁,一副难以坚持下去的痛苦样子。这对于以健康为目的的运动者来说并非是什么好的现象,可能正是一个危险的信号。

在谈运动的好处时,不能回避运动不当所带来的害处。过分运动对身体有什么损害呢? 据运动医学专家研究表明,激烈的、长时间的运动,如在跑马拉松时,身体会分泌一种类似鸦片、有麻醉作用的物质,称为因多芬。它可使人在运动中感觉不到痛苦,尤其会失去心脏病发作前感到胸部剧痛的症状,故常有长跑者昏倒或心脏病发作的情况发生。另外,免疫系统的淋巴细胞也会当因多芬产生过多时,失去抵制外来病毒的作用,引起免疫功能失调,使感冒、肿瘤或癌症得以发病。

激烈过分的运动会产生许多对身体的组织和肌肉破坏性很大的氧自由基,造成血浆内锌与铁的降低及流失,使体内矿物质失去平衡。剧烈运动还会使心跳加快、血压升高,使运动中心脏病发作的危险性大大增加。

既然剧烈运动会有如此多的危害,那么为什么还要提倡运动健身呢? 因为科学的运动是有助于身体健康的。据德国和美国哈佛大学的科学家研究报道,如果一个平时缺少运动的人,突然去做过分的运动,如快速跑步赶火车、汽车、飞机,搬重物上高楼等,这种突然间的身体运动会使心脏病发作的危险性增大 6～100 倍,而经常科学运动的人,从事同样急速的运动,心脏病危险性仅有 2 倍。这是一个非常悬殊的差别。

从生理机制上看,如果经常运动且讲究饮食合理,那么血液中低密度脂蛋白(LDL)降低,而高密度脂蛋白(HDL)增高。LDL易被氧化而沉积在血管壁上形成斑状。缺乏运动的人心脏血管的斑状沉积后,当他又突然承受大强度的运动负荷时,心跳与血压均增高,促使HDL沉积增多,最终形成血栓而梗塞血管,这样易引发心脏病。

以上谈的只是运动对心血管的影响。为此,我们不能因运动不当易引起身体损害而放弃运动,而要科学地运动以避免损害发生。

一般人从事运动与运动员从事运动是不一样的。一般人是以保持健康为目的,而运动员则是以取得优异成绩为目的。所以,一般人运动时应注意以下几点:(1)不要参加力所不能及的体力竞赛活动。(2)运动前一定要做热身运动,运动后要做放松活动。切勿突然参加剧烈活动,也不能突然中止活动。(3)不要参加过于剧烈的运动,以运动后即刻心率高于平时心率的70%为宜。(4)运动中出现不适必须停止运动,不要勉强坚持,并要及时就医。(5)餐后不要立即运动,避免因肠胃需血液而致使心脏和肌肉缺血。(6)避免在空气不洁的环境中运动,并要注意冷暖及时调整穿衣。

二、健身运动要讲科学

体育健身热随着非典、甲型H1N1流感等疫情的发生而变得空前高涨,但是也有一些人因突然开始健身或运动不当而对身体造成了不同程度的损伤。运动专家对此的看法是:健身运动不能盲动,一定要讲科学。

从事运动医学研究的辽宁省大连市体育科学研究所所长马振国说,运动分竞技和健身两种方式,后者是指能促进身体健康的活动方式。只有科学地选择运动方式和方法,才能最大效果地提高身体素质和抗病机能。

马振国认为,讲运动科学就是既要合理选择运动环境、时间、强度,还要依据身体状况选择运动方式。他认为,运动场所应选择旷地、广场、空气对流好的社区和有效通风的室内;运动时间以30～60分钟为宜;强度以有氧运动为主,脉搏每分钟120～140次,或较微出汗为准。此外,对那些有基础疾病的患者来说,应选择运动速度慢、力量小的运动项目。对以往没有健身习惯的人来说,运动量应当随身体和机能提高逐渐加大,适宜选择如中速徒步走、太极拳、健身操等有氧运动。

马振国认为,健身需要注意以下几点:一是运动时人群不要过于密集,人体间距最好应在2米以上,树林内、雨天、无风环境里人体间距5米以上。二是身体感到乏力、虚弱和发病期禁忌运动。三是运动要保持长久性,每周参加运动3天以上,间隔时间不超过一周。同时,运动时间、强度要循序渐进,切忌过度疲劳。

大连市中山区业余体校教练员刘作杰说,运动训练是一把双刃剑,有氧训练能够改善机体能力,从而达到强身健体的目的,但同时又不能做消耗性大的剧烈运动。要掌握一个度——运动后身体、情绪和精神状态要感到舒适、轻松,如果感到疲劳和萎靡,那就是运动过量,应当立即加以调整和休息。

三、运动量怎样安排才算合适

无论是体育锻炼还是运动训练,都存在一个合理安排运动员的问题。在群众体育锻炼中,锻炼效果好坏,也往往取决于运动量的大小。因为运动量过小,不用动员内脏器官的潜力就可以轻而易举地担负下来,这样就达不到提高内脏器官功能的目的,因而锻炼的效果甚微;相反,如果运动量过大,在安排时又缺乏必要的节奏,长此下去就会超过人体生理负荷的极限不仅达不到增强体质的锻炼目的,往往还会对锻炼者的健康不利,并对学习或工作造成影响。怎样安排运动量才算是合适呢?一般可以用客观生理指标的测定和锻炼者的主观感觉来分析,便可知道运动量安排是否合适。

客观生理指标的测定:目前常用指标包括锻炼前后及安静时的脉搏、血压、体重、肺活量、心电图、尿蛋白、血色素等指标。

测量脉搏是最简便易行、且最能反映机体情况的一个指标,如果安静时的脉搏与以往比较是逐渐下降或者不变,则表明机体反应良好,运动量安排合适,并且还有潜力。每分钟脉搏的正常变化幅度

为 2～6 次。如脉搏频率超过 10 次/分钟以上,说明机体反应不佳,如无疾病或其他原因,则说明运动量过大,应予以调整。

安静时正常的血压变动范围应在 10 毫米汞柱以内,体重不超过 0.5 千克。如血压明显升高,肺活量显著下降,体重持续减轻,且减轻幅度超过正常体重的 1/30 时,说明运动量有可能安排不当,要引起注意。

尿蛋白也是评定运动量是否适宜的一个常用指标。可以连续地测定训练后或次日晨的尿蛋白的量,如果训练的开始阶段增加,而后逐渐减少,这说明锻炼者对运动量从不适应到适应,是一个好现象。如果开始时增加,而后数量不仅不减少,反而逐渐增加,恢复也慢,这说明身体不适应,所安排之运动量应予以及时调整。

主观感觉:其内容包括自我感觉、睡眠、食欲、锻炼欲望等。如果锻炼后自我感觉良好,精力充沛,有劲,睡得熟,吃得香,很想参加运动;锻炼后肌肉有轻度酸痛,并有疲劳感,但经过一夜的休息次日晨即可恢复正常,则说明运动量安排合适。如果在锻炼后感到精神萎靡不振,全身无力,胸骨柄及肝区有疼痛感,头昏脑涨,运动后感到特别疲倦,睡不好,吃不香,易出汗,不想练习,则说明运动员需进行适当调整。

第二节 运动处方的基本原理

一、运动处方的概念和作用

"处方"在医学上指的是医师给病人开的药方,不同的病或同一种病因程度不同当然不能使用同一处方。同样地,要科学地锻炼身体,提高健康水平,预防或治疗疾病,也必须"对症下药"。

所谓运动处方即医师或健身指导员用处方的形式,按其年龄、性别、心肺和运动器官等的功能、运动经历和健康状况等特点,规定体疗病人或健身运动参加者锻炼的内容、运动量和运动强度。它是指导人们有目的、有计划、科学锻炼的一种形式。

制定运动处方时,首先要掌握病人。了解身体健康状况,是否患有疾病和有无运动禁忌症,因而必须进行系统的体格检查,并要做心电图检查。运动基础尚好者也可以做 12 分钟跑测验。对有运动器官伤病的患者,应对肢体运动功能进行检查。根据各项检查结果,按照不同的性别、年龄及运动经历等制定出运动处方,并进行具体指导。运动者根据处方进行锻炼一个时期后,必须重复接受上述项目的检查,以评定运动效果及为制定下阶段的运动处方提供依据。

在有效的运动处方的指导下进行锻炼可以达到下述目的。

(一)增进身体健康

它包括两个方面:其一是预防疾病,特别是"文明病";其二是改善身体状态,提高对环境的适应能力。

(二)提高身体机能

运动处方可以指导锻炼,使肌肉力量、耐力、爆发力、技巧性、平衡性、柔韧性等素质和运动能力加强。

(三)运动处方把运动当做康复疗法的一种手段

严格地按处方进行,可以大大提高运动中的安全感,尽可能少地出现意外危险。

(四)运动处方对亚健康的作用

1. 调节精神,改善机能

患者可以以处方的方式进行锻炼来调节精神,使人感到心情舒畅,消除消极情绪,脱离病态心理,对中枢神经系统、呼吸系统、消化系统和心血管系统都有良好的改善和治疗作用。肌肉放松,处于适宜的状态,从而达到改善生理功能的效果。

2. 增加热量消耗,促进脂肪的分解,降低血脂,改善心血管功能提高机体的免疫能力。

亚健康患者以运动处方的方式进行锻炼,抑制脂肪细胞的积累,减少脂肪细胞的体积,降低体内胆固醇的含量而起到改善和预防动脉硬化的作用,改善心脏的功能,使机体恢复健康。

3. 延年益寿,减缓衰老

亚健康患者以运动处方进行锻炼可以调节和改善内分泌的功能,减少脂质过氧化,提高脂质过氧化酶的活性,使身体各器官、系统的功能活动更加协调。

治疗性运动处方是用于某些疾病或损伤的治疗和康复,它使医疗体育更加定量化、个别对待化。例如,某人中等肥胖,体重超标 10 千克,他需每天爬山 1 小时,约 16 周的时间体重可以降到标准范围,这就是治疗性运动处方。

预防性运动处方主要用于健身防病。如人过中年,身体就开始衰退,像动脉硬化就慢慢开始了。为了预防动脉硬化,运动处方规定了中等强度的耐力跑,使脂肪和胆固醇等物质不易沉积,从而达到预防动脉硬化的作用。这就是预防性运动处方。

竞技性运动处方主要用于提高运动成绩。运动员根据处方进行科学训练,以提高身体素质和运动技术水平。

二、运动处方的原理

运动处方主要采用以中等强度的有氧代谢为主的耐力性运动,也称有氧运动。因此,其健身作用的理论基础就是有氧健身运动、超量恢复的作用及全面身心健康的概念。而有氧运动的价值、超量恢复原理及全面身心健康均要通过身心的"一时性适应"和"持续性适应"作用而产生功效。

体育锻炼的基本目的是为了增强体质,耐力运动(主要为有氧运动)对增强呼吸系统摄取氧、心血管系统荷载及输送氧的能力、组织的有氧代谢利用氧的能力有显著的训练作用。有氧运动能对机体产生多方面的影响。为什么有氧运动成为运动处方的基本运动手段呢?据医学专家研究,有氧运动是恒常运动。所谓恒常运动也称稳定状态,是人体活动时的一种功能状态。这种运动强度的运动刺激使各种生理功能惰性逐渐克服,呼吸、循环系统功能提高,人体需氧量与吸氧量之间达到动态平衡,体内不发生乳酸堆积,心率、心输出量和肺通气量等保持稳定状态,因而持续运动时间长,安全性高,脂肪消耗得多,能提高最大摄氧量和无氧性作业阈值、改善有氧能力等。简明地说,恒常运动是持续 5分钟以上尚有余力的运动,而非恒常运动是 5 分钟以内便疲倦了的运动。

人体对一定量的运动负荷刺激有个适应过程,一般分为负荷、恢复和超量恢复三个阶段。在负荷阶段能量物质被大量消耗,物质代谢的产物(HL、尿素等)被蓄积起来,人体机能能力下降,产生疲劳。停止运动后,到了恢复和超量恢复阶段,机体内环境(热、酸碱和水)恢复平衡,肌肉内被消耗的能源物质得到补充,并在一段时间内超过原有水平,此现象被称为"超量恢复"。如果在超量恢复阶段内再进行下一次超负荷锻炼,体内物质和肌力就会逐步积累起来,就会逐步提高机体能力和训练水平。一般来说,超量恢复常在运动后 1~2 天内出现。当运动量太小,不感到疲劳,就不会出现超量恢复,因而对提高机体各系统的功能作用不大。

库伯博士经过 20 多年的艰苦探索与研究,创造性地揭示了保持人体全面身心健康的奥秘。他认为这主要是保持人体生理、心理平衡。人体每天需要一定量的营养,以保证细胞生长和代谢的需求;需要适当时间的休息,以放松生活与工作造成的疲劳;还需要适量的体力活动,以保持肌肉、筋骨和内脏器官的功能。全面身心健康能够提高人的生活质量,而有氧代谢运动是保持全面身心健康最有效、最科学的运动方式。

第三节　常见身心疾病的运动处方

一、健身处方——12 分钟跑

12 分钟跑本是运动员体能测试中评价训练水平和体能的重要指标,但由于它作为有氧代谢运动

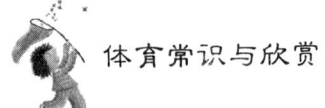

的典型锻炼活动,花费时间不长,运动量适宜且可自行掌握,近年来逐渐成为一项深受大众喜爱的健身活动。

12分钟跑的理论根据是当人体达到最大心输出量的运动强度时,训练效果最好。其创始人美国运动医学专家肯尼斯·库泊博士认为,如果以脉搏数为指标,那么用接近极限运动时的脉搏次数(MHR)减去安静时脉搏数(RHR),然后乘以70%,再加上安静时的脉搏数,此时的运动量最适宜。假设前者为每分钟200次,后者为每分钟60次,计算方法如下:

$$(MHE-RHR) \times 70\% + RHR = (200-60) \times 70\% + 60 = 158 次/分$$

12分钟跑作为动态的心肺系统健康检测手段,有三项指标——时间、距离和脉搏数。具体方法是按照年龄和性别分组,规定在12分钟内应跑出的距离,然后根据相应的健身标准评判跑步者的心肺功能。此外,在12分钟内尽力跑或者跑出最大距离以后3秒钟内的脉搏效应小于180减去年龄数。只有脉搏数合格,跑出的距离才有效。这样就为科学地教授健身的运动量、负荷度提供了监控的指标,不会产生运动过量的问题。如果12分钟跑检测结果可以达到"良好"级标准,说明心肺功能足以支持个人体重,也不必减肥。

进行12分钟跑,必须根据个人体力情况制定适宜的运动方案。测验前还须通过以下准备阶段:(1)以步行为主,中间穿插慢跑训练12分钟;(2)以慢跑为主,穿插步行12分钟;(3)全部慢跑12分钟;(4)按测验要求跑完12分钟。

二、颈椎病

此病多见于40岁以上的中老年人,大多由于慢性劳损、陈旧外伤或炎症等造成的颈椎间盘退行性病变而造成颈椎间隙狭窄,纤维环外突,软骨与骨质唇样增生以及关节炎,黄韧带肥厚而压迫颈椎神经和动脉,出现一系列临床症状,如颈项部酸疼麻木、活动受限、疼痛或麻木放射至肩、臂、手,严重者可致截瘫。

治疗方法很多,如牵引、封闭、理疗、药物、按摩,此外也可采用体育疗法。

颈椎病的体育医疗方法有:

(一)坠肩拔顶

准备姿势:身体自然站立,两脚分开与肩同宽。

坠肩:肩部肌肉主动用力收缩,使肩部向下坠落。

拔顶:颈项部肌肉主动用力收缩,使头颈部向上拔。到达最大限度后,维持一会儿,再放松还原。重复10～20次。

(二)伸肩引颈

自然站立,两脚分开与肩同宽,全身放松。两臂上举至头两侧,手心向前,右手用力握紧左手,慢慢用力后伸。与此同时,头向上向前用力引伸。当伸肩与引颈至最大限度时,停留一会儿,再还原。重复10～20次。

(三)颈部运动

准备姿势:自然站立,两脚分开与肩同宽,全身放松。前屈、后伸、左右旋转、绕环,依次做4～8次。

三、肩关节周围炎

肩关节周围炎又称"冻结肩",多见于50岁左右中年人,是由于急慢性劳损或其他原因所致的肩关节囊和关节周围软组织的退行性病变、钙盐沉着及慢性非特异性炎症。

主要症状急性期为肩部痛、钝痛,尤以肩关节外展上举时酸痛明显,严重者关节不能活动。急性期过后可能发生粘连而造成肩关节运动障碍。体育疗法既简而易行又行之有效。

冻结肩的体育疗法有:

（一）主动运动。肩关节向各方向做主动运动，从小幅度开始，逐渐加大幅度。要注意在禁止耸肩的前提下，做前屈、后伸、内旋、外旋及绕环动作。每次做 10 分钟，早晚各 1 次。

（二）松动粘连。在主动外展或内旋或外旋或前平举至最大限度时，借助吊环、墙壁门框等，在维持最大活动限度的情况下，主动缓慢用力加大活动范围至稍有疼痛，尚能坚持的程度，不可用力过猛、过大，否则会造成再度出血。

四、腰肌劳损

腰肌劳损是由腰部肌肉慢性损伤的积累或急性腰扭伤长期不愈所致。药物治疗效果不佳，按摩、理疗虽有效果但疗程太久。体疗效果较好。

腰肌劳损的体育疗法有：

（一）抱膝滚动。仰卧床上，屈膝屈髋大腿贴胸，双手抱膝，前后滚动 10～20 次。

（二）直腿抬高。仰卧床上，双腿交替进行直腿抬高，各 10～20 次。

（三）两头起。俯卧床上，两手后背置于腰部，背、腰、臀、腿部肌肉同时用力，将上体和腿同时抬起，停留一会，再还原俯卧位，反复做 10～20 次。

（四）倒行按穴。双手叉腰，拇指向后按压大肠俞穴，每倒一步，双手按压一次穴位，连续倒行 5 分钟。

五、肺气肿

肺气肿多是由于慢性气管炎反复发作的情况下，使肺组织弹性减退而引起的。支气管壁塌陷，管腔狭穿，膈肌下降，影响肺的气功能。吸气时由于胸腔负压的原因，支气管稍稍扩张，气体尚能进入肺泡而呼吸时支气管受胸腔压力加大作用而塌陷闭塞，造成气体由肺泡排出体外十分困难。肺泡内残气大量囤积，肺泡过度膨胀，形成肺气肿。其主要表现为气喘、呼吸困难，冬天加重。

肺气肿的药物治疗效果多不理想，所以民间认为医生"外不治癣，内不治喘"。体育疗法可以改善呼吸过程、使膈肌活动幅度增加，有利于肺泡内残气的排出，提高换气功能和吸气量。

肺气肿的呼吸体操有以下几类：

（一）按腹式呼吸。仰卧或坐位，双手重置于腹部，用腹式呼吸。呼气时双手轻轻下按腹部，帮助肺泡往外排出残气。吸气时双手对抗随吸气腹壁慢慢向上的隆起，在延长吸气过程同时锻炼呼吸肌。

（二）蹲起式放式呼吸。立位开始，呼气时下蹲（全蹲不可半蹲），吸气时起立。

注意事项：呼气要求细、匀、深、慢以避免因呼气过快使小支气管过早陷闭影响气体排出，同时，呼气的时间比逐渐加大至 1：2，每天两次。同时，呼气时间要逐渐延长，使呼与吸的时间比逐渐加大至 1：2，甚至 1：3，每次练习 5～10 分钟，每天两次。

六、糖尿病

糖尿病是胰岛素分泌不足而引起的糖代谢紊乱，血糖增高。其主要症状是"三多一少"即吃得多、喝的多、尿的多，体重减少。糖尿病的治疗主要有饮食治疗和胰岛素治疗，目前已把体育疗法作为治疗糖尿病的重要手段。适宜于进行体育疗法的糖尿病是患病初期及中度患者，即血糖在 200%～250%，尿糖在 10%～15%。体育疗法的方式有太极拳、慢跑、自行车、游泳、乒乓球等运动。

在运动中应注意运动量应由小到大、循序渐进，每天 1～2 次，每次不超过 30 分钟，避免过度疲劳。另外，体育运动应与药物治疗相结合。运动时间应在早、午饭 1 小时后进行为宜，因为此时血糖浓度较高，运动可起到降低血糖作用，重度糖尿病患者不宜进行体育疗法。

七、胃、十二指肠溃疡

慢性溃疡病的形成和发展均与胃酸及蛋白酶的消化作用有关。由于溃疡主要发生在胃和十二指

第三章　运动处方和运动损伤

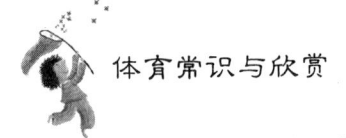

肠,故又称胃、十二指肠溃疡病。

（一）体疗作用

胃肠的蠕动、分泌和吸收,与中枢神经系统高级部分的调节作用密切相关。若中枢神经系统的高级部分紧张度低下或缺乏刺激,就可引起胃肠分泌和蠕动减弱。体育医疗能改善中枢神经和植物神经的紧张度、改善胃肠道的吸收与分泌功能。同时,加强腹肌和膈肌的运动,刺激胃肠蠕动,反向性地影响中枢神经系统的功能,从而减少胃内食物的郁积,此外,体疗能改善腹腔内的血液供给,从而提高胃黏膜的抵抗力,促进胃溃疡的康复。

（二）体育疗法

1. 太极拳。太极拳锻炼每天两次,有利于调整胃肠功能。

2. 腹部自我按摩。用中等强度的揉、搓和穴位按摩,常用穴位有足三里、中脘、脾俞、胃俞等。

3. 其他运动,如慢跑、行走、自行车以及加强腹肌锻炼的各种保健操对溃疡愈合均有一定效果。

但症状严重者应注意避免体育运动可能引起的溃疡并发症,如穿孔、出血等。

八、神经官能症

神经官能症是由于中枢神经系统调节功能紊乱引起的功能性疾病。其发病常与过度紧张、精神负担过重有关,也与个人的神经类型或工作性质有关。

神经官能症除可适当应用药物（镇静药）治疗外,体育疗法对调节大脑的兴奋抑制状态、改善情绪、分散对疾病的注意力是很有益处的。

治疗神经官能症的常用医疗体育活动有太极拳、散步、旅行、按摩等。

（一）太极拳。打太极拳时需全神贯注、精神高度集中,能养成沉着、宁静的气质,有利于锻炼神经系统。打太极拳可先从简化的拳路开始,以后再练习较复杂的拳路。打太极拳时注意掌握静、松、慢三个原则,静就是精神集中,无其他杂念;松就是全身肌肉放松;慢是指动作要缓慢连贯。

（二）散步、旅行。散步和旅行有助于调节大脑皮质的兴奋与抑制状态,使精神振奋、改善情绪、增强体力。散步的时间可安排在早餐前,每周4～5次,每次30分钟左右。

（三）按摩。按摩主要是自我按摩。头痛可按摩额面太阳穴,头眩可用鸣天鼓,失眠心悸可用擦涌泉手法,临睡前可轻揉风府、风池、神门穴。此外,对情绪差、精神萎靡不振的患者也可进行乒乓球、篮球、划船等提高情绪的运动。

第四节　运动性病症的预防与处理

运动性病症是指由于训练安排不当造成体内某些机能紊乱所出现的疾病或症状。在竞技运动中,由于经常要在极限强度进行大运动量训练,所以稍有不慎即可能发生运动性损伤;在健身运动中,由于经常在亚极量强度下进行锻炼,所以发生的可能性较小。常见的运动性病症有过度训练、过度紧张、晕厥、运动中腹痛、肌肉痉挛等。

一、过度训练

过度训练是运动负荷与机体机能间过分不相适应,以致疲劳连续累积而引起的一系列功能紊乱或病理状态,也称为"过度疲劳"。

（一）原因

1. 训练安排不当。训练中未遵守循序渐进和系统性原则,缺乏明显的节奏;过多地采用与身体训练水平不相适应的运动量;持续地大运动量训练;在训练不够系统的情况下进行大运动量训练,或身体好时就剧烈运动,身体差时或情绪不佳时就不练;训练中未充分注意个人特点,区别对待;没有考虑季节、气候变化而做适宜的调整;运动者开始出现某些不良症状时没有及时调整运动量和训练内容等,这是产生过度训练的主要原因。

2. 带病参加训练和比赛,或伤病、手术后身体未完全康复即投入正规训练或比赛。

3. 比赛过多,比赛期间缺乏足够休息,赛后没有适当调节即进行大运动量训练。

4. 生活规律遭到破坏,休息、睡眠不足,不良的环境,心理因素的作用等。

（二）处理

关键在于早期发现、及时处理。处理重点是消除病因,调整训练,安排或改变训练方法,以及进行对症治疗。

一旦发现有过度训练征象,必须改变训练计划,积极调整运动量,控制运动训练强度和时间,减少速度和大强度的力量练习,减少高难度的动作和专项训练,甚至暂时改变专项练习,辅以放松性练习,调整生活规律,洗温水浴,进行恢复性按摩和体育医疗等,并进行药物治疗。

（三）预防

1. 遵守科学训练原则,加强全面的身体训练,定期进行身体功能检查,根据运动员的机能水平和个人特点,制定适当的训练和比赛计划。

2. 训练中加强医务监督,注意观察运动员训练过程中可能出现的不良征兆。

3. 对运动员的伤病要及时予以治疗,伤病恢复期投入训练时运动量要逐渐增加。

二、过度紧张

过度紧张是由于一时性运动负荷过大和过于剧烈,超过机体负担能力而产生的急性病理现象。它多发生在运动后即刻或过后不久,以急性心血管损害为最多见,在中长跑、马拉松、中长距滑冰、自行车、划船、足球等运动项目中较多见。

（一）原因

过度紧张多发生在训练水平较差、生理机能状况不良、缺乏锻炼、比赛经验不足、因故长期中断训练或患病的运动员中。当他们处于勉强地完成机体难以承受的剧烈运动或比赛时,就可能发生过度紧张。

（二）处理

病情较轻者,要保持安静平卧,注意保暖,并予以必要的对症处理,口服镇静剂,吃容易消化的食物等;对有心功能不全的患者,应保持安静,取端坐位,给氧吸气,点掐内关、足三里穴,有昏迷者可加点人中、百会、涌泉等穴;若发生呼吸、心搏骤停,必须立即就地进行人工呼吸和胸外心脏按压;神志不清者严禁进食,意识不能迅速恢复者应立即送医院处理。

（三）预防

过度紧张的预防,首先在于加强体育锻炼、提高身体素质和机能水平。其次,在训练和比赛中,应结合身体实际情况量力而行。患病期间,可暂停训练,积极治疗并注意休息。伤病初愈者,注意逐渐增加运动量,凡在重大比赛和大强度训练前应做全面深入的体格检查,对有高血压病史和心血管系统病史的人应避免参加剧烈运动和比赛。

三、运动中腹痛

腹痛可由多种原因引起,并时常在运动过程中或运动结束时发生,这种直接由运动引起的腹痛称为运动中腹痛。

（一）原因

运动中腹痛的发生与运动员的身体机能状况、训练水平和运动前准备活动情况等因素有关,主要包括:

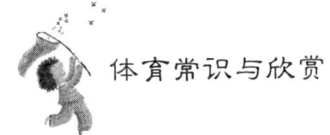

1. 因肝脾淤血、肿胀而使腹膜上的神经受牵拉而疼痛。

2. 运动中胃肠道缺血、缺氧造成胃肠道痉挛或蠕动功能紊乱而引起腹痛或绞痛。

3. 因呼吸肌痉挛而产生与呼吸节奏有关的腹痛。

4. 原腹腔脏器有病变，所以运动时诱发了疾患或病变部位产生疼痛。

（二）处理

若运动中出现腹痛，则可适当减慢速度，及时调整呼吸节奏，加深呼吸、协调好呼吸运动，同时用手按压疼痛的部位或弯腰跑一段，做几次深呼吸，这样疼痛可得到缓解。如上述措施仍不行，则应停止运动，口服解痉药，点掐内关、足三里穴或请医生处理。

（三）预防

加强全面训练，以提高人体生理机能。遵守训练的科学原则，循序渐进地增加运动量。合理安排膳食，运动前不宜饱餐或多饮水。运动前要做好充分的准备活动，运动中注意呼吸节奏。中长跑要合理分配速度，对各种疾病引起的腹痛应积极治疗，同时在医生的指导下进行体育活动。

四、肌肉痉挛

肌肉痉挛是肌肉不自主的强直性收缩，俗称"抽筋"，在运动过程中肌肉痉挛最易发生在小腿腓肠肌，其次是足底的屈拇肌和屈趾肌。

（一）原因

由于平时运动基础差，突然加大了运动量而造成局部肌肉缺血，或长时间进行单调的重复动作，以及练习中大量排汗导致体内水、盐代谢失调。天气严寒、准备活动不充分等也会造成肌肉痉挛。

（二）处理

牵引痉挛的肌肉是常用的缓解方法，例如，小腿腓肠肌痉挛时，可取坐位或仰卧位，伸直膝关节，缓慢用力将足部背伸或点按承山穴；屈拇肌、屈趾肌痉挛时，则将拇指和足趾用力背伸，在牵引过程中注意用力缓慢，切忌施暴力以防肌肉拉伤，在点按穴位后，宜配合局部按摩，这样有助于痉挛的迅速缓解。

游泳时发生肌肉痉挛，首先不要惊慌，要先深吸一口气，再进行操作。若腓肠肌、趾肌痉挛，则用上述方法解痉；若上肢的肌肉痉挛，可做反复用力屈伸肘关节并做用力握拳、张开等动作。肌肉痉挛缓解后，不要继续游泳，应上岸休息，对症治疗。

（三）预防

平时要加强锻炼，提高机体抵抗力和适应能力，冬季运动要注意防寒、保暖；夏季运动应注意及时补充水、盐、维生素 B_2；运动前做好准备活动；游泳时若水温较低，则游泳时间不可过长，对容易发生痉挛的肌肉，可在运动前适当按摩。

五、运动后肌肉酸痛

刚开始进行体育锻炼的人，运动后的第二天甚至以后几天，常常有肌肉酸痛的感觉。有些经常参加体育锻炼的人，在突然增加运动量时，也会有同样的感觉，有些人担心自己受伤了而不敢继续进行体育锻炼，其实这种担心是多余的。

（一）原因

运动后出现肌肉酸痛多属于生理现象，是机体对训练的正常反应。目前对运动后的肌肉疼痛有多种解释：一种观点认为体育锻炼后，肌肉出现了肌肉结构的"微"损伤，这种微损伤非常之微小。只有在电子显微镜下才能看到，与我们平时所讲的肌肉拉伤是不同的，这种微损伤导致了肌肉的疼痛。另一种观点认为，人体在进行剧烈运动时，肌肉缺氧，使得肌糖原只能进行无氧代谢供能，以致肌肉中乳酸大量堆积而不能及时排除，而乳酸刺激肌肉的感觉神经，使人感到肌肉酸痛。还有一种观点认为，运动时骨骼肌"充血"，引起肌肉内压力增加，刺激肌肉内的感觉神经末梢，产生肌肉酸痛。虽然目前有关运动后肌肉疼痛的准确原因尚不清楚,但比较一致的观点认为,这种疼痛不是病理性的,仍可继续进行体育锻炼。

（二）处理

1. 运动后可采用积极性恢复手段,如做一些压腿、展体等被动性牵拉活动,以使紧张的肌肉充分伸展、放松,改善肌肉组织的血液循环,以缓解肌肉疼痛,使肌肉尽快恢复。在肌肉疼痛完全消失之前,可重复这些牵拉动作,直到不适感觉完全消失。

2. 出现肌肉疼痛症状后,不要停止体育锻炼,而应当继续坚持锻炼,这样有助于尽快消除肌肉疼痛。只是运动的强度可以小一些,时间可稍微短一些,多做一些伸展性练习,坚持几天,疼痛症状就会消失;否则,如果停止锻炼,即使疼痛消失,再进行锻炼可能还会出现同样的症状,而且恢复的时间也相对较长。

3. 可配合使用按摩、热敷或冲热水澡等恢复手段消除不适感。

（三）预防

在体育运动前要做好充分的准备活动,活动过程中应控制运动强度和运动量,注意遵循循序渐进的原则,不要突然增加运动量。

六、休克

休克是一种急性有效血液循环功能不全而引起的综合征。

（一）原因

运动过程中造成休克的原因是多方面的,主要有运动量过大、身体生理状态不良,此外,还有肝脾破裂大出血、骨折和关节部位的剧烈疼痛等。

发病早期常有烦躁不安、呻吟、表情紧张、脉搏稍快、呼吸表浅而急促等症状,此期较短易被忽略。继后,由兴奋期过渡到抑制期,表现为精神萎靡不振、面色苍白、口渴、畏寒、头晕、出冷汗、四肢发冷、脉搏无力,血压和体温下降,严重者出现昏迷。

（二）处理

应使病人安静平卧,注意保暖。对伴有心力衰竭的严重病人,应保持安静,使其半卧。可给服热糖水及饮料,针刺或点揉内关、足三里、合谷、人中等穴位;由骨折等外伤的剧疼而引起的休克,应给以镇痛剂止痛。休克是一种严重而危险的病理状态,因此在急救的同时,应迅速请医生来处理或尽快送往医院。

第五节　常见运动性损伤的预防与急救

一、运动损伤的预防

运动损伤的发生,是与体育运动的根本目的相违背的,运动损伤不仅影响个人的身心健康、工作和学习,而且对进一步开展群众性体育运动会带来不良的影响。因而学校体育工作应坚持以预防为主,杜绝重大伤害事故的发生。

（一）加强安全教育,克服麻痹思想,提高预防运动损伤的意识。学习一些必要的生理卫生和保健知识,学会科学锻炼身体的方法,进而避免或减少运动损伤的发生。

（二）根据个人不同的身体要求,认真做好准备活动,待内脏器官功能充分调动起来后,再参加剧烈的运动。

（三）改进教学方法,注意知识更新,防止局部运动器官负担过重,合理地组织并安排锻炼。锻炼手段要由简到繁,由易到难。锻炼方法应因人而异、量力而行。

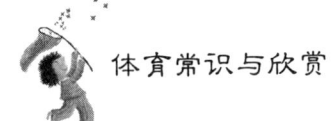 体育常识与欣赏

（四）加强保护与帮助,特别要提高自我保护意识和能力。自我保护的实质是善于避免出现危险动作,这就要求学生运动时高度集中和开动脑筋,加强思考,如从高处跳下时,要用前脚掌着地,注意缓冲和保持身体平衡等。

（五）经常检查、维修运动场地和各种体育器材。确保安全。加强对学生进行全面的身体素质训练,提高学生对各类运动项目的适应能力。

（六）加强体育道德品质教育,严格遵守比赛规则,严禁锻炼中的野蛮粗暴动作与行为。提倡相互学习、相互帮助的体育道德风尚。

二、运动损伤的急救

在体育运动过程中常常会发生一些损伤或因为运动不当而造成的疾病。对一般体育爱好者来说,运动损伤将影响其健康、学习及工作,因此要引起足够的重视并学会做一般的处理。

（一）损伤的急救措施

1. 出血和止血

凡是受外伤都有出血。出血可以是动脉出血、静脉出血、毛细血管出血和内、外出血等。

据研究,健康成人每千克体重平均有血液75毫升,全身总血量4 000～5 000毫升。若一次出血达全身总血量的10％时对身体没有伤害;急性大出血达总量的20％时即可出现乏力、头晕、口渴、面色苍白等一系列急性贫血症状;当出血量超过全身血量的30％时,将危及生命。因此对有出血的伤员,尤其是大动脉出血的,都必须在急救的早期立即给以止血。止血的手段方法很多,在没有药物和医疗器械的条件下,现场急救的常用方法有：止血的措施可以将伤肢上抬高于心脏位置以减少出血,或采用指压动脉法、冷敷法、止血带加压包扎等方法。

2. 包扎

及时包扎能起到保护伤口、压迫止血、支持伤肢的作用。现场常用的包扎物有绷带、三角巾两种。

3. 休克处理

休克病人一般表现为面色苍白、四肢冰冷、脉搏细弱、尿量少、血压低,严重者昏迷甚至死亡。急救时使患者平卧或脚高头低仰卧,保暖,保持呼吸通畅,应将昏迷者头偏置并打开其口腔牵出舌头,必要时可进行人工呼吸。

4. 人工呼吸

如果伤员呼吸停止,但心脏仍在跳动就要进行人工呼吸。人工呼吸方法有：（1）口对口吹气法;（2）俯卧压背法;（3）仰卧牵臂法等。口对口吹气量应800～1 200毫升,吹气16～18次/分钟。

5. 骨折急救

骨折时首先用夹板、绷带等把折断部位固定,使伤部不再移动。如果同时伴有出血或有伤口,则先止血包扎伤口。如开放性骨折有外露骨片则不可以放回伤口内,以免感染。

6. 溺水者抢救

首先清理鼻腔内分泌物及其他异物,然后进行控水,使体内水排出,再立即进行人工呼吸和心脏按压术。切忌不做任何抢救就将溺水者送往医院,这样会使患者因缺氧过多而导致死亡。

（二）损伤的一般处理措施

1. 冷疗法

冷疗的作用是用冷因子刺激组织促使温度下降,血管收缩,减少局部血流量及充血现象,降低周围神经传导速度,因此有止血、退热、镇痛、防肿的作用。一般方法是用冷水、冰块、冷冻剂进行局部冷冻。此法适用于急性闭合性软组织损伤的早期,但要注意不要冻伤组织。

2. 热疗法

运用比人体温高的物理因子刺激局部,使血管扩张,促进血液淋巴循环,提高新陈代谢,有利于消肿,促进坏死组织消除,促进再生修复的进行。一般方法是用热水热敷、药物水熏蒸、红外线治疗等,

适用于闭合性软组织损伤的中、后期和慢性损伤。

3. 拔罐疗法

拔罐疗法是治疗病患的一种传统疗法,对慢性损伤、风湿病痛有较好疗效,一般每次拔罐 10～20 分钟,5～7 次为一疗程。

4. 药物疗法

中药有新伤药、旧伤药、药酒、药水等,中药可选用云南白药、跌打丸、三七片等。

西药有红汞、龙胆紫溶液、酒精、碘酒、镇痛片等可供采用。

5. 保护支持带

这可以使受伤部位相对固定,减少再受伤的可能;同时限制器官的超常范围活动,有利于受伤组织的休息及恢复。常用保护支持带有各种护具(护膝、护踝、护腕等)、纱布、绷带、弹力绷带、橡皮粘膏等。

6. 闭合性软组织损伤处理

急性的可以分早、中、晚三个时期分别处理。(1)早期:指受伤后 24～48 小时内,方法有立即冷敷、加压包扎、抬高伤肢,疼痛严重者可以服止痛药。(2)中期:24～48 小时以后内出血停止,急性症状减退,伤部仍有淤血及肿胀。采用方法有热疗、按摩、拔罐药物治疗及适当功能锻炼。(3)后期:损伤基本修复,肿胀压痛等局部症状已基本消失,但功能尚未完全恢复,活动受限。此时治疗方法以按摩、理疗及适当功能锻炼为主,而慢性闭合性软组织损伤一般处理原则是以改善伤部血液循环、促进新陈代谢、合理安排局部负担量为主。治疗方法同急性损伤中后期,但要特别注意功能锻炼。

思考题

1. 什么是运动处方？它的基本原理是什么？
2. 简述运动性病症的预防与处理。
3. 简述常见运动性损伤的预防与急救。

参 考 文 献

1. 黄晨曦.体育欣赏.东南大学出版社,2005
2. 钱建龙.体育运动与身心健康.武汉大学出版社,2006
3. 〔英〕杰弗·蒂鲍尔斯.奥运会奇闻趣事.蓝天出版社,2008
4. 花爱萍.奥运故事.新疆青少年出版社,2007
5. 颜绍泸.竞技体育史.人民体育出版社,2006
6. 马明、杨黎明.体育与健康教程.中国矿业大学出版社,2006
7. 孙克成、冯振旗.大学体育.航空工业出版社,2008
8. 刘德佩.体育运动学.人民体育出版社,1990

图书在版编目(CIP)数据

体育常识与欣赏/邵松平主编. —上海:复旦大学出版社,2011.2
ISBN 978-7-309-07865-7

Ⅰ.体… Ⅱ.邵… Ⅲ.体育-幼儿师范学校-教材 Ⅳ.G807.4

中国版本图书馆 CIP 数据核字(2011)第 012120 号

体育常识与欣赏
邵松平 主编
责任编辑/查 莉

复旦大学出版社有限公司出版发行
上海市国权路 579 号 邮编:200433
网址:fupnet@ fudanpress.com http://www.fudanpress.com
门市零售:86-21-65642857 团体订购:86-21-65118853
外埠邮购:86-21-65109143
江苏省句容市排印厂

开本 890×1240 1/16 印张 16 字数 450 千
2013 年 4 月第 1 版第 3 次印刷

ISBN 978-7-309-07865-7/G·945
定价:28.00 元